질문으로
탐구하는
그림책 수업

질문으로
탐구하는
그림책 수업

초판 1쇄 발행 2025년 1월 24일

지은이 / 그림책사랑교사모임

발행 / 케렌시아
인쇄 / (주)다해씨앤피
등록 / 2021년 11월 18일 (제386-2021-000096호)
이메일 / niceheo76@gmail.com

ISBN 979-11-985243-5-5 (03370)

값은 표지에 있습니다.
저작권법에 따라 한국 내에서 보호를 받는 제작물이므로 무단 전재 및 복제를 금합니다.

진 그림책이 있는『수용』에서 그림책 수용의 관점을 12가지 범주로 나누고 수용과 수용 그림책이 적용된 사례를 제시합니다. 수용에서 활용되는 12가지 범주가 다 그림책에 있는 것은 아니지만 그림책으로 풀 수 있는 수용 문제를 담아 사례로 제시하여 빼놓기가 아쉬웠습니다. 활용하고 싶은 범주가 있을 때에 참고할 수 있습니다. 책의 마지막에는『수용그림책 목록』을 덧붙였습니다. 그림책은 수용 대상자와 수용 목적에 맞게 선정해야 하기에, 생각나서 쓸 때에 있는 그림책 목록을『수용그림책 목록』에서 찾아보고 다양하게 수용에 활용할 수 있기를 바랍니다.

그림책을 읽고 이런 과정에 필요한 인지능력이나 심리적 영향, 수행해야 할 내용을 다르는 것이 그림책 내용이다. 인물의 감정과 배경, 그림책을 보고 인지적 사고능력과 심리적 영향이 들어갑니다. 상담 목적, 상담 대상자에 맞게 적절한 책을 활용할 수 있습니다.

들을 생각해 볼까요 합니다.

그림책은 과연 마법의 책일까요? 공연한 호기심으로 책을 펼쳐 봅니다. 그런데 비로소 틈이 아이나 대해 더 깊은 생각을 할 수 있는 내용이 다르게 되어진 경험을 가진 적이 있을 것입니다. 그림책을 읽는 사람은 그림책이 자신에게 이야기하는 대로 귀기울이게 됩니다. 그림책은 정성스러운 마음의 안내자이자, 지친 나에게 따뜻한 위로와 쉼이 되어 줍니다. 그림책은 우리에게 꼭 필요한 것이자 가까이에 있는 상담자임이 분명합니다. 그래서 그림책으로 상담할 수 있는지, 더 많은 상담자들이 그림책을 쓸 수 있는지에 대하여 한결같이 있는 힘으로도 감당하기 어려웠습니다.

그림책은 정말로 예민한 장르입니다. 짧지만 길고 영원합니다. 아이가 어른이 될 때까지, '이 그림책도 남아있겠지?' 궁금증 안에서 아이들과 함께 성장합니다. 그림책을 만들 때 늘 읽어주실 어른들과 듣게 될 아이들을 가장 먼저 떠올립니다. 마치며 곧 두 분이 함께 읽을 책, 두 분이서 가장 오랜 시간 품을 책, 두 분의 사이에서 태어나 이윽고 어디로든 뻗어 나갈 수 있는 책이 이 그림책이기 때문입니다.

활자가 곧 그림이 되고자 생각합니다.

그림책은 정해진 것이 많습니다. 따라서 생각이 연쇄 일어납니다. 예컨대 판형이 정해지면 그림의 영역이 정해지고, 글과 그림의 관계를 통해 장면의 비율을 정해야 합니다. 그림의 영역과 비율이 배정되면 떠오르고 따라서 비약한 상상들을 알맞게 종용해야 합니다. 다시 말해, 이야기의 호흡과 그것을 담을 장면을 먼저 정해야만 그림책은 시작될 수 있습니다. 그림책은 짧기 때문에 정해진 판을 깨뜨리면서 전개될 수 없습니다. 장면이 전개될 조건 안에서 자신의 생각을 동동 띄우고 꿈을 헤집어 할 것이 그림책 작가의 일입니다.

꿈이 실현됩니다.

그럼 정해진 판을 다시 들여다볼까요. 그는 주기들로, 다시 말해 페이지와 페이지 사이로 채워져 있습니다. 그럼 글과 그림을 정해진 대로 판에 맞게 정성껏 채워놓기만 하면 될까요? 아닙니다. 처음 정해놓은 글과 그림 - 즉 큰 판 - 을 판이라는 규모로 정성껏 다시 들여다보고 아이들의 경험하게 펼쳐내기 때문. 글자와 그림을 페이지 정성껏 정성으로 펼쳐내기 때문에 이 일이 힘들기도 합니다. 꼭대기 골라야 하는 순간들이 많이 때문에, 그러나 꼭대기 골라낸다는 일, 골라낸다는 곳으로 펼쳐낸다는 일을 정성스럽게 자기만의 순간으로 정착시키기도 합니다.

있는 힘으로도 벅차곤 합니다.

들어가며

2022 개정 교육과정에서 질문의 중요성이 훨씬 더 강조되며 관련 성취 기준을 넣고 있습니다. 2022 개정 교육과정에서 열거된 질문 활동이 필요한 교과 및 영역들으로 정리하면 다음과 같이 정리할 수 있고, 또 학생들이 할 수 있는 질문의 예를 몇 개 들자면 다음과 같이 정리할 수 있습니다. 탐구 및 비평 결과에 대한 평가 및 질문 연대하기, 질문 만들고 나누기, 주도성을 가지고 스스로의 학습을 성찰하며 질문 만들기, 관심 있는 주제에 대해 조사하고 자료를 정리하여 질문 만들기, 세계시민의 일원으로서 자료를 찾고 조사하여 질문 만들기, 작품을 감상하며 자신의 생각과 느낌을 표현하는 질문 만들기, 대화를 나누며 질문 있는 것을 질문하기, 이야기가 있는 책을 읽고 궁금한 점을 질문하기 등 질문하기와 관련된 것들이 많이 등장하고 있습니다. 대신 읽기, 쓰기, 말하기, 듣기, 토론하기, 비평하기는 줄어든 경향으로 보입니다.

상황 - 질문(문제화) - 질문(문제화) - 자기 생각 - 대화하여 토론 - 구성적 결론

질문은 이야기하기 시작해서 상상력 유발 공감 형성 구조화와 구조화된 결과로 됩니다. 결과

채시아

그림책 사고력 수학 지음

말놀이로
탐구하는
그림책 수학

주도적으로 질문하고
능동적으로 탐구하는
137가지 수업 장면

환경, 성교육, 감정교육, 최근에 강조되는 인공지능(AI)과 에듀테크 활용 질문 수업까지 실제 교실에서 활용할 수 있는 13가지 그림책 질문 수업 장면을 제시합니다.

   질문이 교실에서 사용될 때 학생들의 사고력을 길러주고, 소통을 통해 서로의 마음을 더 잘 이해할 수 있게 됩니다. 『질문으로 탐구하는 그림책 수업』이 여러분의 교실에서 학생들의 생각하는 힘을 기르고 지치고 힘든 학생들의 마음을 다독이는 데 작은 도움이 되기를 바랍니다.

그림책을 사랑하는 마음을 담아
그림책사랑교사모임

차례

들어가며 — 5

1장 학생들의 반응을 끌어내는 질문 수업 — 11

2장 질문에 질문을 더하는 그림책 인권 수업 — 35

3장 토론을 위한 쟁점 도출 5단계 질문 수업 — 53

4장 독서 질문 카드를 활용한 질문 만들기 수업 — 77

5장 단계별 질문 만들기 수업 — 103

6장 문제 해결을 위한 그림책 질문 수업 — 127

7장	개념기반 질문 탐구수업	— 151
8장	질문으로 생각하는 에듀테크 수업	— 173
9장	생성형 인공지능과 그림책 질문 수업	— 201
10장	질문으로 하는 그림책 서클 대화	— 223
11장	질문으로 생각하는 그림책 생태환경 수업	— 245
12장	질문과 함께하는 그림책 성교육	— 269
13장	질문을 활용한 그림책 감정교육	— 299

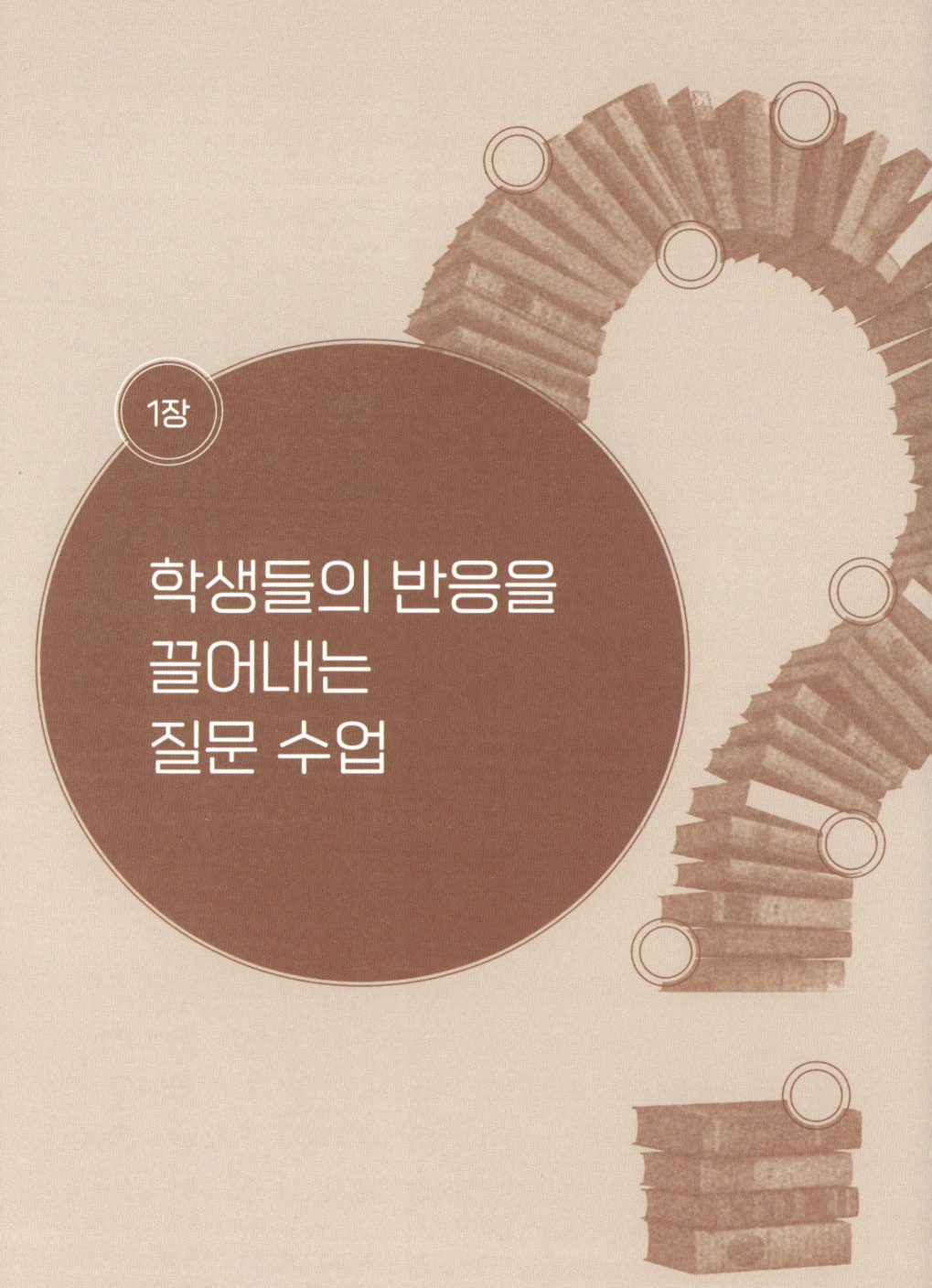

1장

학생들의 반응을
끌어내는
질문 수업

　반응 중심 학습 모형이라고도 하는 반응 중심 문학 교육은 학습자마다 지식과 경험이 다르기 때문에 문학 작품에 각자 다른 반응을 보일 수 있다는 것을 전제로 한다. 여기서 '반응'이란 학습자가 그림책이나 이야기, 시 등을 읽거나 경험하면서 느끼고 생각한 개인적인 감정, 생각, 해석을 뜻한다. 학습자가 글을 읽으면서 자신만의 방식으로 의미를 구성하는 과정도 반응에 포함된다.

　반응 중심 교육은 학생들이 서로 다른 각자의 느낌이나 생각, 해석을 표현하는 것에 초점을 두고, 점차 자신의 반응을 명료화하면서 심화시켜 일반화할 수 있도록 유도한다. 학생들은 책을 읽으며 자신의 경험과 생각을 책과 연결하고, 삶과 연결된 실질적이고 자기 통찰을 할 수 있는 배움을 얻게 된다. 교사는 학생의 삶과 맞닿아 있는 체계적인 질문들을 통해 학생 개개인의 성장을 도울 수 있으며, 학습 과정에서의 성취와 학생들의 변화에 민감하게 반응할 수 있다.

　이를 위해 교사는 학생 각자의 반응을 최대한 존중한다. 이때 학생 각자의 반응을 무조건 받아들이면, 책을 제각기 마음대로 해석하는 상황이 벌어질 수 있다. 그러므로 문학 작품을 읽은 후 각자의 반응을 존중하되, 학급 동료 간의 충분한 대화와 협의를 거쳐 자신의 감정 또는 의견을 검증할 기회를 갖도록 한다.

  반응 중심 학습 모형은 반응 준비하기, 반응 형성하기, 반응 명료화하기, 반응 심화하기의 총 4단계로 진행된다. 반응 준비하기 단계에서는 책을 읽기 전에 학습 문제를 확인하고, 작품을 이해하는 데 필요한 배경지식을 활성화한다. 표지와 제목을 보고 내용을 유추하거나 책과 연관 있는 자료를 살펴볼 수 있으며, 그림 관찰과 경험 나눔을 통해 학생들의 다양한 반응을 준비하도록 한다. 반응 형성하기 단계에서는 작품을 읽은 후 글의 흐름을 파악하거나 그림책의 시각적 요소를 살피며 학생들이 느낌이나 생각을 구체적으로 나타내고 정리한다. 반응 명료화하기 단계에서는 각자 정리한 반응을 학급 학생들과 공유하고 자신의 반응을 정교화하며 재정리한다. 반응 심화하기 단계에서는 앞의 단계를 통해 정리한 것을 바탕으로 다른 작품이나 활동과 관련지으며 책에 대한 이해를 높이고, 사회 문제 및 자신의 삶과 연관 지음으로써 반응을 일반화하고 확장한다.

  학생들이 문학 작품을 즐겁게 읽고 그에 대한 각자의 반응을 자유롭게 표현하게 함으로써 작품을 감상하는 힘을 키우고, 자신을 성찰하며 생각을 확장해가는 능력을 기르는 것은 매우 중요하다. 학생들은 문학을 통해 건강한 정서와 풍부한 상상력을 기르고 학급 친구들의 다양한 반응을 접하며 삶의 다양성을 인식한다. 이것은 나와 타인을 이해하고 삶에 대해 바람직한 태도를 갖게 하며, 이를 통해 학생들은 독서를 더욱 의미 있게 경험할 수 있을 것이다.

> **『나는 강물처럼 말해요』**
>
> 조던 스콧 글, 시드니 스미스 그림, 김지은 역, 책읽는곰
>
> 말을 더듬는 주인공 소년은 학교에서 발표 시간에 아무 말도 하지 못한다. 아빠는 주눅이 든 아들을 강가로 데려가고, 그곳에서 소년은 굽이치고 부서져도 세차게 흐르는 강물을 보며 아픈 마음을 위로받고 자기 자신을 있는 모습 그대로 받아들이게 된다. 내면의 아픔을 딛고 자라나는 아이의 성장을 볼 수 있는 그림책이다.

1단계 : 반응 준비하기

표지 보고 반응하기

그림책을 처음 만날 때 가장 먼저 눈에 들어오는 것은 제목과 표지 그림이다. 이때 책의 제목을 가리고 먼저 그림만 보며 이야기를 나누면 학생들의 생각이 제목에 국한되지 않고 이미지가 주는 다양한 느낌과 상상을 따라 생각을 좀 더 넓힐 수 있다. 정해진 답을 맞히는 것이 아니라, 생각과 느낌을 자유로이 표현하는 시간임을 안내하며 이야기를 편안하게 끌어내어 학생들의 배경지식을 활성화하고 자유롭게 반응하도록 한다.

강을 배경으로 소년이 서 있는 표지 그림을 보며 '어떤 것이 떠올랐는지' 질문하면, 학생들은 여름에 물놀이하러 수영장에 갔던 일을 말하기도 하고, 계곡에서 물고기를 잡으며 놀았던 경험을 말하기도 한다. 소년이 눈을 감고 있는 모습이 편안해 보인다고 말하는 학생도 있고, 혼자 강

물에 있는 것이 걱정된다고 하는 학생도 있다. 세계사에 관심 있는 학생은 자신이 알고 있는 세계의 강을 이야기하기도 하고, 강 이야기를 시작으로 가장 긴 강, 넓은 강, 가본 적 있는 강 등등 여러 강에 관해서도 말한다.

이러한 다양한 이야기를 통해 학생들이 언급한 강과 관련된 경험을 이후에 더 끌어내어 소년의 경험과 연결 지을 수 있고, 강과 관련된 학생들의 배경지식을 통해 강의 종류와 특성에 관해서도 이야기 나눌 수 있다. 소년의 감정과 상태를 살핀 이야기는 이후에 소년이 겪은 상황 속에서 소년이 느낄 수 있는 감정을 떠올리며 공감할 수 있다. 또한, 책을 본격적으로 읽을 때 책에서 중요하게 다룬 강물의 특징을 살피며 학생이 말해주었던 강과 관련된 배경지식을 연관 지을 수 있다.

제목 보고 반응하기

학생들이 그림책을 만날 때 눈에 들어오는 것 중 또 하나는 제목이다. 제목이 주는 궁금증은 책에 대한 호기심을 불러일으키고 책 속에서 세목의 의미를 찾고자 이야기에 몰입하게 만든다. "왜 이런 제목을 지었을까?" 하는 질문을 통해 학생들은 제목과 표지 그림의 연관성을 찾고 소년의 표정, 행동, 기분, 배경 등을 살피며 그 까닭을 유추한다. 학생들이 책을 읽기 전에 내용을 예측하고 상상해볼 수 있게 하는 것이다. 이는 학생들이 읽기 과정에서 적극적으로 책과 상호작용하게 하고, 작가의 의도에 대해 생각해볼 수 있도록 자연스럽게 안내한다.

학생들의 예측과 상상이 책의 내용과 크게 달라져도 문제가 될 것은 없다. 오히려 학생들의 다양한 반응과 상상은 서로에게 긍정적인 영향을 주어 생각의 폭을 넓히는 데 도움이 된다.

내용 예측하기

책의 내용을 예측하고 상상해보게 하는 다양한 질문으로 학생들의 생각을 좀 더 구체화할 수 있다. 왜 그렇게 생각하는지 이유를 설명하는 과정을 통해 학생 개개인이 느끼고 반응하는 것이 다양함을 알 수 있으며, 생각이나 느낌을 뒷받침하는 근거를 댐으로써 논리적 표현력이 향상될 수 있다. 이야기를 상상하여 발표하는 것이 어려울 수 있으므로 모둠원과 편안하게 이야기 나누도록 하면 서로의 이야기에 꼬리를 물고 이야기가 확장될 수 있다.

교사 질문 : 『나는 강물처럼 말해요』는 어떤 내용일 것 같나요? 자유롭게 상상해 볼까요?

〈모둠원 대화〉

학생1 소년이 강물과 이야기를 나누며 대화하는 내용일 것 같아. 제목에서 강물이 말을 한다고 했으니까. 말하는 강물과 소년 이야기.

학생2 강물이 소년에게 물속 이야기를 들려주고 소년은 물 바깥 이야기를 들려줄 수 있을 것 같아.

학생3 강물이 오염된 이야기도 해줄 것 같아. 플라스틱 쓰레기로 물이 오염되고 있으니까.

학생 4 나는 이 책에 강물처럼 말하는 사람, 바람처럼 말하는 사람… 이렇게 자연처럼 말하는 다양한 사람들이 나올 것 같아.

교사 질문 : 주인공은 어떤 인물일 것 같나요?

〈모둠원 대화〉

학생 1 조용하고 소극적일 것 같아. 강물에 혼자 서 있는 걸 보면 친구가 없을 것 같아.

학생 2 강물에 있는 걸 보면 자연이나 캠핑을 좋아하는 아이일 것 같아. 자연의 소리를 듣거나 대화를 나눌 수 있을 것 같아.

학생 3 차분하고 친절한 아이 같아. 잔잔한 강물처럼 말한다고 했으니까.

학생 4 눈이 안 보이는 아이일 수 있어. 눈을 감고 강물을 손으로 느끼고 있는 것 같아.

학생들이 나눈 내용은 간단하게 글로 적은 후 다른 모둠원의 생각과 비교해본다. 자신과 비슷한 생각을 하는 친구가 있다는 것에 동질감을 느끼기도 하고, 다른 사람들의 새로운 생각을 통해 생각의 범위를 넓혀갈 수도 있다. 책을 읽어본 학생이 있다면 정답을 이야기하려 할 수 있으므로 질문하기 전에 이미 책을 읽은 학생이 있는지 확인하고, 있다면 그 학생은 이 책을 처음 만났을 때의 경험을 떠올려 이야기하도록 안내한다.

질문 만들기

궁금한 점을 학생들이 직접 질문으로 만들어보는 것은 생각의 폭을 넓히고 이후에 책을 읽을 때 더욱 몰입하게 하는 좋은 방법이다. 각자 질문을 만들어 포스트잇에 적은 후 돌아다니며 친구들을 만나 질문을 주고받는다. 내가 만든 질문에 상대방이 답하고 상대방의 질문에 내가 답하고 나면, 질문했던 포스트잇을 서로 바꾸고 다른 친구를 찾아가서 질문을 한다. 나의 답변은 상대방이 했던 대답을 참고하거나 비슷하게 할 수 있으며, 오히려 정반대로 이야기할 수도 있다.

학생들의 질문은 답변을 하지 않아도 질문을 만드는 것 그 자체만으로도 큰 의미가 있다. 질문을 만드는 과정에 학생들의 생각과 상상이 담겨 있으며, 다른 사람으로 하여금 책의 내용을 예측해보게 함으로써 책에 대한 호기심을 불러일으킨다.

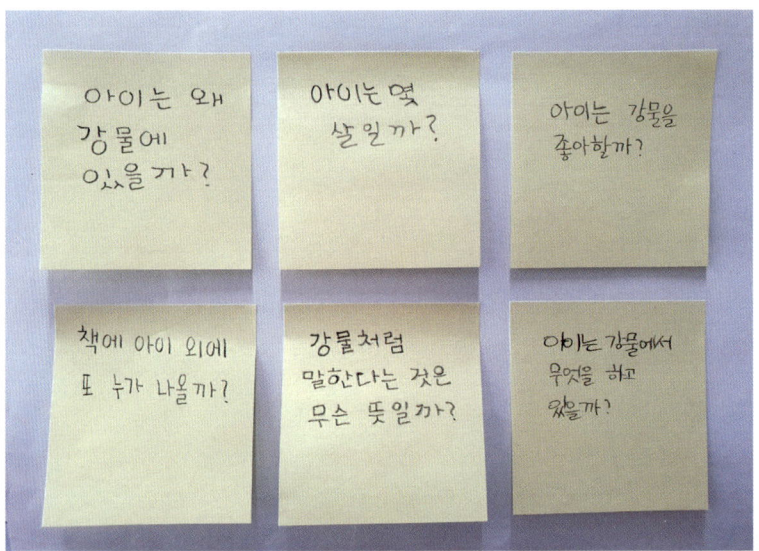

표지 그림과 제목 외에도 작가, 출판사, 책의 크기와 재질, 전체적인 색감, 분위기 등 다양한 정보를 살피며 질문을 만들도록 하여 책에 대한 궁금증을 높이고 학생들의 다양한 생각이 교류될 수 있게 한다.

개인적 경험과 연결하기

책을 읽기 전 다양한 질문으로 내용을 상상한 후에는 교사가 책의 첫 장 또는 이야기가 전개되는 시점까지 읽어주거나 책을 간략히 소개하고, 학생들이 책의 내용을 자신의 경험이나 생각과 연결해볼 수 있도록 한다. 책의 결과와 똑같은 경험이 아니라 학생들의 다양한 경험을 책과 연결하기 위해 책 전체를 읽지 않고 일부만 보여준다. 이 활동을 통해 학생들은 읽기 활동에 감정적으로 몰입하며 상상력을 발휘할 수 있다. 가령 이 책의 "소리 없이 아침밥을 먹어요. 말없이 학교 갈 준비를 해요." 부분까지 읽어준 후 뒷이야기를 상상해본다.

"소년에게 어떤 일들이 벌어질 것 같나요?"라는 질문에 학생들은 "말을 하지 않아서 친구들이랑 놀지 못할 것 같아요", "말을 못 해서 억울한 일이 생길 것 같아요", "친절한 친구가 나타나서 말을 걸어줄 것 같아요" 등과 같이 소년이 겪게 될 일들을 예측하고, 이야기의 행복한 결말을 소망하며 상상을 하기도 한다.

"내가 소년과 같은 입장이라면 어땠을까요? 소년처럼 말을 잘하지 못하는 상황이라면, 어떨 것 같나요?" 하는 질문에 학생들은 소년의 마음에 공감하며 "너무 답답하고 힘들 것 같아요", "학교에 가기 싫을 것 같아요", "글씨를 써서 친구들에게 보여줄 것 같아요" 등과 같이 답한다.

이후의 내용을 조금 더 읽어주어 소년이 겪게 되는 어려움을 살펴본 후에는 다음과 같은 질문을 할 수 있다.

"소년과 비슷한 경험을 한 적이 있나요? 그때 여러분은 어떻게 느꼈나요?"

학생들은 교실에서 발표할 때 떨려서 제대로 말하지 못했던 경험, 피아노 콩쿠르에서 실수한 후 당황해서 외운 악보를 잊어버린 경험, 새 학기에 자기소개할 때 부끄러워서 말하기 힘들었던 경험 등 주인공이 겪은 일과 비슷한 자신의 이야기를 떠올리고 소년의 마음에 자연스럽게 공감하며 책을 깊이 읽는 계기가 마련된다.

자신의 경험을 통해 등장인물의 상황과 마음을 어림해본 후 자연스럽게 학생들의 궁금한 부분을 질문할 수 있다. "이 책에서 어떤 점이 가장 궁금한가요?"라는 질문은 책의 뒷이야기에 대한 호기심과 기대를 불러일으킨다. 학생들은 소년이 학교생활을 잘할 수 있는지, 친구가 생기는지, 말을 잘할 수 있게 되는지, 말을 하지 않고도 잘 지내는지 등 궁금한 것들을 쏟아낸다. 궁금증과 기대감은 책에 대한 관심과 흥미를 더욱 높이며 이야기에 몰입하는 동기가 된다.

이처럼 반응 준비하기 단계의 질문들은 학생들이 책을 읽기 전에 책과 책의 주제에 관심을 높이고, 관련된 배경지식을 활성화하며, 책에 기대감을 갖게 한다. 이 과정은 학생들이 책에 더 적극적으로 반응하고, 깊이 있는 이해를 형성하는 데 중요한 기초가 된다. 교사가 위 단계에 따라 학생들의 관심과 호기심을 끌어주고, 책에 대해 간략히 소개하며 주요 주제나 등장인물, 사건 등을 미리 살펴보도록 유도하면 학생들은 책의 구조와 내용을 쉽게 이해할 수 있으며, 읽기 활동에 대한 부담감을 줄

반응 준비하기 단계의 질문

질문의 단계	단계별 질문
표지 보고 반응하기	"표지를 보니 어떤 느낌이 드나요?" "표지를 보고 어떤 것이 떠올랐나요?" "표지의 배경이 되는 강(장소)에 대해 알고 있는 것이 있나요?"
제목 보고 반응하기	"왜 이런 제목을 지었을까요?" "이 책의 제목을 보니 어떤 내용일 것 같나요?" "이 책과 비슷한 주제나 상황을 다룬 다른 책이나 영화를 본 적이 있나요?"
내용 예측하기	"주인공은 어떤 인물일 것 같나요?" "이야기의 결말이 어떻게 될 것 같나요?" "이 책에서 다룰 문제나 주제는 무엇일 것 같나요?" "어떤 일이 벌어질 것 같나요?" "어떤 교훈이 담겨 있을까요?"
질문 만들기	"이 이야기에서 가장 기대되는 부분은 무엇인가요?" "이 책에서 궁금한 점이 있나요?" (학생들이 만든 질문 예시) "아이는 왜 강물에 있을까?" "아이는 몇 살일까?" "강물처럼 말한다는 것은 무슨 뜻일까?" "아이는 왜 강물처럼 말할까?" "아이는 왜 자신이 강물처럼 말한다고 했을까?" "책에 아이 외에 또 누기 나올까?" "아이는 강을 좋아할까?" "나는 어떻게 말할까?"
개인적 경험과 연결하기	"이 책의 첫 문장을 보고 어떤 것이 떠올랐나요?" "책의 주제와 관련된 나의 경험에는 어떤 것이 있나요?" "내가 소년과 같은 상황을 겪었다면, 어떻게 대처했을 것 같나요?" "소년과 비슷한 경험을 한 적이 있나요? 그때 나는 어떻게 느꼈나요?"

일 수 있다. 이 단계에서 교사는 학습 목표를 제시하고, 학생들이 집중하고 생각할 부분을 안내함으로써 학생들이 책에 적절히 반응할 수 있도록 돕는다.

2단계: 반응 형성하기

반응을 형성하는 단계에서는 학생이 책을 읽은 후 생각, 감정, 의견을 자유롭게 표현한다. 이 단계는 학생이 읽은 책에 대해 개인적인 반응을 형성하고, 이를 바탕으로 깊이 있는 이해와 사고를 발전시키는 것을 목표로 한다. 따라서 교사는 학생이 책을 읽은 후 자신의 감정과 생각을 자연스럽게 표현할 수 있도록 돕는 질문을 하는 것이 중요하다. 이러한 질문은 학생들이 이야기를 깊이 이해하고, 감정을 표현하며, 다양한 시각에서 내용을 탐구할 수 있도록 돕는다.

감정 표현하기

학생들이 등장인물의 감정을 이해하고, 이를 통해 자신의 감정을 표현하도록 돕기 위해 특정 장면이나 문장, 등장인물의 마음에 대해 학생들이 느낀 감정을 자유롭게 이야기하도록 한다. 예를 들어, 소년의 입에서 소나무 가지가 튀어나오는 장면을 보고 이 장면에서 소년이 어떤 감정을 느끼고 있을지 이야기 나눈다. 교사가 느낌을 표현하는 낱말들을 제시해주거나 시중에 판매되는 다양한 느낌 카드를 활용하여, 학생들이 소년의 감정을 잘 나타내는 낱말을 선택하고, 왜 그렇게 생각했는지 모둠원과 이야기 나눈다.

책을 읽으며 느낀 감정이나 생각을 간단히 기록하는 것도 좋다. 감정일기나 짧은 메모를 통해 느낌을 글로 정리할 수 있으며, 저학년의 경우, 자신이 느낀 감정을 그림으로 표현하게 하여 자신의 반응을 시각적으로 나타내는 것도 좋은 방법이다.

글의 흐름 파악하기

그림책을 읽고 글의 흐름을 파악하는 것은 학생들이 이야기를 깊이 이해하는 데 필수적이다. 글의 흐름을 파악함으로써 학생들은 이야기의 전개, 주제 그리고 등장인물의 변화 등을 명확히 인식할 수 있다. 이는 학생들이 사건 간의 인과관계를 이해하고, 이야기에 대한 논리적 사고를 발전시키는 데 도움을 준다. 또한, 글의 흐름을 잘 파악하면 학생들이 자신의 반응을 좀 더 구체적이고 체계적으로 형성할 수 있어, 이후의 학습 과정에서 더 깊이 있는 이해와 표현을 가능하게 한다.

"아빠는 왜 소년을 강가로 데려갔을까요?"라는 질문은 학생들이 강의 특징을 떠올리고, 소년과 강물이 무슨 관계가 있는지 생각해보도록 자연스럽게 이끈다. 등장인물의 말과 행동이 이야기의 전개에 어떤 영향을 미치는지를 살펴볼 수 있으며, 이야기의 흐름을 예측하고 사건의 중요성을 파악하도록 돕는다.

학생 1   강물이 똑바로가 아니라 굽이쳐 흐르는 게 소년이 말하는 것과 비슷하다는 걸 보여주려고요.

학생 2 소년이 평소에 좋아하는 장소여서 아빠가 강가에 데려갔을 것 같아요. 강물을 보면 마음이 편안해져서요.

학생 3 빠른 물살도 있고 잔잔한 물살도 있는 것처럼 말을 잘할 때도 있고 잘 못할 때도 있다는 걸 말해주고 싶었을 것 같아요.

학생 4 굽이치고 부서져도 흐르는 강물처럼 소년도 말을 잘할 수 있을 거라고 용기를 주려고 했을 것 같아요.

또한, 학생들이 주인공의 행동을 분석하고, 그 이유를 생각해보도록 질문할 수 있다. 주인공이 변화한다면 어떻게 변화하는지, 그 변화가 이야기 전체의 흐름에 어떤 영향을 미치는지 생각해보도록 한다.

교사 이야기에서 소년은 어떻게 변하나요? 이 변화가 이야기 전체의 흐름에 어떤 영향을 미치나요?

학생 1 처음에 소년은 말하는 것이 힘들어서 입을 꼼짝도 안 했지만, 나중에는 좋아하는 장소로 강을 발표했어요. 아빠가 용기를 준 것 같아요.

학생 2 처음에는 발표를 못 해서 괴로워했지만, 나중에는 편안해 보였어요. 처음엔 힘들어도 나중에는 덜 힘들 수 있다는 걸 말해주는 것 같아요.

학생 3 발표하는 것을 힘들어하던 소년이 용기를 내서 발표했어요. 소년은 계속해서 용기를 내어 말을 점점 잘하게 될 것 같아요.

이와 같이 인물과 사건, 주제에 관한 질문을 통해 학생들이 그림책 내용의 전체적인 흐름을 이해하고, 이야기의 구조와 주제를 더 잘 파악할 수 있다.

시각적 요소 탐구하기

그림책에서 시각적인 요소는 이야기의 분위기, 감정, 주제 등을 강화하며, 글로 표현되지 않은 추가적인 의미를 전달한다. 그림을 탐구하면서 학생들은 이야기를 더 깊이 있게 이해하고, 시각적 단서를 통해 등장인물의 감정이나 사건의 전개를 더욱 생생하게 파악할 수 있다. 또한, 책의 장면에서 글이 써 있는 위치를 살피고 왜 그렇게 표현했는지 분석함으로써 학생들은 복합적인 사고 능력을 기르게 되고, 자신의 감정과 생각을 보다 구체적이고 창의적으로 표현할 수 있게 된다.

소년이 강에 몸을 담그고 뒤돌아서 있는 장면을 함께 보며 "이 그림에서 가장 먼저 눈에 들어오는 것은 무엇인가요? 왜 그렇다고 생각하나요?"라고 질문하여 학생들이 시각적 요소를 분석하고, 그것이 이야기와 어떻게 연결되는지 생각해보도록 한다. 이때 학생들의 눈에 들어온 것을 하나의 낱말로 말하기보다는 '꾸며주는 말 + 낱말' 또는 '사람·사물 + 묘사'로 표현하도록 하여, 왜 그 모습이 눈에 들어왔는지 설명할 수 있도록 한다. 학생들은 '강에서 걸어가는 소년', '햇빛에 반짝이는 강물' '소년의 뒷모습', '엄청 넓은 강물' 등으로 표현하고, 그것이 이야기에서 어떤 의미를 갖는지 생각하여 이야기한다.

또한, 이 장면의 "아빠는 말했어요. 내가 강물처럼 말한다고"라는 문장

가장 눈에 들어온 것	이유	책에서 갖는 의미
강에서 걷는 소년	평화로워 보인다.	힘든 마음을 이겨낼 것 같다.
햇빛에 반짝이는 강물	반짝이는 모습이 아름답다.	소년도 강처럼 아름답다.
아이의 뒷모습	앞을 향해 걸어가는 것 같다.	포기하지 않고 발표하려고 노력하는 소년
넓은 강	펼쳐진 그림에서 강이 무척 넓었다.	소년의 꿈이 넓게 펼쳐질 것 같다.

이 그림과 함께 무엇을 전달하려는 것 같은지 질문할 수 있다. 텍스트와 그림이 어떻게 서로 보완하며 이야기를 전개하는지 탐구하도록 하는 것이다. 이 장면에서 무엇을 느꼈는지, 이 그림이 그림책 이야기의 어떤 부분을 강조한다고 생각하는지 질문함으로써 그림책의 시각적 요소가 이야기의 의미를 어떻게 강화하는지 살펴볼 수 있게 한다.

자유롭게 표현하기

자연스럽게 자신의 감정과 생각을 형성하도록 유도하고, 이를 적극적으로 표현할 수 있는 환경을 제공하는 것은 학생들의 전인적 발달에 중요하다. 자유로운 표현은 학생들이 자신의 생각과 감정을 다양한 방식으로 나타내도록 하며, 창의적인 사고를 촉진한다. 이 과정에서 학생들은 고정된 답을 찾기보다는 새로운 관점과 아이디어를 탐색하게 된다. 자유로운 표현을 통해 창의력이 발휘되며, 이는 문제 해결 능력과 비판적 사고를 길러주어 학생들이 자신만의 독창적인 해석을 만들어 가도록 도움으로써 학습에 대한 흥미와 동기를 높인다. 이를 통해 학생들은 이야기의 의미를 더 깊이 이해하고, 학습의 즐거움을 경험하게 된다.

가령, 이야기 속 등장인물들과 대화를 나눈다면 어떤 말을 할 것인지 상상해본다. "이 장면에서 주인공에게 무슨 말을 해주고 싶나요?"와 같은 질문으로 학생들의 반응을 깊이 있게 끌어낼 수 있다. 『나는 강물처럼 말해요』의 경우 표지에 주인공 소년의 모습이 담겨 있으므로 표지를 보고 소년에게 해주고 싶은 말을 직접 하거나, 포스트잇에 써서 붙일 수 있다. 내가 책 속의 등장인물 중 한 사람이라고 가정하고 그 인물이 나온 책의 페이지를 펼쳐, '내가 아빠라면? 내가 선생님이나 학급 친구들이라면?' 또는 강물을 의인화하여 '내가 강물이라면?' 어떤 말을 해주고 싶은지 생각하여 말이나 글로 표현할 수 있다. 이와 같이 학생들이 등장인물이 되어 감정을 표현하고 이야기 속 상황을 재현하는 활동을 통해 학생들의 공감 능력을 키울 수 있다.

반응 형성하기 단계에서는 위와 같은 질문을 통해 학생들이 책에 대해 개인적으로 의미 있는 반응을 형성함으로써, 학습 내용을 더 깊이 이해하고 기억할 수 있도록 한다. 감정과 생각을 표현하는 과정을 통해 학생들의 표현력과 언어 사용 능력이 향상되며, 책에 대해 자신의 입장을 논리적으로 정리하게 된다.

3단계 : 반응 명료화하기

2단계를 통해 형성된 개인의 반응은 자기중심적인 이해나 개인의 잘못된 해석에 빠지지 않기 위해 상대방과 상호작용하며 반응을 정교화 및 재

반응 형성하기 단계의 질문

질문의 단계	단계별 질문
감정 표현하기	"책을 읽고 난 후, 가장 먼저 떠오른 감정은 무엇이었나요?" "교실에서 아이들이 소년을 바라보는 장면에서 어떤 감정을 느꼈나요? 왜 그런가요?" "이 책을 읽으면서 어떤 생각이 들었나요?" "이 장면에서 소년은 어떤 감정을 느끼고 있을까요? 왜 그런가요?"
글의 흐름 파악하기	"발표를 하지 못한 소년의 행동에 대해 어떻게 생각하나요? 나라면 어떻게 했을까요?" "이런 상황이 나에게 일어났다면, 어떤 반응을 보였을 것 같나요?" "아빠는 왜 소년을 강가로 데려갔을까요?" "아빠는 왜 소년이 강물처럼 말한다고 했을까요?" "소년은 어떻게 변하나요? 이 변화는 어떻게 일어났을까요?" "이야기 속에서 가장 마음에 드는 인물은 누구인가요? 이유는 무엇인가요?" "이 책에서 가장 인상 깊었던 부분은 어디였나요? 왜 그렇게 느꼈나요?" "이 책에서 가장 중요한 메시지는 무엇이라고 생각하나요? 그 메시지에 동의하나요, 아니면 다른 생각이 있나요?"
시각적 요소 탐구하기	"이 그림에서 가장 먼저 눈에 들어오는 것은 무엇인가요? 왜 그런가요?" "'아빠는 말했어요. 내가 강물처럼 말한다고'라는 문장은 그림과 함께 무엇을 전달하려는 것 같은가요?" "이 그림에서 무엇을 느꼈나요?" "이 그림은 이야기 전체의 어떤 부분을 강조한다고 생각하나요?"
자유롭게 표현하기	"등장인물들과 대화를 나눈다면 누구와 어떤 말을 나누고 싶나요?" "이 장면에서 주인공에게 무슨 말을 해주고 싶나요?" "내가 아빠(선생님, 학급 친구들)라면 소년에게 어떻게 해주었을까요?" "내가 소년이라면, 어떤 마음을 먹었을 것 같나요?"

정리해야 한다. 자신의 반응을 학급 친구들과 공유하고 상호작용하는 것은 협력적 학습을 강화하고, 다양한 시각을 존중하는 능력을 키워준다. 그중 토의·토론은 자신의 의견을 논리적으로 표현하고, 타인의 의견을 존중하면서도 비판적으로 평가할 수 있는 능력을 길러준다. 이 책을 읽은 후 다음과 같은 논제로 찬반 토론을 할 수 있다.

"나와 다른 친구를 돕는 것이 꼭 필요할까?"

필요하다	필요하지 않다
- 사람은 서로 도우며 살아가야 한다. 나와 다른 친구를 도우면 그 친구가 자신의 문제를 극복하는 데 힘을 얻는다. - 남을 도울 때 기쁨과 뿌듯함을 느낄 수 있다. - 도움이 필요한데 요청을 못 하는 것일 수 있다.	- 모든 상황에서 꼭 도와줘야 하는 것은 아니다. 상대방이 스스로 해결할 수 있는 일이라면 기회를 주는 것이 좋다. - 상대방이 도움을 바라지 않는 경우도 있다. - 다른 사람을 돕느라 나의 일을 소홀히 할 수도 있다.

이와 같이 이 단계는 학생들이 자신의 생각과 감정을 깊이 있게 탐구하고, 다른 사람들과의 상호작용을 통해 반응을 재구성하며, 더 명확하고 논리적인 이해를 형성하는 것을 목표로 한다. 이를 위하여 교사는 학생들이 이전에 형성한 반응을 더 명확하게 이해하고, 이를 논리적으로 정리할 수 있도록 돕는 질문을 해야 한다. 이 단계의 질문들은 학생들이 자신의 생각을 구체화하고, 반응을 명확히 표현하며, 비판적으로 평가할 수 있도록 유도하는 데 중점을 둔다.

반응 명료화하기 단계의 질문

질문의 단계	단계별 질문
반응 구체화하기	"이 부분에서 느낀 감정을 좀 더 구체적으로 설명해줄 수 있나요?" "이 장면이 왜 특별히 나에게 큰 인상을 남겼나요?" "책에서 찾아낸 중요한 메시지를 한 문장으로 나타낸다면 무엇인가요?"
다른 관점과 비교하기	"다른 사람들의 의견과 비교했을 때, 당신의 반응은 어떻게 다른가요?" "소년이 아닌 다른 등장인물의 관점에서 본다면, 이야기가 어떻게 느껴지나요?" "다른 문화나 배경을 가진 사람들이 이 책을 본다면 어떤 생각을 할까요?"
반응의 일관성과 논리성 검토하기	"내 생각은 처음과 비교했을 때 어떻게 변했나요? 그 이유는 무엇인가요?" "나의 반응이 논리적으로 일관성이 있나요? 왜 그렇게 생각하나요?"
자기 성찰하기	"책을 읽으며 가장 큰 영향을 받은 부분은 어디인가요?" "이 책이 나에게 미친 영향을 다시 생각해보면, 어떤 점이 가장 중요하다고 느껴지나요?" "내가 보인 반응을 다시 돌아보면, 어떤 부분에서 더 깊이 생각할 필요가 있다고 느끼나요?"
반응 재구성 및 명료화하기	"이 책을 처음 읽었을 때와 지금의 반응을 비교해 보면, 어떤 변화가 있었나요?" "내 생각을 다른 사람에게 설명해야 한다면, 어떤 방식으로 하겠나요?"

4단계 : 반응 심화하기

반응 심화하기는 학생들이 자신의 생각과 반응을 더욱 깊이 있게 탐구하고 확장하는 단계이다. 이 단계에서 학생들은 책이나 주제에 대해 더 깊이 이해하거나 이를 바탕으로 새로운 관점이나 통찰을 개발하는 데 중점을 둔다. 즉, 학생들이 단순히 책을 이해하는 것을 넘어서, 그 의미를 더욱 풍부하게 만들고, 이를 다른 배움으로 연결하거나 새로운 지식을 창출하는 과정이다. 교사는 학생들이 책이나 주제에 관해 더 깊이 있는 사고를 할 수 있도록 돕는 질문을 하는 것이 중요하다. 이러한 질문들은 학생들이 생각을 확장하고, 책의 의미를 더 풍부하게 해석하며, 이를 다른 맥락과 연결할 수 있도록 유도한다.

예를 들어, 학생들이 창의적으로 이야기를 재구성하며 생각을 표현하도록 질문할 수 있다. "이 이야기의 결말을 다르게 바꾼다면 어떻게 될까요?"와 같은 질문에 학생들은 글 또는 그림으로 새로운 결말을 만들어 이야기를 구성한다. "이 이야기에서 어떤 요소를 바꾸어볼 수 있을까요?"라는 질문은 학생들이 새로운 이야기를 만들 수 있게 해준다. 배경을 강이 아닌 산이나 바다, 숲으로 바꾸어 이야기를 전개할 수도 있으며, 등장인물의 성별이나 나이를 바꾸거나 소년 대신 동물을 넣어 재구성하면 바뀐 각 요소의 특징을 반영한 새로운 이야기가 만들어진다. 이러한 활동은 학생들이 그림책의 내용을 기억하고 창의적으로 변형할 수 있도록 돕는다. 스토리를 자신의 생각으로 재구성하면서 언어와 감정 표현 능력을 기를 뿐만 아니라 심화되고 확장된 반응을 나타내는 즐거움을 경험하게 된다. 또한, 이 책의 인물이나 주제와 관련이 있는 인물이나 뉴스 또는 사건을 조사하여 소개하거나, 소년과 같은 어려움을 겪는 사람들을 위한 해결책이나 방법이 있을지 찾아볼 수도 있다.

이처럼 반응 심화하기 단계에서 그림책을 읽고 확장된 시각으로 다른 맥락과 연결 짓는 활동은 학생들이 책의 내용을 깊이 이해하고, 창의적이고 주체적으로 학습에 참여하도록 돕는다.

반응 심화하기 단계의 질문

질문의 단계	단계별 질문
더 깊은 이해 유도하기	"소년이 강가에 가는 부분에서 작가는 어떤 것을 이야기하고 싶었을까요?" "소년이 강물에서 헤엄치는 장면은 이야기 전체에서 어떤 역할을 하는 것 같나요?" "마지막 장면에서 소년이 발표하는 것은 다른 사람들에게 어떤 영향을 주었을까요?"
비판적 사고와 창의적 사고 촉진하기	"소년의 성장이 비슷한 모든 사람에게 동일하게 적용될 수 있을까요? 왜 그렇다고 생각하나요?" "작가는 왜 소년의 말로 이야기를 전개했을까요?" "소년이 겪는 문제를 해결하기 위한 다른 방법이나 해결책이 있을까요?" "이 책의 내용을 바탕으로 새로운 이야기를 만들어본다면 어떻게 할 수 있을까요?" "이 이야기에서 어떤 요소를 바꾸어볼 수 있을까요?" "이 이야기의 결말을 바꾼다면 어떻게 바꾸고 싶나요?" "아빠가 소년을 강가로 데려가지 않았다면 어떻게 되었을까요?"
실제 삶과의 연결	"이 책의 주제와 연관이 있는 인물이나 뉴스 또는 사건이 있을까요?" "이 이야기의 상황이 내가 경험한 어떤 일과 비슷한가요?" "이 책에서 제기된 문제가 오늘날 우리 사회에서 어떻게 나타나고 있나요?" "이 이야기에서 배운 교훈을 실제 삶에서 어떻게 적용할 수 있을까요?"
감정적 및 개인적 반응 심화	"이 책을 읽고 난 후, 나의 생각이나 감정이 어떻게 변했나요?" "이 이야기에서 나와 비슷한 상황에 있는 등장인물이 있나요? 나라면 어떻게 행동했을까요?" "이 책을 통해 나의 가치관이나 신념에 대해 새롭게 생각하게 된 점이 있나요?"

책과 상호작용하며 자신만의 독특한 의미를 만들어가는 반응 중심 학습을 통해 학생들은 그림책 작품 감상 능력을 발달시키며 자신의 반응을 성찰하고 확장해가는 능력을 갖추게 된다. 교사는 학생 개개인의 반응이 존중되는 학습 분위기를 만드는 것이 중요하다. 그러나 학생들이 개인적인 반응을 표현하는 것에 그치지 않고 자신의 반응을 정리하고, 다른 사람과 공유하고 상호작용하면서 자신의 생각과 반응을 정교화하고 재정리할 수 있도록 도와야 한다. 보다 심화되고 확장된 반응을 할 수 있도록 학생 개인의 반응을 일반화하여 스스로 자기 자신을 살피고 고쳐 나가며 성장할 기회를 주어야 한다. 이를 통해 학생들은 아름다운 정서와 풍부한 상상력을 기르고, 그림책을 통해 삶의 다양성을 인식하며 자아와 타인을 이해함으로써 삶에 대한 바람직한 태도를 기르게 될 것이다.

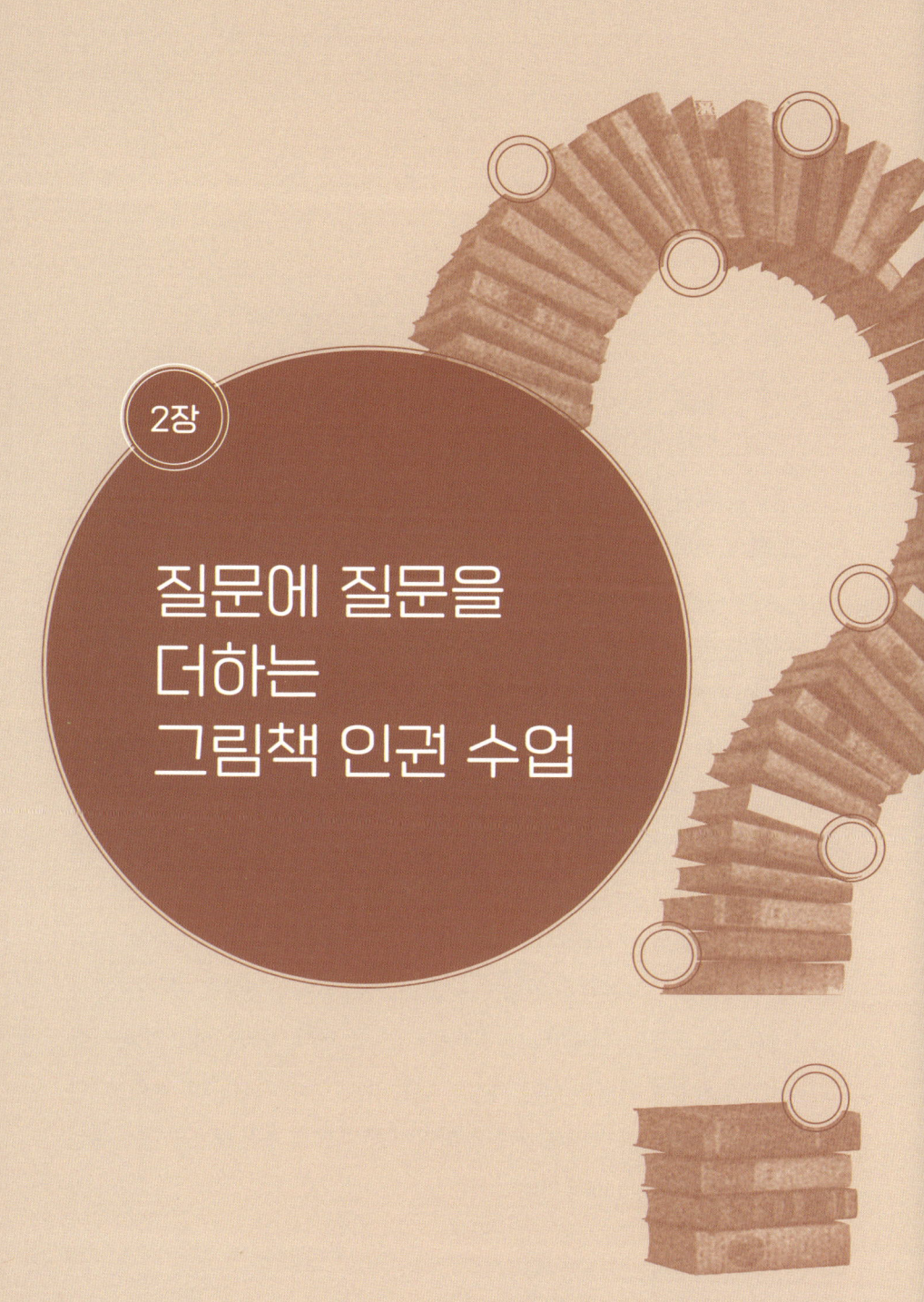

2장

질문에 질문을 더하는 그림책 인권 수업

 본 수업은 다원화된 사회에서 서로 다름을 이해하고 상호 존중의 포용적 태도를 함양시키고자 질문에 질문을 더하는 방식으로 진행되었다. 학생들은 꼬리에 꼬리를 무는 계속된 질문을 통해 그동안 미처 생각해보지 못한 문제의 본질을 캐고, 스스로 문제의 해결 방안을 찾게 된다.

 그러기 위해서 제자들과 질문을 주고받는 가운데 스스로 무지를 타파하게끔 유도했던 소크라테스식의 대화법을 인권 그림책 수업에 적용하였다. 학생들에게 먼저 함께 고민해 볼 주제를 주고, 궁금한 점을 스스로 질문하게 하고, 그 답변에 또 질문을 하는, 즉 꼬리에 꼬리를 무는 질문과 더불어 생각을 한번 비틀어 보는 반전 질문을 연속으로 한다. 이런 과정을 통해 학생들은 그동안 간과했던 문제를 더 깊이 들여다보고 문제해결력을 기를 수 있다.

 인권 그림책 수업을 하다 보면, 내용을 좀 더 깊게 파고들지 못한 아쉬움이 늘 있다. 그림책을 읽고 학생들 스스로 질문을 만들고 그 질문으로 대화하고 토론을 하지만, 그 결과를 가지고 또다시 질문하고 토론하며 사고의 확장과 내면의 성장 과정이 없는 것이 못내 아쉬웠다. 특히, 그림책 이면에 드러나지 않은 내용을 살피지 못하고 명시적 내용만 훑어내는 학생들이 꽤 있기 때문이다.

예를 들어 『행복한 우리 가족』(한성옥 지음, 문학동네)은 가족들은 행복하게 하루를 보내지만, 주변에 온갖 민폐를 끼치는 가족이기주의를 다루는데, 학생들은 그림과 텍스트의 관계를 면밀히 살피지 않고 단순히 '행복한 가족의 하루를 다루고 있어요'라고 한다든가, 이기적 탐욕으로 자멸하는 『빈칸』(홍지혜 글·그림, 고래뱃속)을 읽고도 여전히 물질만능주의적 사고를 하는 학생들을 보며 좀 더 깊이 대화를 나누고 싶다는 생각을 종종 했다. 이번 수업은 교사의 그런 목마름을 해결해주고, 그 결과로 학생들은 깊이 있는 학습 태도를 기를 수 있다.

여기서 말하는 깊이 있는 학습이란 사고와 탐구를 통해 학습 내용을 내면화하고 또 배운 것을 새로운 상황에 적용하고 문제를 해결할 수 있도록 핵심 내용을 깊이 있게 배우는 것으로, 질문의 과정을 통해 그 역량의 향상을 기대할 수 있다.

『바나나가 더 일찍 오려면』

정진호 글 그림, 사계절

민주화운동기념사업회 기획 시리즈물 중 가장 처음 만들어진 책으로, '15분 당겨진 새벽 만원 버스 8146번 첫차'라는 기사가 모티브가 되었다. 일분일초라도 더 빨리 출근하려는 사람들을 위해 첫차 시간을 15분 앞당긴 버스처럼, 주인공 민주씨가 새벽 배송으로 바나나를 주문하는 순간 우리 사회는 연쇄적으로 '더 일찍', '더 빨리' 움직여야만 하는 사람들이 생긴다. 점점 더 과열되는 우리 사회의 '빨리빨리' 문화 현상이 과연 바람직한지, 그로 인해 파생되는 또 다른 문제는 없는지를 생각해보게 한다.

1단계 : 그림책 읽고 질문 만들기

질문에 질문을 더하는 수업은 우선 학생들의 질문으로부터 시작한다. 주제와 관련 있는 그림책을 선정한 뒤 학생들과 함께 읽고, 내용을 얼마나 깊이 있게 이해하고 있는지, 또 책에서 어떤 궁금증이 있는지 먼저 알아보기 위해 학생들의 눈높이에서 질문을 만든다.

내용 상상하기

그림책을 읽기 전 학생들의 호기심을 끌어내는 활동이다. 그림책을 읽기 전에 '제목과 표지, 면지' 등을 보며 어떤 내용이 담겨 있을지를 상상해서 답해보게 한다. 이 단계는 깊은 사고를 필요로 하는 단계는 아니기 때문에 비교적 간단하게 질문하고 답변 시간도 그리 길지 않게 주어도 된다. 질문은 다음과 같이 한다.

> 질문   이 책의 제목은 '바나나가 더 일찍 오려면'입니다. 앞표지에는 바나나가 담긴 상자가, 뒤표지에는 택배 트럭이 있습니다. 면지는 앞뒤가 같은데 모두 노란색입니다. 그런데 잘 들여다보면(학생들에게 가까이 보여준다) 무수히 많은 노란 점이 찍혀 있습니다. 제목과 표지, 면지 등을 봤을 때 어떤 내용이 담겨 있을까요?

학생들 답변
- 바나나를 기다리는 한 아이의 이야기일 것 같아요.

- 바나나를 더 일찍 얻기 위해 어떻게 해야 할지 고민하는 이야기일 것 같아요.
- 바나나를 먹기 위해 주문하고 기다리는 동안 무엇을 해야 할지 고민하는 이야기일 것 같아요.

제목과 표지만 보고 직관적으로 답을 한 학생이 있는 반면, 제목의 '더 일찍'에 주목해서 답변하는 학생도 있다.

학생들 답변
- 바나나가 더 일찍 오기 위한 방법에 관한 내용일 것 같아요.
- 바나나가 운송되는 과정의 이야기일 것 같아요.
- 어떤 일에서 과실을 더 빨리 맺고자 과한 열정을 쏟아붓다 실패한 뒤에, 믿고 기다려주는 것이 제일이라는 교훈을 줄 것 같아요.

책을 읽기 전 이러한 활동은 책에 대한 학생들의 호기심을 끌어내기에 매우 적합하다. 같은 제목, 같은 표지를 보고서 각기 다른 내용을 상상하는 친구들의 발표를 들으면서 이렇게 우리는 다양한 생각을 가지고 있음을 다시 한번 깨닫게 되고, 생각이 다르다는 것이 틀린 것이 아니라는 것을 자연스럽게 배우게 된다. 이 과정에서 학생들의 호기심과 궁금증이 곧 질문으로 이어지기에 내용을 마음껏 상상할 수 있는 열린 분위기를 조성해주는 것이 좋다.

핵심 장면 선정하기

그림책의 내용을 분석해보는 활동이다. 다 같이 그림책을 읽은 뒤 모둠별 또는 개인에게 그림책을 나눠주고 그림과 텍스트를 한 번 더 천천히 읽으면서 내용을 파악하게 한다. 그런 다음 그림책의 핵심 주제가 드러날 만한 핵심 장면을 뽑게 한다. 핵심 장면 선정 활동을 통해 학생들이 이 책의 내용을 얼마나 잘 이해하고 있는지가 드러난다. 질문은 다음과 같이 한다.

질문   이 그림책의 핵심 장면을 한번 뽑아볼까요? 그 장면을 뽑은 이유는 무엇인가요?

그런 다음 선정한 장면을 간단하게 스케치한 후 그 이유를 적은 뒤 발표하게 한다. 아래 두 사례는 핵심 장면의 의미를 명확히 알고 비교적 그림책의 주제를 관통하는 핵심 장면을 뽑은 사례이다. 이처럼 핵심 장면을 하나 꼽는 활동만으로도 학생들의 그림책 이해 수준을 어느 정도 파

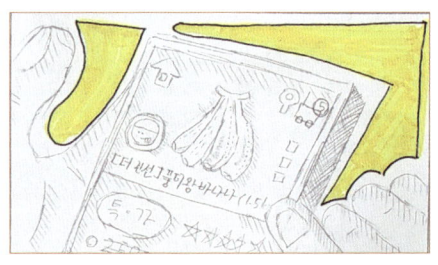

민주씨의 행동이 돌고 돌아 다시 민주씨에게 돌아오는 이 장면이 이 그림책의 가장 핵심적인 내용이기에 이 장면을 선택함.

표지의 바나나 상자를 핵심 장면으로 꼽았는데 주문한 바나나가 포장되어 오는 과정의 출발이라 생각했기에 이 장면을 선택함.

악할 수 있다. 다음은 본격적으로 질문에 질문을 더하는 수업을 위해 개인 질문을 만드는 단계다.

2단계 : 질문에 질문 더하기

처음 질문

처음 질문은 학생들이 만든 조사(調査)적, 즉 알고 있는 것을 묻고 확인하는 질문으로 시작한다. 조사란 사물의 내용을 명확히 알기 위하여 자세히 살펴보거나 찾아본다는 뜻으로, 주로 '왜'라는 형태로 질문한다. '왜?'라는 질문은 문제의 본질과 핵심을 꿰뚫는 것으로, 이런 질문을 받으면 학생들은 적극적으로 해답을, 해결 방안을 찾기 위해 노력하게 된다.

먼저, 학생들에게 그림책을 읽고 궁금한 내용에 대해 개인별 조사적 질문을 3~4개 정도 만들게 한다. 그다음 토의를 거쳐 모둠 대표 질문을 선택하게 한다. 학생들의 질문은 다음과 같다.

- 왜 바나나를 소재로 했을까?
- 왜 사람들은 웃지 않을까?
- 왜 이름이 민주씨일까?
- 민주씨는 왜 바나나를 주문했을까?
- 작가는 왜 그림의 배경을 점으로 표현했을까?

학생들의 질문 중에는 '왜 바나나를 소재로 했을까?', '왜 이름이 민주씨일까?' 등과 같이 단순히 사실을 확인하고자 하는 질문도 있고, '왜 사람들은 웃지 않을까?'와 같이 상황을 유추해 볼 수 있는 질문도 있는데, 이 중 '민주씨는 왜 바나나를 주문했을까?'를 선택했다. 이 질문을 조사적 질문으로 선택한 이유는 민주씨가 바나나를 주문할 수밖에 없는 상황들을 되짚어 보고, 도미노처럼 펼쳐지는 일련의 과정, 그리고 그 과정에서 우리가 들여다보아야 할 문제들을 발견할 수 있기 때문이다.

첫 번째 질문
민주씨는 왜 바나나를 주문했을까?

이에 대한 학생들의 답변은 '아침 식사 대용으로 간단하게 먹을 수 있어서', '그림을 보면 1+1 세일을 해서 싸기 때문에'와 같이 내용을 깊이 파고들지 못하고 지극히 표면적인 수준에 머물러 있는 것이 가장 많다. 반면, 조금 더 나아가 '바나나는 다른 과일보다 상대적으로 무르다. 이 책의 중요 내용이라고 볼 수 있는 '일찍'이 빨리 무르는 바나나와 상관있다고 생각하기 때문이다'와 같이 주제 접근하기 위해 노력한 답변도 있다. 그중 두 번째 질문을 이끈 답변은 다음과 같다.

학생 답변
직장 상사의 연락을 받고 다음 날 일찍 새벽에
출근해달라는 제안을 거절하지 못했기 때문에,
민주씨는 어쩔 수 없이 아침 대용으로 먹을 바나나를 주문한 것 같아요.

다양한 반응 유도하기*

두 번째 질문은 깊이 있는 학습을 위한 단계로, 마지막 학생의 답변을 이어받아 다양한 답변을 유도할 수 있는 질문을 한다. 수업에 참여하는 학생들은 지적 수준이나 배경지식이 매우 다양하기에 어떻게 질문을 하느냐에 따라 한정적 답을 내놓을 수도 있고, 다양한 답을 내놓을 수도 있다. 그렇기에 두 번째 질문은 첫 번째보다는 다소 광범위하고, 열린 형태의 질문을 함으로써 학생들이 그림책의 내용 이외에 자신의 배경지식을 활용해 좀 더 다양한 답변을 할 수 있도록 유도한다.

첫 번째 질문의 답변에서 '민주씨는 어쩔 수 없이 새벽 배송으로 바나나를 주문했다'라는 답변이 있었다. 그렇다면 민주씨의 이러한 행동 다음에 어떤 일들이 연쇄적으로 일어났는지 질문해 볼 수 있다. 이 질문을 통해 학생들은 민주씨의 단순한 행동이 그저 우연히 일어난 일이 아님을 확인할 수 있다.

두 번째 질문
민주씨가 바나나를 주문함으로써 어떤 일이 일어났는가?

이 질문에 학생들은 기본적으로 '시작은 작은 바나나 하나였지만 그로 인해 노동자들의 노동력이 연쇄적으로 필요해졌다', '새벽 출발, 주유소, 지하철, 철도 정비, 정비사 새벽밥, 식당 주인 장보기 등등 일련의 과정을 위해서는 또 다른 일련의 과정이 그 뒤에 자리하고 있음을 알 수 있다.

---

* 『핵심 질문』, 제이 맥타이, 그랜트 위긴스 지음, 사회평론, 2016, 102쪽 참조

겉으로 보기에는 간단히 바나나 하나를 배송시키는 일이지만, 그 안에는 많은 노동자의 숨은 노력이 연쇄적으로 뒤따르고 있음을 알 수 있다' 등 노동의 연결 고리를 확인하는 답을 했다.

　반면, '소비자를 중심으로 도시가 분주해진다. 민주씨의 소비가 다양한 일자리를 창출한다' 등과 같이 민주씨의 행동이 시장 경제의 시작이라는 관점을 제시한 학생도 있었으며, 다소 철학적으로 '작은 일들에서 시작해서 조금씩 사회라는 시계태엽을 돌려 하루를 만들고 한 달을 만들고 일 년을 만들고 삶을 만든다'라는 답변을 한 학생도 있었다. 평소 같으면 이러한 답변도 유의미했겠지만, 오늘 수업에서는 노동의 연결 고리를 좀 더 깊이 파고드는 것이 목적이므로, 질문의 방향을 다시 노동자들의 노동에 초점을 맞추어 다음 질문을 이어 간다.

새로운 질문하기

　세 번째 질문은 다음 질문을 위해 주변을 잠시 환기하는 질문이다. 두 번째 질문까지는 그림책의 내용을 바탕으로 조사적 질문을 통한 내용 확인 질문의 단계였다면, 세 번째 질문은 학생들의 관점을 잠시 다른 곳으로 돌리는 질문이다. 앞서 반복되는 두 번의 질문이 조금은 지루하다 느껴질 수 있는 단계이기에, 여기서는 생각을 한 단계 성장시킬 수 있는 질문을 통해 주변을 한번 환기한다.

　지금까지 '새벽 배송'을 통해 노동의 연결 고리를 확인했다면, 관점을 조금 바꾸어 '새벽'에 일찍 일어나 노동을 시작하는 사람들에 대해 한번 생각해볼 수 있는 질문을 한다.

세 번째 질문

새벽에 바나나를 배송하는 배송원처럼

새벽에도 깨어 있는 직업에는 어떤 것들이 있을까?

이 질문에는 학생들에게 되도록 많은 답변을 하게 했다. 또 검색 찬스를 줄 수도 있다. 검색을 통해 학생들은 본인이 알고 있던 직업 외에 굉장히 다양한 직업의 사람들이 새벽에 깨어 있음을 알게 된다.

학생들 답변
- 버스 기사, 택시 기사, 기사식당, 응급실 직원, 장례식장 직원, 도로 정비(포장)
- 건물 청소 노동자, 편의점 아르바이트, 시장 상인, 소방관, 신문 보급소 직원, 야간 경비원
- 의료진, 군인, 소방관, 부모님(아침 일찍 일어나 밥해주시고 가족의 생계를 책임져 주심)
- 야간 경비, 통신 기사, 택배박스 접는 사람, 소방관, 군인, 야간 병원 응급실 직원, 경비, 택배기사, 물류업체 직원들, 트럭 운전자

추측적 질문하기[*]

네 번째 질문은 '만약에?'라고 물어볼 수 있는 추측적 질문이다. 앞서

---

[*] 「반짝이는 질문 어떻게 던질까」, 하버드비즈니스리뷰. 2024년 5-6월, 68쪽 참조

조사적 질문이 내용을 깊이 있게 확인하는 질문이었다면, 추측적 질문은 문제를 더욱 폭넓게 이해하는 데 도움을 주는 질문이다. '만약에 ~~ 한다면?'이라는 질문에는 그동안 생각해보지 않았던, 또는 일어나지 않을 것 같은 상황이지만 또 혹시 있을지도 모르는 뜻밖의 경우를 생각해보게 하는 힘이 있다. 대부분의 사람은 어느 정도 문제가 해결되었다고 생각하면 주어진 답변에 만족하고 안주하려는 경향이 있다. 하지만 '만약에?'는 새로운 아이디어를 찾는 창의적 질문이자, 생각지 않았던 문제의 이면을 들여다보게 하고 일어나지 않은 일들까지 상상하게 한다. 이러한 과정을 통해 학생들은 창조적으로 사고하고 또 확장된 사고를 통한 깊이 있는 학습을 할 수 있다.

네 번째 질문
만약에 나열한 직업 중 굳이 새벽에 일하지 않아도 되는 직업이 있다면 어떤 것이고, 그 이유는 무엇일까?

세 번째 질문을 통해 학생들은 많은 직업을 빠르게 나열했다. 그중에는 '반드시 밤낮없이 일을 해야 하는 직업도 있겠지만, 굳이 새벽에 일찍 일어나 일하지 않아도 되는 직업도 있지 않을까?'라는 생각에 위와 같은 질문을 했다. 그리고 왜 그렇게 생각하는지 이유를 묻고 학생들과 질문을 이어나갔다. 이 질문에 대한 학생들의 답변은 다음과 같았다.

학생1 기사식당이라고 생각합니다.
교사 왜 그렇게 생각하나요?

학생1	요즘은 24시간 운영하는 편의점도 많기에 굳이 새벽에 식당에서 밥을 먹지 않아도 된다고 생각합니다.
교사	기사식당을 찾는 사람들은 주로 어떤 사람들인가요?
학생1	택시 기사분들입니다.
교사	그렇다면, 아침 일찍 운행하는 택시 기사분들이 있는 한 기사식당은 일찍 문을 열 수밖에 없지 않을까요?
학생1	네. 그러니까 새벽에는 편의점 등을 이용하면 됩니다.
교사	기사식당이 근본적으로 새벽에 영업을 하지 않으려면 기사식당을 찾는 기사분이 없어야 하는데, 그렇다면 택시 기사분들이 새벽에 일을 하지 않으셔야 할까요?
학생1	긴급하게 택시를 이용하는 분들이 있어서 그건 어려울 거 같습니다.
교사	그렇다면, 기사식당도 문을 닫기 좀 어렵지 않을까요?
학생1	그럴 것 같습니다.

이번 질문에는 학생의 답변을 듣고 그 질문에 꼬리를 무는 질문을 계속해보았다. '편의점을 이용할 수도 있다'라는 답변이 참신했지만, 근본적인 해답은 아닌 것 같아서 질문을 계속해보았다. 질문을 주고받다 보니 학생들의 생각이 또 궁금해져서 추가 질문을 해보았다.

네 번째 질문에 이은 추가 질문
그렇다면 새벽에 하지 않아도 되는 일을
굳이 새벽에 하는 이유는 또 무엇일까?

이 질문에 '힘은 들지만 야간 수당이 더 많기 때문이다. 노동자들이 야간 수당에 목을 맬 수밖에 없는 사회 구조 때문이다', '이른 배송을 원하는 소비자의 요구와 이를 충족시켜 이윤을 더 추구하려는 기업의 목적이 맞아떨어졌기 때문이다' 등과 같이 앞선 질문의 흐름에 맞춰 자본주의 경제 구조에 맞춰 노동의 고리를 되짚어 보는 답변을 내놓은 학생들이 있는 반면, 여전히 '새벽에 일하시는 분들을 도와주기 위해서'와 같이 맥락을 찾지 못하는 학생도 있다.

반응 꼬아 질문하기*

　이번 수업의 가장 핵심이 되는 질문이자 처음에 밝혔던 깊이 있는 학습을 위한 질문이다. 일종의 반전적 질문으로, 겉으로 드러나지 않은 문제의 이면을 들여다보고 '무엇이 진짜 문제인가?'에 관해 묻는다.

- 그 말에 동의하지 않는데요?
- 저는 그렇게 생각하지 않는데요?
- 다른 관점에 대해 고려해 보았나요?
- 그 답이 최선인가요? 이것에 대한 다른 대답이나 사고방식이 있지 않을까요?

　이런 질문은 그동안 우리가 당연하게 받아들이고 문제라고 생각해보

---

* 『핵심 질문』, 제이 맥타이, 그랜트 위긴스 지음, 사회평론, 2016. 115쪽 참조

지 못한 부분을 한 번 더 짚어주어 문제를 해결하는 근본적인 대안 마련에 도움을 준다. 이때 주의할 것은 교사가 하는 질문이 학생에게 딴지를 거는 것이 아니라 학생들의 사고확장을 유도하는 행동임을 알게 해야 한다.

앞서 두 번째 '민주씨가 바나나를 주문함으로써 어떤 일이 일어났나요?'라는 질문에 '소비가 일어남으로써 새로운 일자리가 창출되었다'라고 답변한 학생이 있었는데, 이 답변에 이렇게 질문해 보았다.

교사   소비가 일어남으로써 새로운 일자리가 창출되었다고 했는데 소비로 인한 시장 경제의 활성화를 말씀하시는 건가요?

학생2   네, 그렇습니다. 민주씨가 바나나를 주문함으로써 새벽 배송을 하는 사람, 배송차를 운전하는 사람, 또 새벽에 물류 창고에서 일하는 사람 등 많은 일자리가 만들어졌고, 이는 분명 시장 경제 활성화에 도움이 된다고 생각합니다.

교사   학생은 새벽 배송으로 인한 시장 경제의 긍정적 측면만을 보고 있네요. 민주씨가 물건을 소비함으로써 시장 경제가 움직인 것은 사실이지만, 그 물건이 꼭 새벽에 배송되어야만 했을까요? 그게 최선이었을까요?

학생2   아침에 일찍 출근해야 해서 아침밥을 못 하는 주부에게 새벽 배송은 거부할 수 없는 유혹입니다. 그런 주부의 식탁에 바나나를 올려 줄 수 있는 시장 시스템은 매우 바람직하다고 생각합니다.

교사   선생님은 그것이 바람직한 시스템이 아니라고 생각하는데요?

	혹시 새벽 배송원들이 식탁에 더 일찍 바나나를 올리기 위해 일주일 내내 쉬지도 못하고 위험한 야간노동을 한다는 사실을 아나요?
학생 2	네. 새벽 배송을 하시는 분들이 과로로 숨졌다는 것을 뉴스로 본 적이 있습니다.
교사	그렇다면 이런 시장 시스템이 바람직할까요? (이하 생략)

 이런 문답법은 일종의 소크라테스식 대화법으로, 대화를 통해 학생이 자신이 문제를 대하는 데 있어 간과한 부분을 스스로 알아챌 수 있도록 유도하는 것을 목표로 한다. 우리가 편리함과 효율성만을 추구하는 사회 시스템에 익숙해져 있는 동안 보이지 않는 곳에서 밤낮없이 일하는 많은 노동자가 희생되고 있음을 간과하는 경우가 많다. 이런 대화는 그동안 우리가 간과해온 이런 노동자들의 희생에 관심을 갖게 하고, 문제를 해결해보고자 하는 탐구심을 길러줄 수 있다.
 다섯 번째 '반응 꼬아 질문하기'에서는 다음과 같이 질문할 수도 있다.

다섯 번째 질문
심야 노동으로 야기되는 또 다른 부작용에 대해서는 고려해 보았나요?

학생	심야 노동을 하는 곳이 많아지다 보면 아무래도 밤늦게까지 불이 켜진 곳이 많을 수밖에 없잖아요. 그런 점에서 '빛 공해'를 생각해볼 수 있을 것 같습니다. 얼마 전 기사 하나를 봤는데, 우리나라가 세계 2위의 빛 공해 국가라고 합니다. 빛 공해는 가로

등과 같은 인공 빛이 밤을 낮처럼 밝혀 환경에 피해를 주는 것을 말합니다. 이런 과도한 불빛은 사람들의 숙면을 방해해 건강에 해로운 것은 물론 자연환경에도 나쁜 영향을 미친다고 합니다. 최근엔 가로등 불빛이 벌과 같은 곤충과 식물, 동물의 개체 수 감소를 불러일으킨다는 연구 결과도 있고, 식물들의 정상적인 성장을 막기 때문에 농작물에도 피해를 끼친다고 합니다. 그리고 무엇보다 이런 과도한 빛은 지구 온난화를 부추긴다고 하니, 이제는 조금 불편하더라도 불필요한 심야 노동은 줄여나가야 할 것 같습니다.

학생들과 여기까지 대화를 이어왔으면 이 대화를 바탕으로 한 논술문이나 탐구 보고서 등 다양한 결과물 산출로 활용할 수 있다.

새로운 질문으로 마무리하기

수업의 마무리는 또 다른 질문으로 한다. 앞서 대화는 주로 교사에 의해 질문이 이어져 왔다면, 마지막 단계는 학생들의 질문으로 마무리한다. 앞에서는 주제에 관해 깊이 있는 질문으로 대화가 이어졌다면, 마무리는 학생들의 창의성을 살려 주제와 그림책의 내용을 전혀 다른 관점에서 바라볼 수 있는 질문을 하도록 유도한다. 새로운 질문이라고는 하지만 여전히 앞 내용과 이어지는 질문을 하는 경우가 많다. 그러나 창의성은 결과물에 만족하지 않고 세상을 새롭게 바라보려는 노력에서 나온다. 새로운 질문을 해달라는 요청에 학생의 질문은 다음과 같다.

새로운 질문
우리는 색다른 하루를 보내기 위해 어떤 노력을 해야 할까?

이 질문을 하는 이유는 그림책에서 매일매일 같은 일상을 반복하는 노동자들을 보며 자신들도 그들과 다를 바 없는 삶을 살고 있기에, 다람쥐 쳇바퀴 도는 것과 같은 일상에서 벗어나 뭔가 색다른 하루를 보내고 싶다는 생각이 들었기 때문이라고 했다. 인권이라는 한정된 주제로만 다뤄질 수 있는 그림책을 전혀 다른 관점으로 접근한 점이 새로웠다.

이 질문 수업은 학생의 질문으로 시작하지만, 전반적으로 수업 전체를 이끌어가는 것은 교사의 질문이다. 학생의 답변을 듣고 그 자리에서 또 다른 질문을 하고, 그에 대한 답변을 듣고 또 질문을 이어가야 하기에 소수 인원과의 대화에 적합하고, 순발력, 논리력 등 교사의 역량 또한 많이 요구된다. 학생들이 가지고 있는 막연한 호기심과 흥미를 좀 더 정교하게 파악하고, 도달하고자 하는 주제에 대한 깊이 있는 학습, 깊이 있는 탐구 결과를 가져오도록 유도하는 것은 교사의 몫이어야 한다.

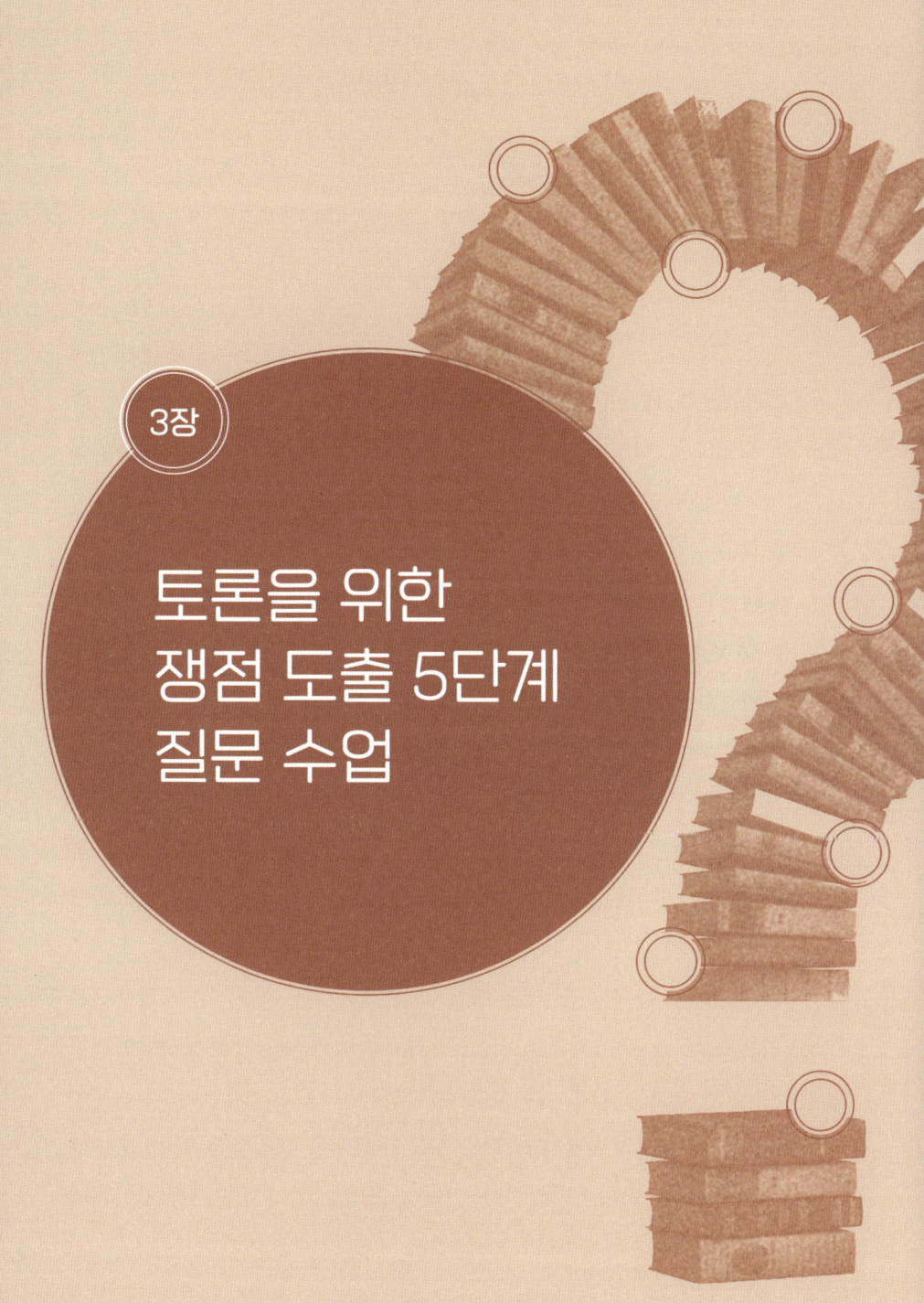

3장

토론을 위한 쟁점 도출 5단계 질문 수업

    질문은 학생들이 자신의 경험과 지식을 바탕으로 묻고 답할 수 있게 하며, 깊이 있는 탐구를 촉진한다. 따라서 질문을 활용한 수업은 단순히 정보를 전달하는 것이 아니라, 학생들이 스스로 질문하고 답하며 그 과정에서 깊이 있는 이해를 이끌어내는 데 초점을 맞추고 있다.

    그림책 토론 쟁점 도출을 위한 5단계 질문 수업은 다음과 같이 진행된다. 첫 번째는 '멈춤'이다. 학생들이 그림책 어느 장면에서 자신의 생각, 시선이 멈추는지를 묻는다. 우선 그림책을 읽고 나서 학생들이 가장 인상 깊은 장면이나 무의식적으로 눈길이 머무른 한 장면을 선정해야 한다. 주제나 이야기의 흐름과 상관없이 직관적으로 시선이 멈추거나 생각을 떠올리게 하는 한 장면을 선정하고, 거기에서 왜 멈추었을지를 질문한다. 어떤 이미지를 볼 때 무의식적으로 자신의 마음이 투영된다. 학생마다 선정하는 장면이 각각 다르다.

    두 번째는 '학생 주도 질문 생성 및 질문의 이유 찾기'이다. 학생들은 다양한 질문을 주도적으로 만들고, 교사는 그 질문이 왜 생성되었는지 이유를 물어보는 단계이다. 대체로 학생들은 그제야 자신이 그 질문을 하게 된 이유를 역으로 추적한다. 질문의 이유를 생각해본 적이 없기 때문에 처음에는 당황스러워한다. 그러나 곧바로 논리적 근거를 찾아가며 자신이 왜 그 질문을 하게 되었는지를 역추적하며 나름의 이유를 찾는다. 학생들은 다시 그림책을 들여다보고 글과 그림을 통해 이야기를 분석하여 자신의 주장과 이유, 의견을 표현한다.

세 번째는 이야기를 '나의 삶으로 전환'시키는 단계이다. 이 이야기가 자신의 삶, 경험 중 어떤 부분과 연결되는지를 묻는다. 학생들이 질문을 만든 배경을 교사 또는 친구들과 충분히 대화를 한 후 이어지는 3단계는 그림책에서 펼쳐지는 이야기를 학생 각자 자신의 삶, 경험으로 끌어오도록 '전환'시키는 질문을 하는 것이다. 그림책은 인간의 보편적 욕망, 인간사의 보편적 주제를 다루는 이야기가 대부분이다. 그림책 속 이야기가 지금의 나와는 상관없는 것이 아니라 오늘을 사는 내 삶에도 연결되는 지점이 있다는 것을 질문으로 알아차리게 한다.

네 번째는 '사회적 맥락으로 확장'시키는 단계이다. 이 이야기가 타인의 입장, 상황, 사회적 맥락을 고려해볼 때 오늘날 우리 사회에는 어떻게 적용할 수 있는지를 묻는다. 3단계의 질문이 이야기를 자신의 삶, 경험으로 끌어오는 것이라면, 4단계 질문은 학생들이 만든 질문을 현대 사회에서 타인의 입장, 상황, 사회적 맥락으로 확장시키는 것이다.

2022 개정 교육과정에서 깊이 있는 학습은 '전이'를 강조한다. 전이는 여러 요인에 영향을 받는다. 실제 자신의 삶, 가족과 친구, 이웃과 지역사회, 공동체와 관련된 학습 경험은 전이를 촉진할 수 있다고 보는데, 이를 위해서는 학습자가 스스로 학습한 내용을 반영하고 연결할 기회를 제공하는 것이 중요하다. 따라서 질문 수업에서도 전이를 촉진하기 위한 발문이 필요한데, 바로 이 3단계와 4단계의 질문이 중요하다.

다섯 번째는 '토론의 쟁점 도출'을 위한 단계이다. 1단계부터 4단계까지를 통해 학생들이 가장 중요하게 여기는 핵심 쟁점이 무엇인지를 함께 도출해낼 수 있도록 질문하는 단계이다. 이 과정은 학생들이 주제에 대한 깊은 이해를 발전시키는 중요한 요소가 된다.

이러한 그림책 토론 쟁점 도출을 위한 5단계 질문은 단순히 이야기를 수동적으로 듣는 것이 아니라 그 속에 담긴 의미와 가치에 대해 비판적으로 사고할 것을 요구한다. 또한, 현대적 맥락에서 재조명할 수 있게 하며, 학생의 사고 범주를 넓히고, 문제 해결 능력을 키우는 데 도움이 된다. 더불어 학생들에게 자신이 배운 점이나 느낀 점을 성찰하는 기회를 제공한다. "이 수업을 통해 생각이 어떻게 바뀌었나요?"와 같은 질문으로 학생들은 자신의 학습을 돌아보고, 앞으로의 행동이나 사고에 어떻게 적용할지를 생각해보게 된다.

토론 쟁점 도출 5단계 질문 수업 사례

『홍길동』(홍영우 글·그림, 보리)은 조선 광해군 때 허균이 지은 최초의 한글 소설 '홍길동전'을 바탕으로 한 그림책이다. 양반의 서자로 태어난 홍길동이 아버지를 아버지라 부를 수 없고 형을 형이라 부르지 못하면서 차별을 받는다. '홍길동전'은 홍길동이 불의를 참지 못하고 결국 의적이 되어 당시 사회의 부조리를 응징하며 강력한 메시지를 전한다. 즉 과거 계급 사회의 정의롭지 못한 제도와 관행의 문제점을 고발하고 있다. 오른쪽부터 시작되는 세로쓰기 기법, 담백한 수묵화와 채색화를 조화롭게 배합하여 한국의 전통미를 표현하고 있다.

옛이야기 그림책을 선정한 이유는 전통, 관습, 신념을 담고 있어 다양한 문화적 배경을 이해하고 존중하는 태도를 기를 수 있기 때문이다. 이야기의 전개나 결말, 등장인물의 행동이나 주제에 관한 다양한 질문으로 학생들은 새로운 아이디어를 생각해내고, 기존의 습관적이고 정형적인 사고의 틀을 벗어나 새로운 방식으로 생각할 수 있다. 옛이야기는 학생들이 이야기에 쉽게 몰입하게 하며, 도덕적 교훈이나 삶의 지혜를 메시지로 전달하기 때문에 가치 교육에도 유용하다. 학생들이 스스로 선택하여 받아들이고 내면화하도록 하는 것이 훨씬 효과적이기에 옛이야기 그림책을 활용하는 것이 좋다.

1단계 '멈춤'
: 그림책의 어느 장면에서 생각, 시선이 멈추는가?

그림책 질문 수업은 모둠활동으로 하는 것이 좋다. 한 권의 그림책을 모둠원이 함께 볼 수 있도록 모둠 수만큼 그림책을 준비한다. 교사는 먼저 그림책의 서지사항을 확인하고 표지부터 면지, 책장을 한 장씩 넘기며 천천히 읽어준다. 그런 다음 모둠에서 다시 한번 읽게 한다. 그림책을 여러 번 읽을수록 입말이 깊어지고 글과 그림의 속뜻을 되새겨 볼 수 있으므로 반복하여 읽는 것이 좋다. 특히, 옛이야기 그림책은 당시 사회의 상황이나 이야기의 흐름, 주인공의 생각이 구전되는 말의 형태, 즉 구어체로 쓰인 경우가 많아서 학생들이 읽으면서 더욱 흥미를 보이고 이야기 속으로 몰입하게 된다.

학생들이 그림책을 볼 때 교사는 책의 제목, 여백, 앞뒤 면지와 본문 등

책장을 여러 번 넘기며 파라텍스트의 요소를 고려해보도록 안내한다. 파라텍스트(para-texte)란 본문과 그림 외에도 독자의 이해를 돕거나 이야기에 추가적인 의미를 부여하는 요소를 말한다. 그림책에서는 제목, 서문, 저자 및 그림작가 이름, 면지, 판권 페이지, 각주, 디자인 등 다양한 요소가 있다. 파라텍스트는 독자가 책을 읽는 경험을 풍부하게 하고, 주제나 메시지를 더욱 효과적으로 전달하는 역할을 한다. 예를 들어, 제목은 이야기의 핵심을 암시하고, 서문은 독자가 어떤 시각으로 이야기를 바라봐야 하는지를 안내하는데, 이러한 요소가 모두 독자가 그림책을 이해하고 감상하는 데 중요한 단서로 작용한다.

그림책의 인물 표정이나 행동이 감정적으로 학생들에게 잘 전달이 되면 그 장면에 더욱 몰입하게 된다. 감정이 이입되어 이야기에 깊이 연결되는 것을 볼 수 있다. 특정 장면이 이야기의 중요한 전환점이나 클라이맥스일 경우 그 순간의 의미를 이해하기 위해 시선을 멈추고 집중하게 되기도 한다. 또한, 등장인물의 행동이나 성격, 이야기의 흐름이 잘 이해되지 않을 경우, 그림책의 세부 요소나 숨은 요소를 발견하고자 호기심이 발동하여 한 장면에 머무를 수도 있다. 그림의 형태, 색상, 구성이 시각적으로 매우 매력적일 때도 자연스럽게 그 장면에 끌리게 된다.

이 장면에서 왜 시선이 멈추었나요?

학생들에게 질문하며 대화를 시작한다. 이때, 질문은 단순히 답변을 요구하는 것이 아니라, 학생들이 자신의 생각을 펼칠 수 있도록 유도하는 형태로 제시되어야 한다. 질문을 할 때도 교사는 학생들이 자연스럽게 반응할 수 있도록 분위기를 조성한다.

학생들의 시선이 멈추는 곳은 다음 두 장면이다.

장면 ① 세상으로 나가는 길동이
이조판서라는 높은 벼슬을 지낸 아버지와 천한 종이었던 어머니 사이에서 태어난 길동이는 아버지를 아버지라 부르지 못하고 형을 형이라 부르지 못한다. 결국, 길동이는 잘못된 세상을 바로잡고자 날마다 재주를 갈고닦은 뒤, 마음을 단단히 먹고 집을 나선다.

교사　**이 장면에서 왜 시선이 멈추었을까요? 자신이 생각하는 이유를 이야기해볼까요?**

학생1　홍길동이 여러 가지 둔갑술, 칼 쓰기와 활쏘기 등 각종 무술을 익히고 이제 막 세상으로 나가는 이 장면에서 저도 모르게 생각이 멈추었던 것 같아요.

교사　이 장면을 본 순간 갑자기 어떤 생각이 들었나요? (학생의 직관적 반응을 묻는 질문)

학생1　홍길동은 나름대로 세상을 바로잡기 위해 나가서 싸울 준비가 다 된 것 같아요. 그림책이긴 하지만, 정신적으로나 육체적으로 홍길동이라는 아이가 참으로 대견하다는 생각이 들었어요.

교사　학생 1도 역시 세상에 나갈 준비를 하고 있지 않나요? (등장인물과의 동일시 여부를 확인하는 질문)

학생1　홍길동은 태어날 때부터 이미 신기한 재주가 있었다고 해요. 그런데도 길동이는 날마다 자신의 재주와 무술을 연습하고 또 연습하잖아요. 저는 길동이처럼 살아가고 있진 않은 것 같아요. 물론, 매일매일 마음을 다잡고 열심히 하려고 마음먹지만, 생각대로 잘 되진 않아요.

또 다른 학생이 선정한 장면에 대해 교사는 다음과 같이 질문한다.

장면 ② 둔갑술 이용, 팔도로 흩어진 길동이
무리의 두목이 된 길동이는 나쁜 짓을 일삼는 벼슬아치들을 혼내주고 굶주리는 백성을 위해 싸우기로 다짐한다. 볏짚으로 허수아비 7개를 만들고 주문을 외워 모두 홍길동의 모습을 둔갑하고 이 8명의 홍길동은 조선 팔도로 흩어진다.

교사　이 장면에서 왜 시선이 멈추었나요? 자신이 생각하는 이유를 이야기해볼까요?

학생2　허수아비 볏짚 7개를 만들어오게 해서 8명의 홍길동으로 변신하는 장면이 무척 흥미로워요.

교사　그렇군요. (학생의 이야기를 경청하고 수긍하는 태도)

학생2　길동이 자신을 포함하여 8개의 허수아비가 팔도로 흩어져 사회 부조리를 없애는 장면에서 제 속이 갑자기 후련해지기도, 재미있기도 하고…. 어쩌면 내 안에도 길동이처럼 여러 명의 내가 있어서 내가 하고 싶은 일을 영역별로 해보면 어떨까, 라는 상상을 하니까 인상 깊었던 것 같아요.

교사　아, 내 안에 여러 명의 내가 있어서 각자 하고 싶은 일을 한다는

	상상이네요. 흥미롭네요. 그렇게 상상하면서 어떤 기분이 들었나요?
학생 2	당황스럽고 놀라울 때가 있어요. 제 모습 중에 낯선 모습이 있는 것 같아요.
교사	네, 내 안에도 여러 명의 내가 있다! 어떤 상황에 처할 때마다 각기 다른 모습으로 다른 행동, 다른 생각을 하는 나를 발견할 때가 있죠. (학생의 생각에 동조해주는 답변)
학생 2	네, 선생님.

 이처럼 학생들이 선정한 장면에 관하여 교사가 질문하고 자연스럽게 대화를 이어나간다. 이야기를 나누면서 학생들은 그 장면에서 자신의 생각, 시선이 멈추었다는 사실을 인식하는 동시에 왜 거기에서 멈추게 되었는지를 다시 한번 생각하게 된다. 1단계 질문은 그림책을 읽으며 학생들이 자신을 돌아보고 성찰하게 하는 매우 직관적인 질문이다.

2단계 '학생 주도 질문 생성 및 그 질문의 이유 찾기'
: 이 부분이 왜 궁금했을까? 왜 그 질문을 하게 되었을까?

 그림책을 읽은 후, 학생들이 주도적으로 질문을 만들어본다. 이때 질문을 만드는 형식이나 방법에는 제한을 두지 않는다. 어떤 형태의 질문도 괜찮다고 허용해주는 것이 좋다. 질문의 구체적인 단계를 가르치면, 오히려 학생들은 그것에 매몰되어 질문 만드는 것을 주저하게 된다. 다만, 정답이 있는 질문보다는 여러 갈래로 생각해볼 수 있는 열린 질문이면 좋다고 설명해준다. 학생들은 글에서 또는 그림에서 다양한 질문을 만들어본다. 1인당 3~4개로 질문의 개수를 정해주는 것도 좋다. 학생들이 질문을 많이 만들수록 좋겠지만, 개수를 정해주면 본인이 만든 질문을 한 번 더 깊이 생각해볼 시간을 부여함과 동시에 과제에 대한 작은 성취감도 느끼게 된다.

2단계에서 교사는 학생이 'A'라는 질문을 왜 만들게 되었는지 그 배경을 묻는다. 이 질문을 통해 학생들은 여러 각도에서 다시 자신의 생각을 되짚어보게 된다. 단순한 호기심이었는지, 아니면 기존 자신의 생각과 충돌하는지, 또는 작가의 생각이나 의도, 이야기의 흐름에 동의하였거나 공감이 되어서인지를 생각하게 된다.

'~~'라고 질문했는데, 그 부분이 왜 궁금했을까요?
왜 그 질문을 만들게 되었을까요?

학생들은 교사의 2단계 질문을 받고서야 비로소, 자신이 어떤 것에 대해 무엇을 궁금해하고 호기심을 갖고 있는지를 깨닫는다. 질문에 대한 답을 찾아 궁금증을 해소하는 것이 목적이 아니라, 질문하게 된 이유를 스스로 물어보고 이유를 찾아가는 추론을 해봄으로써 더 깊이 이야기에 몰입하고 고차적 사고를 경험하는 것이다.

다음은 그림책 『홍길동』을 읽고 학생들이 만든 질문이다.

- 홍길동은 왜 도적이 되었을까?
- 홍길동이 지닌 특별한 능력은 무엇인가?

- 홍길동이 고난을 극복하는 방법은 무엇인가?
- 홍길동이 쉽게 잡히지 않자 그 아버지와 형을 협박한 왕의 태도는 옳은가?
- 자신이 살기 위해 홍길동을 잡아 왕에게 데리고 간 아버지를 이해할 수 있을까?

교사가 제시하는 2단계 질문 과정 예시는 다음과 같다.

학생1 홍길동은 왜 도적이 되었을까?

교사 왜 그 질문을 하게 되었을까요? 자신이 생각하는 이유를 이야기해 볼까요?

학생1 이 질문을 하게 된 이유는 생각해본 적이 없는데요? 그냥 다른 친구들에게 물어보고 싶었어요.

교사 네, 그렇죠. 다른 친구들이 어떻게 생각하는지 선생님도 궁금한데요. 친구에게 물어보기 전에 먼저 학생 1은 왜 그 질문을 하게 되었는지 한 번 생각해볼까요? (질문을 만든 학생 자신의 의도, 이유를 먼저 생각해보도록 유도하기)

학생1 홍길동이 타고난 재능도 출중하고 엄청난 무술을 연습해서 도술까지 부릴 수 있는데, 왜 도적이 되었는지가 궁금했던 거 같아요. 국가에서 관리하는 무과에 나가 당당히 합격하고 이순신 장군처럼 멋지고 훌륭한 장군이 될 수도 있지 않았을까, 그런 생각에서 이 질문을 했던 거 아닐까 해요.

교사 네, 그렇군요. 맞아요, 홍길동이 도적이 되지 않고 과거에 급제하여 자신의 꿈을 이룰 수도 있었겠네요. 혹시 다른 친구들은 이 부분에 대해 어떻게 생각하나요? (다른 친구의 주장, 의견을 이끌어내기 위한 질문. 학생 1의 의견에 동의하는지, 반대하는지, 또는 제3의 의견이 있는지 등 질문하기)

학생 2 그렇지만 한편 다르게 생각해보면, 당시 조선 사회가 이미 차별적이고 양반과 평민, 천민이 구분되는 불평등한 계급사회인데, 서자인 홍길동이 과거에 나간다 한들 장군의 지위에 오르거나 자신이 원하는 사회를 만드는 데는 한계가 있지 않았을까, 라는 생각도 들어요. 저는 길동이가 과거 시험에 나가지 않고 활빈당으로 활약한 것이 더 잘한 것 같아요.

교사 그렇게 볼 수도 있겠군요. 조선 후기 당시 양반이 아닌 계층도 무과 시험에 응시할 수 있었을까요? (역사적 사실을 묻는 질문)

학생 3 네, 역사 시간에 배웠어요. 무과는 문과와 달리 군사적 능력을 우선으로 평가하는 시험이기 때문에 평민이나 천민도 응시할 수 있었다고 합니다.

교사 그렇군요. 무과는 양반이 아닌 계층도 응시할 수 있었다면 이것이 계층 이동, 당시 조선 사회에서도 신분 상승의 경로로 작용할 수 있었겠네요? (사회학적 개념과 연결, 학생 3의 주장에 동의하는지, 반대하는지를 묻는 질문)

학생 4 네, 그렇지만 홍길동이 아무리 무과에 합격해서 관리로 나간다고 하더라도 활빈당이 했던 일처럼 가난한 백성을 약탈하는 나쁜 양반이나 벼슬아치들을 멋있게 응징하는 것은 어렵지 않았을까요? 저는 학생 2의 생각에 동의합니다.

| 교사 | 네, 우리가 학생 1의 질문을 통해 홍길동이 도적이 된 행동에 대한 여러 가지 생각을 해 볼 수 있었습니다. 감사합니다. (학생 1의 질문과 다른 학생들의 주장, 의견 표현에 공감하고 칭찬) |

이처럼 2단계 질문의 이유를 찾는 질의응답 과정에서 학생들의 생각을 다양하게 표현하게 된다. 이야기를 나누면서 인물의 행동, 심리, 환경적 상황에 대하여 자신이 왜 그런 궁금증을 품게 되었는지 알아차리게 된다. 그리고 다른 친구들의 생각을 들으며 자신도 그 의견에 동의하는지 또는 왜 동의하지 않는지 그 이유도 한 번 더 깊이 생각해보게 된다. 2단계 질문 과정에서 작은 토론 마당이 펼쳐질 수도 있다.

이때 주의할 점은 첫째, 교사의 생각을 제시하거나 정답처럼 답변하지 않아야 한다. 교사의 생각을 먼저 표현하면 학생들이 그것이 정답인 것처럼 자신의 생각을 확장하려 하지 않게 되므로 유의해야 한다. 계속 질문하는 형태로 대화를 이어나가는 것이 초점이다. 둘째, 학생들이 만든 질문에 대해 좋다, 좋지 않다 등 질문 자체에 대한 평가를 삼가야 한다. 학생들과 계속 질문을 이어나갈 수 있는 길은 그 질문이 어떠하든 학생의 질문을 존중하는 것이다.

3단계 '나의 삶으로 전환'
: 이 이야기가 나의 삶에 어떻게 적용될 수 있을까?

학생들이 질문을 만든 배경에 대해 교사 또는 친구들과 충분히 대화한 후 이어지는 3단계의 질문 전략은 우리가 익히 알고 있는 홍길동전 이야기를 학생 각자 자신의 삶, 경험으로 끌어오도록 사고의 방향을 '전환'시켜주는 질문을 하는 것이다.

옛이야기는 대부분 인간의 보편적 욕망, 인간사의 보편적 주제를 다룬다. 먼 옛날 그 이야기가 나와는 상관없는 것이 아니라 21세기 오늘을 사는 나의 삶에도 연결될 수 있는 지점이 있다는 것을 질문으로 일깨워준다. 따라서 이 단계에서 교사는 학생들이 만든 질문 중 각자의 과거나 현재, 또는 가까운 미래에 충분히 예상될 수 있는 기억, 경험, 삶의 어떤 영역과 연결될 수 있는 질문을 선정한다. 그다음 그 질문을 나의 삶으로 전환시켜 묻는다. 즉 이제까지 각 교과에서 배운 개념, 학습 내용을 내 삶의 어떤 영역과 관련이 있는지를 생각해보는 질문이다.

'~~'라고 질문했는데, 이 질문은 우리 삶과 어떻게 연결될 수 있을까요?

학생이 만든 질문 중 3단계의 질문 유형은 다음과 같다. 이 질문들을 교사는 학생 자신의 삶으로 전환시키는 질문으로 바꿔 질문한다.

> **홍길동이 겪는 사회적 차별, 불평등은 무엇인가?**
> ⇨ 이 질문을 학생 자신의 삶과 어떻게 연결할 수 있을까요?

교사　학생 1은 '홍길동이 겪는 사회적 차별, 불평등은 무엇일까?'라고 질문했는데, 이 질문을 21세기를 살아가는 학생 1의 삶, 경험 중 어떤 부분과 연결될 수 있을까요?
학생1　당시 조선 사회는 양반과 평민, 서민, 천민 등 계급이 분명하게 나뉘는 사회였는데, 홍길동은 그러한 계급과 차별이 부당하다고 생각했던 거 같아요. 서자로 태어난 것이 자기 잘못이 아닌데 아버지를 아버지라고 부르지도 못하는 사회 현실이 억울하고 이해되지도 않았을 거 같아요. 당시 지배층인 양반 계급이 그것이 잘못된 사회제도라는 알게 하려 했던 것 같아요.

교사 그러네요, 홍길동은 당시 사회가 부조리하다고 생각할 수 있죠. 홍길동이 느낀 사회적 차별에 대해 2024년을 살아가는 학생 1의 삶으로 적용해본다면 어떨까요? (옛 조선의 계급 불평등을 학생 자신의 삶으로 전환시키는 질문)

학생 1 요즘은 양반이나 천민, 조선시대와 같은 이런 신분 계급사회는 아니지만, 제가 느끼기에 우리 사회에도 차별, 불평등은 여전히 있는 것 같아요.

교사 어떤 점에서 사회적 차별이 있다고 생각하나요? (현재 개인이 느끼는 사회적 차별, 불평등은 무엇인지 묻는 질문)

학생 1 저희 고등학생들은 당장 대입에서 내신 등급으로, 즉 성적으로 한 줄 세우는 대학입시 제도에서 차별을 받는다고 생각해요. 내신 등급, 학생부종합전형, 수능 정시 등 다양한 대입전형이 있긴 하지만, 결국 성적이 좋아야 상위권 대학을 가는 거니까요. 교육학적으로 개성을 추구하고 자아실현 하라고, 자신의 적성을 따라 진로를 선택하라고 친구들과 경쟁보다 협업하라고 하지만, 실제로 고등학생이 되면 내신 성적 때문에 친구들과 경쟁해야 하고, 성적에 맞춰 대학교나 학과를 선택할 수밖에 없거든요.

교사	음, 맞아요, 학생 1의 말처럼 현재 입시제도는 사실 절대평가가 아닌 상대평가로 봐야 하는 거죠. 여러분이 원하는 적성이나 자신의 진로를 찾아가기가 쉽지는 않죠. 그렇다면, 학생 1은 구체적으로 어떻게 입시가 바뀌면 좋겠어요? (고등학생의 입시 현실, 삶에 대한 생각에 동의하고 개선에 대한 질문)
학생 1	모든 부모님이 다 그런 것은 아니지만, 성적으로 아이들을 평가하잖아요. 흔히들 성적이 행복 순은 아니라고 하지만, 성적으로 대학이 가려지고 직업이 정해지는 것을 보면 암울하고 저처럼 공부를 못하는 친구들은 인생 전체가 실패한 것 같은 생각도 들어요. 저는 재미있고 즐겁게 공부하고 친구들과 함께하는 학교생활이 행복하면 좋겠어요. 구체적으로 어떤 입시 제도여야 하는지는 저도 잘 모르지만요.
교사	맞아요. 학생 1뿐만 아니라 우리 사회 입시제도의 문제점인 것 같아요. 대학 서열로 인해 사회적 차별을 받지 않는 그런 세상이 되면 좋을 텐데 말이죠. (현 입시제도로 인한 학생 1의 문제를 사회적 문제로 연결시키는 답변)

이처럼 학생들이 만든 질문 내용에 대해 교사가 학생 개인의 삶과 연결될 수 있도록 질문하고 자연스럽게 대화를 이어나간다. 이야기를 나누면서 학생들은 홍길동전의 이야기가 단지 옛이야기로만 그치지 않고 오늘을 사는 우리에게도 많은 메시지를 던지고 있다는 것을 알게 된다.

4단계 '사회적 맥락으로 확장'
: 오늘날 우리 사회에서는 어떻게 적용될 수 있을까?

4단계 질문 전략은 학생들이 만든 질문을 현대 사회에서 타인의 입장, 상황, 사회적 맥락으로 전환시키는 것이다. 학생들은 어떤 이야기나 현상에 대해 하나의 시각으로만 접근한다. 그래서 자신의 삶에서 가족이나 이웃, 지역사회의 영역으로 확장하여 타인의 입장이나 사회적 맥락 등 다각적으로 접근하여 가치관이나 세계관을 확장해나가도록 전환시킴으로써 생각의 폭을 열어주는 질문을 하는 것이다.

타인의 상황이나 입장을 이해하기 위해서는 공감하는 태도가 중요한데, 옛이야기 그림책은 그 시대, 사회적 배경이 오늘날과 확연하게 다르기에 그러한 차이점이 오히려 학생들의 흥미와 관심을 배가시키는 요소로 작용한다. 그래서 등장인물이 처한 환경과 배경에 쉽게 몰입할 수 있는 장점이 있다. 등장인물의 입장이 되어보거나 주변 인물들과의 관계에서 각 인물이 느끼는 감정과 생각을 추론해보고, 질문을 통해 그들의 입장, 타인의 관점을 직접 상상해보며 다양한 시각으로 상황을 바라보게 된다.

여기에서 사회적 맥락이란, 개인이나 집단의 행동, 사고, 감정 등이 형성되고 영향을 받는 사회적 환경을 의미한다. 이는 문화, 역사, 경제적 조건, 정치적 상황 등 다양한 요소로 구성된다. 예를 들어, 특정 문화에서는 가족 중심의 가치가 강조되지만, 다른 문화에서는 개인의 자유가 더 중시될 수 있다. 사회적 맥락은 또한 개인이 특정 상황에서 어떻게 행동할지를 이해하는 데 필수적인데, 어떤 행위가 한 사회에서는 긍정적으로 평가될 수 있지만, 다른 사회에서는 부정적으로 평가될 수 있다. 이처럼 사회적 맥락은 개인의 정체성과 사회적 관계를 형성하는 데 중요한 역할을 하며, 이를 통해 우리는 특정 상황에서의 의미와 중요성을 파악할 수 있으므로 맥락의 전환이 필요함을 일깨워주는 질문은 필수적이다.

'~~'라는 질문을 오늘날 우리 사회에서는 어떻게 적용할 수 있을까?

> **홍길동은 의적인가? 도적인가?**
> ⇨ 이 질문을 오늘날 우리 사회에 적용해볼 때 어떻게 해석할 수 있을까요?

교사 '홍길동은 의적인가? 도적인가?'라고 질문하였는데요. 이 질문을 오늘날 우리 사회에 적용해보면 어떻게 해석할 수 있을까요?

학생1 홍길동을 의적이라고 말할 수 있을지 궁금합니다. 나쁜 벼슬아치들을 응징하는 것은 국가의 몫인데, 개인이 나서서 처벌하는 것은 현대에서는 불가능합니다. 그런 점에서 홍길동은 도적으로 봐야 하는데….

교사 그렇지요. 당시 조선 사회에서도 홍길동의 행동은 받아들여지지 않았죠. 오늘날 사회 질서나 법을 어기고 타인의 권리를 침해하는 행동은 누가 판단하는 거죠? (국가 권력 중 사법부 역할을 묻는 질문)

학생2 법원에서 합니다. 사법부입니다.

교사 네, 맞습니다.

학생3 그런데 한편으론 당시 지배층, 양반과 왕, 그들 자체가 정의롭지 않았습니다. 가난하고 힘없는 백성 편이 아니었습니다. 힘

	있는 권력자가 정의롭지 못할 때 누가 백성 입장에서 그들을 보호해줄 수 있는 걸까요?
학생 4	사회 정의 실현 차원에서 차별받고 가진 것을 빼앗기는 백성의 억울함을 들어주는 자가 없을 때 홍길동 같은 인물이 나서야 하는 건 아닌지요? 너무 답답합니다.
교사	그런 점에서 아마도 허균이 홍길동전을 쓴 것인지도 모르죠. 백성 입장에서는 홍길동이 의적이었겠죠?
학생 4	네, 백성에게 홍길동이 의로운 왕이었고 그 시대의 영웅이었을 거라고 생각합니다.
교사	홍길동전에 나오는 나쁜 양반이나 벼슬아치 입장에서 홍길동은 어떤 인물일까요? (입장 및 관점의 전환을 묻는 질문)
학생 2	당연히 도적이었겠죠. 자신들의 재산을 빼앗아가는 강도이면서 도둑이었겠죠.
교사	그런데 엄밀히 따지면 그 양반, 벼슬아치들의 재산이 과연 누구의 것이었을까요?
학생 3	그 재산은 모두 힘없는 백성의 것입니다. 그러니 사실은 나쁜 양반, 벼슬아치들이 진짜 도둑이었습니다. 홍길동은 원래 주인에게 그것을 되돌려준 것입니다.
교사	그렇다면 오늘날 국가가 시민을 위해 해야 할 일들을 홍길동과 활빈당이 했네요.
학생 1	아, 그렇게 생각할 수도 있네요.
교사	최근 뉴스를 보면 사적 제재를 하는 사람들의 이야기가 나오죠? 국가 사법기관인 경찰, 검찰, 법원에서의 처벌이나 형량이

나쁜 짓을 한 사람들의 악행보다 약하다고 느낄 때 일부 사람이 사적인 제재를 가하는 경우가 있습니다. 일부 유튜버가 사회적 물의를 일으킨 자들의 비행을 공개적으로 알리거나 얼굴을 공개하기도 하는데, 이런 경우 그들의 고발이나 개인적 제재를 어떻게 봐야 할까요? (학생들이 제기한 문제점을 사회적 맥락으로 연결시키는 질문)

학생1 개인적으로 처벌을 하는 것이 법적으로 허용되어 있지는 않는 거죠?

교사 네, 수업 시간에 배웠듯 형벌권은 국가에 있습니다. 사적 제재는 위법입니다.

학생1 그렇다면 아무리 형량이 가벼워 보여도 국가가 처벌할 수 있는 거니까 안 되는 거네요.

학생3 그렇지만 죄의 대가가 너무 가볍다면, 오히려 일반 다수의 시민이 피해를 당하거나 억울함이 있지 않을까요? 법을 잘 지키고 착하고 자기 삶을 열심히 살아가는 사람들이 억울하다면 뭔가 공평하지 않은 것 같아요. 여기 홍길동전에 나오는 가난한 백성처럼요. 국가가 그들 편이 아니라면, 누가 그들의 편인가요?

학생2 선생님, 그러면 국가의 형벌제도를 수정해서 피해자가 억울해하지 않도록 법이나 제도를 바꿔야 하지 않을까요? 개인이 나서서 제재하는 것이 많아진다면 더 큰 문제가 생길 수도 있을 것 같아요.

교사 네, 맞습니다. 소위 법보다 주먹이 가깝다는 사회적 비판이나 우려가 일반 시민에게 고착화되지 않도록 법률이나 제도를 바꾸어야겠죠.

4단계에서 교사는 타인의 입장, 현대 사회에서 이웃, 사회적 맥락에 따라 해석이 다양한 질문을 선정한다. 학생들 상호 간 이루어지는 대화를 통해 질문의 핵심이 구체적으로 드러나도록 대화를 이끌어나간다.

5단계 '토론의 쟁점 도출'
: 이 그림책에서 우리가 토론할 쟁점은 무엇인가?

마지막 5단계에서는 4단계까지의 본 차시 수업에서 학생들이 가장 중요하게 여기는 토론의 쟁점이 무엇인지를 도출한다. 그림책 활용 질문 수업에서 토론의 쟁점을 도출하는 과정은 학생들이 주제에 대한 깊은 이해를 발전시키는 단계이다.

1단계부터 4단계까지 선정된 질문을 바탕으로 심층적인 논의를 진행한다. 학생들은 능동적으로 참여하고 사고하는 장을 펼친다. 그 과정에서 질문 수업은 단순한 지식 전달을 넘어 질문의 본질을 파악하고, 핵심 쟁점을 도출하게 된다. 마지막으로 도출된 토론의 쟁점은 주제에 대해 더 깊이 있는 통찰을 제공하며 이후 심화 학습을 위한 탐구의 방향을 제시한다. 이러한 과정은 비판적 사고와 문제 해결 능력을 기르는 데 매우 중요하다. 마지막으로 수업을 정리하며 토론의 쟁점을 도출하는 5단계는 다음과 같은 과정으로 진행된다.

이 그림책에서 우리가 함께 토론할 쟁점은 무엇인가?
　┗ ① 오늘 우리가 가장 많이 논의한 주제나 질문은 무엇인가?
　　┗ ② 그중 토론할 수 있는 쟁점이 포함된 질문은 무엇인가?
　　　┗ ③ 왜 이 질문이 토론의 쟁점이라고 생각하는가?
　　　　┗ ④ 그 쟁점에서는 어떠한 가치가 서로 충돌, 대립하는가?

학생들의 의견이 다양하게 도출된 질문은 다음과 같다. 즉 여러 모둠에서 비슷하게 토론할 쟁점으로 도출된 질문이다.

홍길동은 의적인가? 도적인가?

교사	오늘 수업에서 토론의 쟁점이 될 수 있는 질문은 무엇일까요? ① 각 모둠에서 가장 많이 논의한 토론 주제나 질문은 무엇인가요?
학생1	홍길동전에서 나타나는 계급사회의 문제, 사회적 차별과 불평등에 대해서 주로 많은 질문을 한 것 같아요.
교사	② 그럼 토론할 수 있는 쟁점이 포함된 질문은 무엇이었죠?
학생2	저는 '홍길동이 의적인가? 도적인가?'가 쟁점이 될 수 있는 질문이라고 생각합니다.
교사	③ 왜 이 질문이 토론의 쟁점이라고 생각했나요?
학생3	홍길동이 의적인지, 도적인지를 토의하다 보니 국가 질서를 규율하는 법이라는 제도 차원에서 볼 때 의적이 될 수도 있고 도적으로 볼 수도 있어서 토론의 쟁점이 된다고 생각합니다.

교사	네, 그렇다면, ④ 그 쟁점에서는 어떤 가치가 서로 충돌, 대립할까요?
학생3	오늘날 사회 정의 실현이라는 가치와 국가 질서 유지라는 가치가 서로 대립된다고 생각합니다. 사회 정의 실현 차원에서는 홍길동이 의적이고, 사회 법질서 유지 차원에서는 홍길동을 도적이라 볼 수 있습니다.
교사	네, 그렇습니다. 홍길동이 의적인지 도적인지에 대해 이야기하면서 사회 정의 실현과 국가 법질서 유지가 토론의 쟁점이 될 수 있음을 알 수 있었습니다. 감사합니다.

이렇게 질문을 토론 논제로 변경하면 곧바로 쟁점 찬반 토론 수업이 진행될 수 있다.

쟁점 도출 질문 수업이 끝난 후, 모둠별로 쟁점이 도출된 질문에 대하여 전체 학급원을 대상으로 발표한다. 다른 모둠은 질문을 하거나 의견을 덧붙일 수 있다. 즉 한 모둠의 발표가 끝난 후, 교사는 "이 모둠의 의견에 대해 다른 모둠은 어떻게 생각하나요?"라고 질문하면서 다른 모둠원들의 반응을 유도하거나 학생들에게 오늘 수업에서 느낀 점이나 궁금한 점을 나누어보게 한다. "오늘의 질문 수업 활동 중에 가장 인상 깊은 부분은 무엇인가요?"라는 질문을 통해 학생들이 자신의 생각을 스스로 정리할 기회를 준다. 마지막으로 교사는 학생들에게 피드백을 제공하고, 발표 내용의 장점과 보완할 점을 이야기한다. 예를 들어, "이번 발표에서 홍길동이 추구하는 사회 정의를 잘 설명해 주었어요. 그렇지만 그 행동이 주변 인물들에게 미친 영향에 대해서도 좀 더 깊이 있게 다루어보면 좋을 것 같아요"라고 말할 수 있다.

　그림책 『홍길동』으로 질문 수업을 진행하면서 학생들이 각자 자기 생각을 펼치고 글과 그림을 다시 짚어가며 읽어가는 모습에 감동을 받았다. 사회악을 퇴치하는 교훈과 상상력이 결합하여 학생들의 흥미를 높인 것으로 생각된다. 이야기를 소재로 학생들이 더 깊이 질문하고 추론하고 탐구하고 서로 의견을 교환하고 다시 질문하는 과정에서 토론의 쟁점 질문 도출과 사회 불평등 문제를 탐구하는 질문에까지 나아가는 수업이 되었다.
　학생들이 만든 질문 중 몇 가지는 매우 창의적이었고, 이야기의 깊이를 탐구하는 데 도움이 되었다. 예를 들어, "홍길동이 정의를 위해 싸운 이유는 무엇인가?"라는 질문은 주인공의 심리와 사회적 배경을 생각하게 한다. 그러나 일부 질문은 너무 단순하거나 이야기의 표면적 내용에 그치는 경우도 있었다. 질문의 난이도를 조절하고, 질문의 생성 방법을 구체적으로 가르치는 교수 전략을 좀 더 깊이 연구해야겠다는 과제를 남겼다.
　수업을 마무리하며 서로 토의한 내용을 피드백하는 시간에 일부 학생은 이야기 주제에 대하여 자기 감정을 표현하고 되새겼다. 같은 공간에서 동시대를 살아가는 학생들 사이에서도 다양한 시각이 존재한다는 점에서 학생들 스스로 많은 것을 배웠다고 했다.

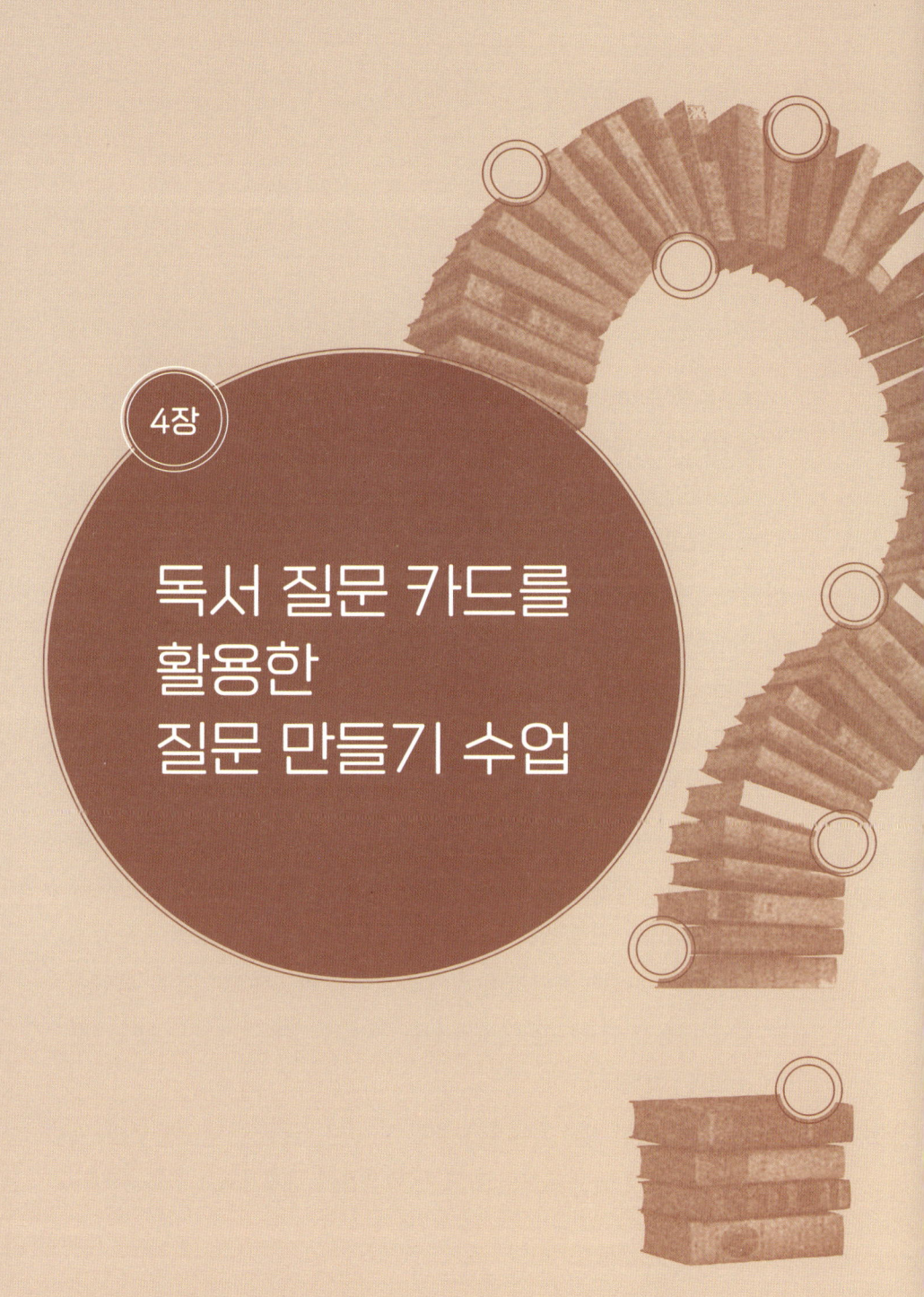

4장

독서 질문 카드를 활용한 질문 만들기 수업

　질문은 학습의 출발점이자 사고를 확장하는 중요한 도구이다. 어떤 질문을 하느냐에 따라 학생들의 이해 수준과 사고의 깊이가 달라질 수 있다. 그러나 많은 학생이 효과적인 질문을 스스로 구성하는 데 어려움을 느끼며 표면적인 이해에 머무르는 경우가 많다. 단계적 질문 만들기는 간단한 질문에서 시작해 점차 복잡한 질문으로 나아가며 사고의 깊이를 확장하는 방법이다. 단순한 사실을 확인하는 질문부터 시작해 복잡한 질문을 만들고 답하는 과정에서 내용을 다양한 각도로 탐구하고 자신의 의견을 정리하며 협업과 소통 능력을 증진하도록 돕는다.

　2022 개정 교육과정은 질문 중심 학습을 강조하며 학생들이 능동적으로 질문을 던지고 문제를 해결하는 능력을 기르도록 설계되었다. 이 교육과정의 핵심 목표는 학생들이 단순히 정보를 받아들이는 수동적인 학습자가 아니라 스스로 질문하고 해결 방안을 모색하는 능동적인 학습자로 성장하는 것이다. 학생들이 스스로 질문을 만들어 그 질문을 바탕으로 학습 내용을 탐구하는 단계적 질문 만들기 과정은 새로운 교육과정의 목표와 일치한다.

　이를 위해 독서 질문 카드를 활용할 수 있다. '톡톡 독서 질문 카드'와 '7키워드 무지개 독서 질문력 카드'는 학생들이 체계적으로 질문을 만들어 사고를 확장할 수 있도록 돕기 위해 개발되었다. 이 카드들은 유대인의 전통적 학습 방식인 하브루타를 기반으로 한다. 하브루타는 질문과 대화를 통해 사고의 범위를 넓히고, 깊이 있는 이해와 논리적 사고를 강조하는 학습법이다.

'톡톡 독서 질문 카드'는 단계별 질문 틀을 제공해 학생들이 자연스럽게 질문을 만들도록 돕는다. 예시 질문을 활용한 연습을 통해 학생들은 학습의 주체가 되어 체계적으로 질문을 발전시켜 갈 수 있다. 이 카드는 블룸의 교육 목표 영역을 반영해 1단계 기억과 지식, 2단계 비교와 분석, 3단계 이해, 4단계 분석, 5단계 적용과 창작, 6단계 분석, 7단계 평가와 적용의 순서로 질문 체계를 구성하고 있다.

'7키워드 무지개 독서 질문력 카드'는 독서 활동에서 다양한 관점을 제공하는 질문을 생성하도록 안내한다. 독서 과정에서 학생들이 핵심 키워드와 관련된 질문을 만들어 내용을 더 깊이 이해하고 비판적 사고력을 기를 수 있도록 이끈다. 학생들은 책의 주제, 등장인물, 사건, 배경, 감정, 교훈 그리고 개인적인 반응 등을 중심으로 질문을 만들어간다. 이를 통해 여러 측면에서 텍스트를 분석하고, 자기 생각을 정리하며 창의적으로 해석하고 평가할 수 있다.

학생들은 수업이나 대상에 따라 독서 질문 카드의 난이도를 조절하여 단계별로 활용하면서 좋은 질문과 다양한 질문의 유형을 익히게 된다. 독서 질문 카드는 단계에 따라 점차 깊이 있는 사고를 유도하고 토론과 토의할 수 있는 심화 질문을 만들 수 있도록 구성되어 있다. 이러한 질문 중심의 학습 방식은 그 의미를 심도 있게 탐구하고, 문제 해결 및 논리적 사고력을 키우는 데 도움을 준다. 나아가 실생활의 문제 해결에도 적용할 수 있다.

그림책은 시각적 요소와 이야기가 결합되어 있어 학생들이 더 깊이 있게 질문할 기회를 제공하며 비판적인 사고를 촉진할 수 있는 적합한 매체이다. 독서 질문 카드를 활용한 그림책 질문 수업은 학생들이 질문을 바탕으로 탐구하고 창의적으로 문제를 해결할 수 있도록 돕는다.

톡톡 독서 질문 카드

'톡톡 독서 질문 카드'*는 단계별 예시 질문을 통해 그림책과 관련된 질문을 만들 수 있도록 돕는다. 이 카드의 핵심은 질문을 단계적으로 만드는 과정에 있다. 0단계부터 7단계까지 점차 난이도 있는 예시 질문을 제공하여 학생들이 질문 만들기를 체계적으로 배우며 사고를 확장할 수 있도록 구성되었다.

단계별로 8장의 카드가 있으며, 단계별로 그림책 한 권을 정한 후 8장 카드에 제시된 예시 질문으로 질문 만들기를 한다. 질문 만들기를 효과적으로 익히기 위해 0단계부터 단계마다 그림책을 여러 권 활용하면서 반복하여 질문 만들기를 연습한 후 다음 단계로 넘어가는 것이 좋다.

'톡톡 독서 질문 카드'는 2명 또는 3~5명의 모둠이 함께 사용할 수 있다. 한 명이 질문을 하고 상대방이 답한 후 답에 대한 피드백으로 추가 질문을 이어간다. 다음 카드는 질문과 답하는 역할을 바꿔서 진행한다.

---

* 〈톡톡 독서 질문 카드(소설류)〉 김대권 지음, 소담 Makers
『나만 몰랐던 수업 비밀 27』 김대권 지음, 지식프레임, 141~151쪽 참고

> **『크랙』**
>
> 조미자 글·그림, 핑거
>
> 아이에서 어른으로 성장하는 과정을 나무껍질의 균열과 자연의 협곡에 비유한 그림책이다. 갈라진 틈 사이에서 자라나는 나무처럼, 아이는 불안과 두려움에서 자신을 발견하고 성장한다. 꿈속에서 갈라지고 솟구치는 땅과 떨어지는 별은 아이의 내면 갈등과 성장을 상징하며 그 과정을 통해 삶의 소중함과 의지를 되새기게 한다. 어른이 되는 시간은 외로움과 고통 속에서도 자라나려는 의지와 힘이 필요하다. 이 책은 균열을 통해 시작되는 삶의 여정과 그 안에서 피어나는 성장을 이야기한다.

0단계 : 소감

이 단계에서는 학생들이 책을 읽으면서 느낀 감정이나 인물에 대한 개인적인 생각을 표현하게 하는 질문을 한다. 장면에 대한 자기 감정이나 인물의 감정을 상상해보는 질문 등을 할 수 있다. 이 단계는 독서 후 자신의 감정을 탐색하고, 이야기와 인물을 더 깊이 이해할 수 있도록 도와준다. 학생들은 자신의 느낌을 자유롭게 표현하면서 독서에 대한 개인적인 반응을 이야기한다. 간단한 질문 하나로 시작하여 그에 대한 답을 듣고, 그 답을 바탕으로 추가적인 질문을 할 수 있다.

카드 예시 질문 1 : 이 책을 읽고 첫 번째로 든 감정은 무엇인가요?

학생 1 『크랙』을 읽고 첫 번째로 든 감정은 뭐야?

학생 2 막막하고 힘든 감정이 들었어. '어른이 되는 시간'이라는 말이

막막하고 힘들게 느껴졌어.

학생 3 왜 '어른이 되는 시간'을 막막하고 힘든 시간이라고 생각했어?

카드 예시 질문 2 : 이 책과 비슷한 이야기를 또 읽어보고 싶나요? 그 이유는?
학생 1 『크랙』과 비슷한 이야기를 또 읽어보고 싶어? 그 이유는 뭐야?
학생 2 응. 짧지만 깊은 깨달음, 깊이 생각하게 해주는 이야기라고 생각하기 때문에 또 읽어보고 싶어.
학생 3 어떤 부분에서 깊이 생각하게 되었어?

0단계 질문은 장면과 인물의 감정을 이해하고 자신의 느낌을 표현하는 데 중점을 둔다. 이 단계에서는 장면에서 느낀 감정을 묻거나, 인물의 감정을 상상하여 질문하며, 자기 생각을 구체화하는 연습을 한다. 이를 통해 학생들은 자신의 감정을 탐색하고 공감 능력을 기를 수 있다. 각 장면이나 인물의 감정을 상상하며 주인공에 대한 개인적인 반응을 표현하는 것이 이 단계의 핵심이다. 이 과정은 독서 경험을 깊이 있게 만드는 데 중요한 역할을 한다.

1단계 : 기억

1단계는 주로 내용을 파악하고 기억을 확인하는 질문들로 구성된다. 내용 파악 질문 "뭐였더라?", 확인 질문 "그거였던가?", Yes/No 질문 "그게 맞아?" 등을 통해 학생들의 기억을 점검한다. 책의 내용을 얼마나 기억하는지, 특정 사건이나 인물을 얼마나 이해하는지를 확인하는 것이 목표이다.

카드 예시 질문 1 : 책에 나오는 중요한 소재를 2~3가지를 뽑는다면 무엇이 있을까요?

학생1   『크랙』에 나오는 중요한 소재 3가지를 뽑는다면 무엇이 있을까?

학생2   시간, 갈라지는 것들, 별.

학생3   그 소재들은 어떤 부분에서 등장하고 어떤 의미가 있어?

카드 예시 질문 2 : 이 책은 무엇에 대한 내용을 담고 있나요?

학생1   『크랙』은 무엇에 대한 내용을 담고 있어?

학생2   어른이 되는 과정 가운데 어려움과 그것을 견디면서 새롭게 성장하고, 다시 일어나는 내용이야.

학생3   어른이 되는 과정은 주인공을 어떻게 변하게 만들어?

1단계 활동을 통해 학생들은 책의 주요 내용과 사건을 정확히 기억하는지 확인할 수 있다. 이 단계에서 학생들은 책의 핵심 요소를 되짚어 보면서 이해도를 높일 수 있다. 1단계는 독서 후 기초적인 내용 파악과 기억 확인을 통해 학습의 기초를 다지는 중요한 단계이다.

2단계 : 연결

인물 간의 관계와 이야기의 연결성을 분석하는 단계이다. 학생들은 책

속 인물들의 성격이나 행동을 비교해 비슷한 점과 다른 점을 찾아낸다. 인물 간의 관계나 이야기 속 문장들의 연관성을 파악하는 질문을 통해 이야기를 깊이 이해하게 된다. 또한, 이전에 읽은 책과 현재 읽는 책을 비교하여 공통점이나 차이점을 찾아보며 두 이야기를 연결 지을 수 있게 된다. 이 과정은 학생이 이야기의 구조와 흐름을 더 잘 이해하도록 돕는다. 궁극적으로 학생들의 사고력과 분석력을 향상하는 데 도움이 된다.

카드 예시 질문 1 : 책의 주제가 가장 잘 드러난 문장이나 대사를 책에서 골라보세요.

학생 1 『크랙』의 주제가 가장 잘 드러난 문장이나 대사를 책에서 골라 봐.

학생 2 그렇게 시작되었지. 소중하고도 소중한 내 삶으로의 시간이.

학생 3 왜 이 문장을 골랐어?

카드 예시 질문 2 : 다른 책(소설)과 달리 이 책만의 특별한 특징은 무엇일까요?

학생 1 다른 책과 달리 『크랙』만의 특별한 특징은 무엇이라고 생각해?

학생 2 깊은 의미를 사물과 자연에 빗대어 표현한 것이 특별하다고 생각해.

학생 3 너도 사물이나 자연을 보면서 뭔가 느낀 적이 있어?

학생들은 책에서 주제를 잘 표현하는 문장을 골라내고, 그 이유를 설명하며 책의 핵심을 이해한다. 또한, 책의 특별한 점을 다른 책과 비교하여 차별점을 파악하면서 책의 주제와 독특함을 발견할 수 있다. 이 과정은 비판적 사고와 분석 능력을 키우는 데 도움이 된다.

3단계 : 설명

3단계는 책의 내용을 이해하고, 이를 설명하거나 묘사하는 질문을 다룬다. 학생들은 자신이 읽은 내용을 쉬운 말로 설명하거나 특정 장면을 표현해보면서 더 깊게 이해한다. 또한, 친구에게 쉽게 설명해보는 활동을 통해 내용을 요약하는 능력을 키운다. 이 단계는 학생들이 책의 내용을 정확하게 이해했는지 확인하고, 이를 표현할 수 있는 능력을 개발하는 데 중점을 둔다.

카드 예시 질문 1 : 책의 줄거리를 6살 동생이 이해할 수 있도록 1분 안에 설명해주세요.

학생 1 『크랙』의 줄거리를 6살 동생이 이해할 수 있도록 1분 안에 어떻게 설명할 수 있을까?

학생 2 이 세상에서 살아가고 있는 모두는 시간이 지나면서 어른이 돼. 나중에 너도 어른이 될 것이고 지금 어른인 사람들도 다 어린 시절이 있었어. 하지만 어른이 되어간다는 건 시간만 지나면 되는 그런 쉬운 일은 아니야. 살아가면서 많은 어려움을 겪을 것이고 때로는 간절한 바람을 꿈꾸면서 극복해 나가기도 해. 깨지고 부딪히고 하지만 다시 시작하면서 어른이 되어가는 거야.

학생 3   어른이 되는 과정에서 겪는 어려움 중 어떤 것이 가장 힘들 것 같아?

카드 예시 질문 2 : 책을 읽으면서 가장 마음이 편안했던(불편했던) 순간은 어느 부분이었나요?
학생 1   『크랙』을 읽으면서 가장 마음이 불편했던 순간은 어느 부분이었어?
학생 2   거대한 절벽 아래 보이지도 않을 점과 같던 나를 볼 때 불편하다고 느꼈어.
학생 3   왜 불편하다고 느꼈어?

학생들은 책의 내용을 쉽게 설명하고 묘사하는 활동을 통해 이해도를 높일 수 있다. 문장의 의미를 해석하고 숨겨진 뜻을 찾아낸다. 책을 읽으면서 편안하거나 불편했던 순간을 공유하며 감정적으로 연결된 부분을 분석한다. 이 활동은 학생들이 내용을 정확히 이해하고 자신만의 표현력을 개발하는 데 도움을 준다.

4단계 : 이유

4단계에서는 책의 내용과 관련된 '왜'에 대한 질문을 통해 사건이나 인물의 행동, 감정 그리고 생각의 이유를 분석한다. 이 단계는 두 가지 주요 질문 영역으로 나뉜다.
첫째, '왜?'라는 질문을 통해 책에 직접적으로 제시된 이유를 파악하고, 사건이나 인물의 행동에 대한 논리적 근거를 이해한다. 둘째, '짐작' 질문을 통해 책에 명시되지 않은 이유를 상상하고 추론하여, 논리적 사고를 유도한다. 이러한 질문은 이야기의 깊은 의미를 탐구하고, 인물의 동기와 사건의 배경을 분석하는 데 도움을 준다. 이 과정을 통해 이야기의 전반적인 이해도를 높일 수 있다.

카드 예시 질문 1 : 등장인물 [　　　]은(는) 왜 [　　　]할 거라는 생각을 했을까요?

학생1 등장인물 '나'는 왜 '소중하고 소중한 삶의 시간이 시작될' 것이라고 생각했을까?

학생2 별은 꿈과 희망을 말하는데 새로운 별의 탄생이 소중한 삶의 시간이 시작된다고 생각한 것 같아.

학생3 왜 시간이라고 말하지 않고 '소중하고 소중한'이라는 말을 붙여서 표현했을까?

카드 예시 질문 2 : 왜 책의 제목을 [　　　]로 정하게 되었을까요?

학생1 왜 책의 제목을 『크랙』으로 정했을까?

학생2 어른이 되는 시간과 그 과정 가운데 있을 어려움과 갈라짐에 대해 어른이 되는 시간을 '크랙'이라고 표현한 것 같아.

학생3 왜 어려움과 갈라짐을 어른이 되는 시간이라고 말했을까?

학생들은 사건과 인물의 행동, 감정에 대한 이유를 탐구하며 깊이 있는 분석을 수행한다. '왜'라는 질문을 통해 사건의 논리적 근거를 파악하고,

명시되지 않은 이유를 추론하면서 논리적 사고를 키운다. 이 과정에서 학생들은 이야기의 깊은 의미를 탐구하고, 인물의 동기와 사건의 배경을 이해하는 데 도움을 받는다. 학생들의 전반적인 이해도가 향상되며, 이야기의 전반적인 맥락을 파악하는 능력을 키울 수 있다.

5단계 : 가정

5단계 질문은 책의 내용을 상상하며 창의적으로 사고하는 데 도움을 준다. 이 단계에서는 가상의 상황을 설정해보거나, 주인공 입장으로 행동을 상상해본다. '만약~ 라면' 질문을 통해 다른 결말이나 새로운 전개를 상상해볼 수 있다. 이를 통해 책의 내용을 보다 깊이 이해하고, 자기 생각을 창의적으로 표현하는 능력을 기를 수 있다. 이 단계는 독서 후 상상력과 창의력을 발휘할 기회를 제공한다.

카드 예시 질문 1 : 책의 이야기가 끝나고 난 뒤에는 어떤 일이 벌어질 것 같은가요?

학생1 『크랙』의 이야기가 끝나고 난 뒤에는 어떤 일이 벌어질 것 같아?

학생2 비슷하게 고난의 순간이 이어지는데 별을 기다리면서 조금 더 긍정적으로 살아갈 것 같아.

학생3 왜 다시 고난의 순간이 찾아온다고 생각하니?

카드 예시 질문 2 : 책의 등장인물 중 한 장면에 들어가 체험할 수 있다면 어

느 장면에 들어가고 싶은가요? 그 이유는요?

학생1 『크랙』의 등장인물 중 한 장면에 들어가 체험할 수 있다면 어느 장면에 들어가고 싶어? 그 이유는 뭐야?

학생2 가장 평온하고 안정된 순간의 장면처럼 보여서 아름다운 들판에 누워있는 꿈속에 들어가 보고 싶어.

학생3 왜 그 장면이 가장 평온하다고 느꼈어?

학생들은 '만약~ 라면' 질문을 통해 이야기의 새로운 전개나 결말을 상상하며 책의 내용을 깊이 이해한다. 가상의 상황을 설정하거나 주인공 입장으로 행동을 상상하는 활동을 통해 상상력과 창의력을 기를 수 있다. 학생들은 자신만의 독창적인 생각을 표현하며 이야기의 가능성을 탐구한다. 이 과정은 책에 대한 이해를 넓히고 창의적인 사고 능력을 강화하는 데 도움을 준다.

6단계 : 복합

6단계는 책의 내용을 분석하고 정보를 체계적으로 정리하는 데 중점을 둔다. 책의 핵심을 요약하는 질문을 통해 중요한 내용을 간결하게 정리하도록 한다. 또한, 인물이나 사건을 기준에 따라 분류하여 그들의 관계나 역할을 파악하게 한다. 이야기를 시간 순서에 맞게 나누어 전개를 이해하도록 하고, 다른 이야기와 결합해 새로운 전개를 상상하게 함으로써 창의적인 사고를 자극한다. 이러한 과정은 책의 내용을 깊이 이해하고, 정보를 효과적으로 분석하고 통합할 수 있도록 돕는다.

카드 예시 질문 1 : 책의 내용을 3문장으로 정리해주세요.

학생 1 『크랙』의 내용을 3문장으로 정리하면 어떻게 정리할 수 있을까?

학생 2 아이가 힘든 시간을 겪으며 어른이 되는 이야기를 담고 있어. 나무가 껍질을 터트리며 자라듯 아이도 어려움을 이겨내며 성장해. 어른이 되는 과정은 힘들지만, 그 안에서 강해지는 모습을 보여줘.

학생 3 나무가 껍질을 터트리며 자라는 것과 아이가 성장하는 것과 어떻게 비슷하다고 생각해?

카드 예시 질문 2 : 책을 드라마로 만든다면 어느 부분에서 광고를 넣으면 효과가 좋을까?

학생 1 『크랙』을 드라마로 만든다면 어느 부분에서 광고를 넣으면 효과가 좋을까?

학생 2 주인공이 꿈을 꾸는 장면에서 광고를 넣으면 꿈의 신기한 분위기와 잘 어울릴 것 같아.

학생 3 꿈의 분위기와 잘 어울리도록 하려면 어떤 광고가 좋을까?

6단계 활동으로 학생들은 책의 핵심 내용을 간결하게 요약하고, 인물이나 사건을 분류하여 그들의 관계와 역할을 이해한다. 학생들은 이야기를 시간 순서에 맞게 나누어 전개를 분석하고, 다른 이야기와 결합하여 새로운 전개를 상상해본다. 이러한 과정은 책의 내용을 체계적으로 정리하고, 창의적인 사고를 자극하는 데 도움이 된다. 교사는 학생들이 책의 내용을 효과적으로 분석하고 통합할 수 있도록 지원하며, 정보를 명확하게 이해하는 데 중점을 둔다.

7단계 : 적용

7단계는 책의 내용을 바탕으로 평가하고 실천하는 질문을 다룬다. 읽은 내용을 어떻게 활용할 수 있을지, 인물이나 내용에 대한 평가를 묻는다. 주제에 대한 이해와 작가가 고민했을 점을 생각해보게 하고, 책을 읽고 난 후 자신이 어떻게 행동할지 생각하도록 한다. 또한, 다른 사람들의 관점이나 피드백을 듣는 과정도 포함된다. 이 단계는 읽은 내용을 깊이 이해하고, 실생활에 어떻게 적용할 수 있을지를 생각하는 데 중점을 둔다. 이를 통해 독서가 단순한 정보 습득을 넘어 실천적 배움으로 이어진다.

카드 예시 질문 1 : 책을 누구에게 추천해주고 싶나요? 그 이유는요?
학생 1 『크랙』을 누구에게 추천해주고 싶어? 그렇게 생각한 이유는 뭐야?
학생 2 지금 힘든 상황을 겪고 있는 친구들이야. 고난 속에 있었지만, 별을 찾는 과정을 통해 희망을 발견할 수 있을 것 같아.
학생 3 어떤 부분에서 희망을 느꼈어?

카드 예시 질문 2 : 책을 읽고 나서 나의 삶에 꼭 적용해보고 싶은 부분이 있다면 무엇일까요?

학생1 『크랙』을 읽고 나서 나의 삶에 꼭 적용해보고 싶은 부분은 뭐야?
학생2 나한테 친절하기. 내가 잘못한 부분을 스스로 비난하지 말고 격려하고 다시 시도해 볼래.
학생3 실수했을 때 격려하는 긍정적인 말에는 어떤 것이 있을까?

학생들은 책을 추천할 사람을 정하고 그 이유를 설명하며, 책에서 얻은 교훈을 자기 삶에 어떻게 적용할지 생각한다. 이 과정에서 학생들은 주제에 대해 깊이 이해하고 평가하며, 작가의 고민을 파악할 수 있다. 교사는 학생들이 독서를 통해 얻은 통찰을 실천적으로 활용할 수 있도록 돕고, 실생활과의 연결을 강조한다. 독서가 정보 습득 차원에서 실천적 배움으로 이어질 수 있음을 확인할 수 있다.

7키워드 무지개 독서 질문력 카드

'7키워드 무지개 독서 질문력 카드'[*]는 독서 활동을 한층 더 풍부하고 의미 있게 만들어주는 도구다. 다양한 시각을 제시하여 독서에 대한 이해를 도우며, 창의적인 독후 활동을 위해 7가지 핵심 키워드를 바탕으로 독서 질문을 만들도록 제안한다. 각 키워드는 독서 경험의 여러 측면을 탐구하는 질문을 제공하여 스스로 생각을 확장하고 새로운 시각을 발견

---

* 〈7키워드 무지개 독서 질문력 카드〉 코리아 에듀테인먼트/진북하브루타연구소 유현심 · 서상훈, 학토재

하게 한다. 이 과정은 독서 후 의미 있는 토론을 가능하게 하고, 그림책 내용에 대한 깊이 있는 이해를 돕는다.

'7키워드 무지개 독서 질문력 카드'는 질문 꾸미기, 질문 만들기, 좋은 질문 뽑기, 종류별 질문 만들기, 해석 질문 만들기, 핵심 해석 질문 정하기, 핵심 해석 질문 다듬기, 쉬우르 단계로 구성되어 있다. 질문을 단계별로 만들고 분석하는 과정은 학생들이 스스로 좋은 질문을 만들 수 있도록 한다.

카드는 개인 또는 짝이나 짝수로 최대 8명 이내 모둠으로 진행할 수 있으며, 각자 질문을 던지고 서로의 답변을 피드백하며 의견을 나누는 활동을 통해 독서의 즐거움을 배가시킨다.

『깊은 우물에 개구리가』

실뱅 알지알 글, 루이즈 콜레 그림, 정혜경 역

우물 속에서 행복하게 살던 개구리가 바다거북과의 만남을 통해 자신의 세계가 좁다는 것을 깨닫는 이야기다. 개구리는 거북이의 이야기로 세상의 광대함을 알게 되고, 좁은 우물에서 벗어나 새로운 세상을 탐험하기로 결심한다. 이 그림책은 장자의 우화를 현대적으로 재해석하며, 시각과 시야에 대한 깊은 통찰을 제공한다. 그림의 아름다움과 섬세한 표현이 돋보이며, 독자들에게 새로운 시각을 제시한다.

[0] 표지·제목

책을 읽기 전, 표지와 제목을 통해 이야기의 기본적인 정보와 주제를 파악하는 활동은 중요하다. 이 활동은 학생들이 책의 내용을 상상하며 호기심을 갖도록 도와주며, 질문을 통해 상상력을 자극한다. 제시된 질문 형식은 책의 제목과 표지에 관련된 기본적인 질문들을 통해 독서의 기초를 다지는 데 도움을 준다. 다양한 질문 형식을 사용하여 학생들이 책의 내용을 더 깊이 이해할 기회를 제공한다.

카드 질문 0-b (언제 형식 질문) : 제목에 나오는 단어를 활용해 '언제(when)'가 들어간 형식의 질문을 만들어보세요.
질문 1　개구리는 언제 우물 안에서 살게 되었을까?
질문 2　중요한 사건은 언제 일어날까?

이 활동을 통해 학생들은 책의 제목과 표지에 대한 기본적인 질문을 만들어보며 이야기의 배경과 주제를 이해하는 데 도움을 받을 수 있다. 이러한 질문은 학생들이 책을 읽기 전 상상력을 키우고, 이야기의 흐름을 예측해볼 기회를 제공한다.

[1] 질문 꾸미기

표지와 제목을 바탕으로 기본 질문 형식을 만들고 그 질문들을 좀 더 구체적이고 세밀하게 꾸며보는 활동을 한다. 질문 꾸미기 활동을 통해 학생들은 단어를 추가하거나 조합하여 질문의 표현력을 높일 수 있다.

카드 질문 1-b (두 낱말 넣어 꾸미기) : '언제(when)'가 들어간 형식의 질문에 두 낱말을 넣어서 질문을 꾸며보세요.
질문 1 개구리는 언제 오랫동안 버려진 우물 안에서 살게 되었을까?
질문 2 이야기의 중요한 사건은 언제 우물에서 일어날까?

〔0〕번 표지와 제목에 관한 기본 질문에 두 낱말 추가하여 다양하게 꾸미는 방법을 배운다. 학생들은 질문의 형식을 유지하면서도 추가된 낱말을 통해 더 깊이 있는 질문을 만든다. 이 과정은 질문의 구체성을 높이고, 학생들이 독서에 대해 더욱 풍부한 이해를 할 수 있도록 도와준다.

[2] 질문 만들기

질문 만들기 단계는 책의 내용을 기반으로 더 깊이 있는 질문을 만든다. 주인공, 등장인물, 중요한 사건, 특정 장면, 배경, 작가에 관한 질문을 통해 책의 다양한 측면을 탐색한다.

카드 질문 2-c (중요한 사건 질문) : 이 책의 가장 중요한 사건에 대해 궁금한 것을 질문으로 만들어보세요.
질문 1 개구리는 왜 우물보다 크고 좋은 곳은 없다고 생각했을까?
질문 2 개구리는 어떻게 바다거북의 등 뒤에 있었을까?

질문 만들기 활동을 통해 학생들은 책의 다양한 측면에 대해 깊이 있는 질문을 구성한다. 주인공과 등장인물, 사건, 장면, 배경, 작가에 관한 질문을 만들면서 학생들은 책의 내용을 더 잘 이해하고 분석할 수 있다. 학생들의 질문은 점점 더 창의적이고 구체적으로 발전할 수 있다.

[3] 좋은 질문 뽑기

질문 뽑기 단계에서는 피라미드 하브루타 방식으로 적합한 질문을 선택하는 활동을 진행한다. 학생들은 서로의 질문을 비교하고 토론하여 가장 효과적인 질문을 선정한다.

카드 질문 3-b(2명이 질문 2개 고르기) : 두 사람이 짝이 되어 각자 만든 2개의 질문을 합친 4개의 질문 중에서 좋다고 생각하는 질문 2개를 뽑는 토론을 합니다.

질문 1 개구리는 왜 우물보다 크고 좋은 곳은 없다고 생각했을까?
질문 2 개구리는 어떻게 바다거북의 등 뒤에 있었을까?
질문 3 바다거북이 생각하는 바다는 어떤 세상일까?
질문 4 개구리와 바다거북이 시작한 여행은 어땠을까?

학생 1 나는 질문 1과 질문 2를 선택하고 싶어. 질문 1은 개구리가 왜 우물보다 큰 곳이 없다고 생각했는지를 묻는 거잖아. 개구리의 생각과 감정을 더 잘 알 수 있을 것 같아. 질문 2는 개구리가 어떻게 바다거북의 등에 있었는지를 묻는 건데, 생각하지 못한 내용이라 흥미로웠어.

학생 2 나도 질문 1이 좋다고 생각해. 그런데 질문 4도 괜찮을 것 같

	아. 질문 4는 개구리와 바다거북이 시작한 여행이 어땠는지 묻는 거잖아. 여행을 통해서 중요한 걸 발견할 수 있을 것 같아.
학생 1	맞아. 질문 4도 중요해 보이네. 그럼, 질문 1과 질문 4를 선택하는 것 어때?
학생 2	좋아, 질문 1과 질문 4로 정하자.

학생들은 질문을 비교하고 토론하면서 서로의 생각을 깊이 있게 나눌 수 있다. 각자 선택한 질문에 대한 이유를 설명하면서 다양한 관점을 이야기하고, 서로 의견을 존중하는 과정을 통해 협력적인 학습이 이루어진다. 토론 후 학생들은 스스로 질문을 더 발전시킬 수 있는 자신감을 가지게 된다.

[4] 종류별 질문 만들기

다양한 질문의 종류를 알아보고, 각 유형에 맞는 좋은 질문을 선택하거나 새로 만들어보는 활동을 한다. 사실 질문, 상상 질문, 평가 질문, 해석 질문, 실천 질문, 문제 제기 질문 그리고 가치판단 질문 등 다양한 질문 유형이 있다. 각 질문 유형은 책 내용을 보다 깊이 이해하고, 다양한 시각에서 접근할 기회를 제공한다.

카드 질문 4-c (평가 질문) : 지금까지 만든 질문 중에서 찬성 입장과 반대 입장으로 나누어 토론할 수 있게 도와주는 '평가 질문'을 고르거나 새로 만들어봅니다.

질문 1 개구리가 우물 안에서만 지내려고 하는 것은 좋은 선택일까?
질문 2 개구리가 우물 밖으로 나가려고 시도하는 것이 옳다고 생각해?

학생들은 사실 질문, 상상 질문, 평가 질문 등 다양한 질문 유형의 특성을 이해하고, 이를 바탕으로 토론을 통해 깊이 있는 논의를 할 수 있다. 학생들은 질문의 목적과 효과를 파악하여 명확하고 유용한 질문을 만드는 데 필요한 능력을 키우게 된다.

[5] 해석 질문 만들기

책 내용을 깊이 이해하고 분석하는 데 초점을 맞춘다. 학생들은 책에서 이해되지 않는 부분, 중요한 내용, 인상적인 내용을 찾아 밑줄을 긋고, 이를 바탕으로 해석 질문을 만든다. 또한, 관심 있는 부분이나 의심스러운 점, 하브루타를 통해 토론하고 싶은 내용을 기반으로 질문을 구성한다. 이렇게 만든 질문으로 내용을 보다 깊이 있게 탐구할 수 있다.

카드 질문 5-e (하브루타 가능성) : 지금까지 만든 질문 중에서 '하브루타 가능성(토론할 내용이 충분히 많은 질문인가?)'을 기준으로 질문을 고르거나 새로 만들어봅니다.

질문 1 개구리가 우물 안에서 편하게 지내는 것과 우물 밖의 새로운 세상을 탐험하는 것 중 무엇이 더 중요하다고 생각해?
질문 2 만약 네가 개구리처럼 우물 안에서 살고 있다면 바깥세상을 보기 위해 어떤 행동을 할 거야?

학생들은 이해가 어려운 부분이나 중요한 내용을 찾고, 그에 관한 질문을 만들면서 분석을 시도한다. 각자의 질문을 토대로 토론하며 더 나은 질문으로 발전시킬 수 있다.

[6] 핵심 해석 질문 만들기

핵심 해석 질문 만들기는 책 내용을 더욱 심도 있게 분석하기 위한 것이다. 두 가지 이상의 답이 가능한지, 핵심 주제를 포함하는지, 책의 전반적인 내용과 관련 있는지, 제목이나 상징물을 다루는지, 주인공과 관련된 내용을 담고 있는지를 고려해 질문을 구성한다. 이 과정을 통해 학생들은 책 내용의 본질을 이해하고, 의미 있는 토론을 위한 질문을 개발한다.

카드 질문 6-e (주인공 관련 내용) : 지금까지 만든 질문 중에서 '주인공과 관련된 내용인가?'라는 핵심 질문의 요건에 맞는 질문을 고르거나 새로 만들어봅니다.

질문 1 개구리는 우물 밖 세계를 어떻게 바라보았고, 어떤 결정을 내렸어?

질문 2 개구리가 바다거북과 여행을 시작한 것을 통해 어떤 교훈을 얻었어?

학생들은 다양한 질문을 통해 책의 핵심 주제와 전반적인 내용을 깊이 이해할 수 있다. 특히, 주인공 개구리의 변화와 이야기의 상징성을 탐구하며 흥미로운 토론을 진행한다. 이 과정을 통해 학생들은 책의 주제를 보다 명확히 이해하고, 효과적인 질문이 이야기의 핵심을 파악하는 데 어떻게 도움이 되는지를 경험한다.

[7] 핵심 해석 질문 다듬기

핵심 해석 질문 다듬기 활동은 질문 체크리스트를 활용하여 질문을 개선하는 작업을 진행한다. 학생들은 문법적 적합성, 핵심 주제의 포함 여부, 전반적인 내용의 적절한 길이, 제목과 상징물의 포함, 주인공과 관련된 내용, 핵심 해석적 요건을 확인하며 질문을 다듬는다. 이를 통해서 질문의 명확성과 효과성을 높이고, 깊이 있는 해석이 가능하게 한다.

카드 질문 7-f(핵심 해석적 질문 요건) : 핵심 해석 질문이 적절한 단어를 사용하고 있는지 확인 후 질문을 다듬습니다.

질문1 개구리는 우물 밖 세상을 어떻게 보았고, 그에 따라 어떤 결정을 내렸을까?
질문2 개구리가 바다거북과 여행을 시작한 것을 통해 너는 어떤 교훈을 얻었어?

학생들은 핵심 해석 질문 다듬기로 질문의 정확성과 명확성을 높이는 과정의 중요성을 이해한다. 각자의 질문을 검토하고 수정함으로써 더 깊이 있는 질문을 만드는 방법을 배운다.

[0] 쉬우르

질문 만들기에서 배운 점과 느낀 점을 나누고, 새롭게 알게 된 점을 공유한다. 학생들은 책 내용을 바탕으로 다양한 유형의 질문을 만들면서, 질문의 중요성과 효과적인 질문 방법을 이해하게 된다. 또한, 핵심 해석 질문을 다듬는 과정에서 질문의 정확성과 명확성을 높이는 방법을 배우며, 자기 생각과 마음이 어떻게 변화했는지 돌아보게 된다. 이 과정은 독서와 토론의 깊이를 더하며, 앞으로의 독서 활동에 실질적인 도움을 줄 수 있다.

카드 질문 0-c(변화된 생각) : 질문 만들기를 하고 변화된 자신의 생각이나 마음에 대해 돌아보고 이야기해보세요.

학생1   질문 만들기를 하면서 책의 내용을 단순히 읽는 것이 아니라 깊이 이해하고 분석하는 것이 중요하다는 것을 깨달았어. 독서 후 질문을 통해 더 많은 것을 배우고 싶어.

학생2   질문을 만드는 과정에서 책의 주제를 더 잘 이해할 수 있었어. 이전에는 그냥 읽기만 했는데, 이제 책의 내용을 더 깊이 생각하기 위해 질문을 잘 만들어 봐야겠어.

학생들은 다양한 유형의 질문을 만들면서 책 내용을 더 깊이 있게 파악하고, 자기 생각을 체계적으로 정리하는 능력이 향상된다. 또한, 질문의 유형과 중요성을 배우는 과정을 통해 독서에 대한 흥미와 몰입도를 높인다.

현대 교육은 학생들의 자율적인 사고력과 문제 해결 능력을 중시하는데, 이는 미래 사회의 다양한 도전에 대응하기 위한 필수 역량이다. 학생들은 질문을 만들고 대답하는 과정을 통해 학습의 심층적인 이해와 사고의 확장을 경험한다. 그러나 즉각적으로 질문을 만들라고 하면 막막해하거나 어려워할 수 있다. 단계별 질문 만들기 전략을 활용하면 질문 생성 과정을 체계적으로 구성하여 학생들이 더 쉽게 탐구 활동에 몰입할 수 있다.

독서 질문 카드는 이러한 능력을 효과적으로 키우는 도구로 비판적이고 창의적인 사고를 촉진하며 학습의 깊이를 더해 준다. 이 카드는 학생들이 체계적으로 질문을 만들어 학습에 적극적으로 참여할 수 있도록 돕는다. 이를 통해 학생들을 학습의 주체로 성장하게 되며, 교육의 본질적인 목표를 실현하는 데 기여한다. 교육 현장에서 학생들이 더 풍부한 학습 경험을 통해 미래를 준비할 수 있기를 기대한다.

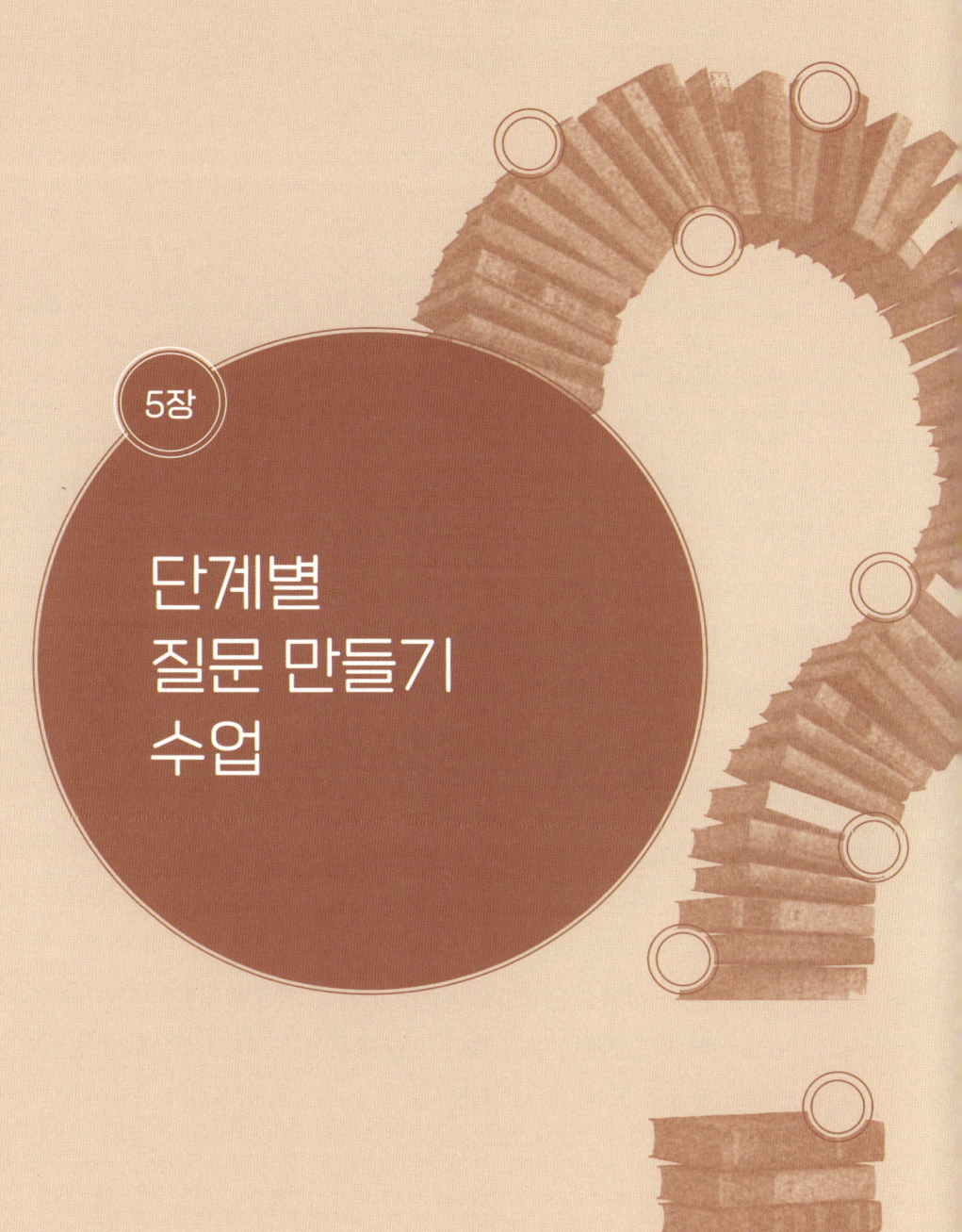

5장

단계별 질문 만들기 수업

    질문은 학생 주도적 학습의 시작이다. 학생이 자발적으로 참여할 수 있는 학생 주도의 수업은 결국 학습에 대한 호기심, 즉 학생의 질문에서 시작한다. 질문을 한다는 것은 지적 호기심이 발동하는 상태라고 볼 수 있다. 그렇게 시작된 자기 질문은 곧 자기 생각의 시작이며, 이는 곧 알고자 하는 주도적인 학습으로 이어질 가능성이 커진다. 자신의 관심사로부터 시작한 질문과 알고자 하는 의지는 학습자가 몰입할 수 있도록 이끌어준다. 2022 개정 교육과정의 비전은 '포용성과 창의성을 갖춘 주도적인 사람'이다. 주도적인 학습자로서 의문을 가지고 질문하는 수업이 활발하게 이루어질 때 학생들은 자기 생각의 힘을 가진 사람으로 성장할 수 있다.

    스스로 만든 질문으로 학습해가는 주도적인 학습자가 되도록 지도하고자 한다면, 즉 질문 수업을 하기 위해서는 학생들에게 질문의 중요성과 질문 만드는 방법을 단계별로 가르쳐야 한다. 단계별 질문의 학습 과정이 교사에게는 구체적이고 체계적으로 촘촘하게 계획되어 있더라도, 학생들에게는 쉽고 편안하게 단계를 밟을 수 있도록 안내하며 이끌어가야 한다.

    질문 만들기 단계의 시작은 질문을 부담스럽지 않게 느낄 수 있도록 놀이 방식으로 연습한다. 학생들은 질문을 만들기보다 질문에 응답하는 학습자로 더 많이 익숙해져 있다. 그러므로 질문에 대한 거부감이나 부담을 느끼지 않도록 시작하는 것이 중요하다. 그런 다음 그림책의 내용에서 질문을 만들고, 나아가 자신과 세상의 삶과 연결해가는 방식으로 단계를 높여가며 질문 만들기를 단계적으로 연습한다. 마지막으로는 핵심적인 질문의 단계로, 질문으로 토론하고 질문으로 배움의 깊이를 확장시킬 수 있는 고차원적인 질문 만들기를 연습한다. 학생들은 이런 단계별 질문 만들기 연습을 통해 핵심적인 질문 하나로 관련된 학습 요소를 모두 끌어낼 수 있는 좋은 질문을 스스로 만들어낼 수 있게 될 것이다. 따라서 질문을 만들고, 답을 찾아가는 주도적 학습의 주체로 나아가기 위해서는 질문을 만드는 공부도 필요하다. 다음의 단계적으로 질문 만들기를 연습하는 과정은 학생들을 좋은 질문자, 즉 좋은 학습자로 만드는 데 매우 중요하다.

질문 만들기의 단계적 연습은 1단계에서 질문 만들기 수업을 위한 환경을 조성하는 작업부터 시작한다. 2단계에서는 책을 읽기 전 제목을 정답으로 얻을 수 있는 질문 만들기를 해보고, 책을 읽고 난 후에도 제목이 질문으로 나올 수 있는 질문 만들기를 한다. 3단계에서는 그림책의 주제어를 찾아보고 주제어를 정답으로 하는 질문과 주제어를 넣어서 질문을 만들어본다. 4단계에서는 다시 3가지 단계로 질문 만들기를 연습해본다. 책을 읽고 나서 첫 단계는 '책 자체에 관한 질문', 다음 단계는 '작품과 나를 연결한 질문', 세 번째 단계는 '작품과 세상을 연결한 질문' 만들기로 그림책의 내용을 책에서 세상으로 끌어내는 단계로 질문을 이어간다. 마지막 5단계는 뜻, 표현, 느낌, 유추, 비교, 상대 의견, 적용, 가정, 종합의

9단계 질문 만들기로 하브루타 토론에서 적용했던 질문 만들기를 응용하여 연습한다. 질문의 단계가 높아질수록 질문에 대해 답을 찾는 활동도 활발하고 진지하게 이루어지는 것을 확인하게 될 것이다.

1단계 : 질문 만들기 수업을 위한 환경 조성

질문의 중요성 인식시키기

질문 수업을 이끌어가기 위해서는 교사가 학년 초 질문 수업에 대한 의지를 학생들에게 안내하고 이해시키는 과정이 필요하다. 학년 초 학생들을 만나는 첫 시간 "넌 왜 학교에 오니?"라고 물으면 자동으로 "공부하러 오는데요"라고 대답한다. 그 답에 다시 "공부는 왜 하는데?"라고 물으니, 학생은 고개를 갸우뚱하면서 "음…" 하고 잠시 뜸을 들인다. 이것을 놓치지 않고 교사는 "질문은 이렇게 생각을 자극한다"라고 응대한다. 그 후 앞으로의 수업은 질문이 중심되는 수업이 이루어질 것이라고 안내한다. 그리고 모든 학생이 자기 노트 첫 장에 다음의 내용을 적는다. 질문 수업의 시작이며 첫걸음이다.

질문의 7가지 힘[*]
1. 질문을 하면 답이 나온다.
2. 질문은 생각을 자극한다.

---

[*] 「질문의 7가지 힘」 도로시 리즈 지음, 노혜숙 옮김, 더난출판사

3. 질문을 하면 정보를 얻는다.
4. 질문을 하면 통제가 된다.
5. 질문은 마음을 열게 한다.
6. 질문은 귀를 기울이게 한다.
7. 질문에 답하면 스스로 설득이 된다.

그림책 『배운다는 건 뭘까?』는 제목 자체가 질문이다. 장면마다 '배운다는 건 뭘까?'라는 반복적인 질문에 배운다는 것의 의미를 다양하게 제시해준다. 교사가 강조하고 싶었던 장면은 아래 질문이다.

배운다는 건 궁금한 것을 묻는 거야.
"이건 뭐예요?"
"이건 어떻게 해요?"
"이건 어디다 쓰는 거예요?"
"왜 그렇게 되나요?"

이 그림책은 배운다는 것은 궁금한 것을 질문하는 것이라고 교사가 하고 싶은 이야기를 대신 해준다. 학생들은 나름대로 와 닿는 다양한 장면을 기억하고 자신에게 적용하면서 성찰하며 자기 생각을 만들어 이야기한다. 이 또한 매우 의미가 있다. 왜냐하면, 정답은 하나만 있는 것은 아니기 때문이다.

생각의 중요성 인식시키기

 다음으로는 생각이 중요하다는 것을 인식하게 하는 수업이다. 질문을 해야 하는 이유도 결국 자기 생각을 만들기 위해서이다. 수업의 핵심은 질문과 생각이다. 배우려면 질문해야 하고, 질문은 생각을 자극한다. 『생각으로 무엇을 할 수 있을까?』도 질문이 제목인 그림책이다. 이 그림책은 끝 장면에서 왜 생각해야 하는지에 대한 답을 강하게 건넨다. 질문 수업의 의도를 잘 담아낸 그림책이다. 가장 마음에 와닿은 문장은 학생마다 다르다. 함께 읽고 이야기를 나누며 생각을 공유하고 나면, 자기 생각이 왜 중요한지, 생각으로 무엇을 할 수 있는지, 자기 생각을 키워가는 것에 대한 자신감을 얻는다. 교사가 '너는 어떻게 생각하니?'라고 물으면, 꽤 많은 학생이 '저 아이와 생각이 같아요'라며 묻어가려 한다. 이때 '그러니까 너의 언어로 한 번 더 말해줄 수 있겠니?'라고 요구하여 학생들이 자기 생각을 스스로 말하고 쓸 수 있도록 한다.

학생들이 『생각으로 무엇을 할 수 있을까?』를 읽고 적은 자기 생각
- '생각'은 물구나무서기를 하면 세상을 다르게 볼 수 있는 능력을 갖게 된다고 한 문장이 기억에 남았다.
- "그 사람들이 무엇을 알겠어? 이건 내 생각인데"라는 문장이 기억에 남는다. 이제 사람들의 시선을 신경 쓰지 않고 내 생각을 표현해야겠다는 마음이 들었다.
- '생각이 세상을 바꿀 수 있다'라는 말이 가장 인상 깊은 이유는, 우리가 살아가며 매일 하는 생각이 우리가 살아가는 세상을 바꿀 수 있다는 것 때문이다.

질문과 자기 생각을 말할 수 있게 안심시키기

'네 생각을 말해!'라고 끊임없이 강조해도 학생들은 자기 생각을 드러내기를 매우 두려워한다. 가장 큰 이유는 자기 생각에 자신이 없고, 공개적으로 틀려서 '그것도 모르냐?'라는 말을 듣고 망신당하는 상황을 만들고 싶지 않아서이다.

『틀려도 괜찮아』는 교실에서 틀려도 괜찮다고, 모두 틀린 답을 말하자고 응원한다. 실제로 학생들에게 질문했을 때 어떤 아이가 정답을 말하면, 이미 정답을 알고 있던 그 학생만 아는 것으로 끝나게 된다고 말한다. 그러나 누군가 틀린 답을 말했을 때는 우리가 함께 답을 찾아가다 보면 많은 친구가 배울 수 있게 된다고 응원해준다. 물론, 이 그림책은 틀려도 괜찮은 이유를 매 페이지에서 말해준다. 책을 읽고 교사는 학생들을 향해 외친다. "우리 그렇게 만들자!" 학생들은 일제히 '네'라고 대답한다. 그때 노트에 앞으로 어떤 태도로 수업에 임할 것인지 실천 의지를 적게 한다.

학생들이 각자의 노트에 적은 실천 의지

- 떨리고 틀릴까 봐 두려워도 한 번 참고 발표해 보아야겠다는 마음이 든다.
- 누구나 실수를 한다. 틀린 것을 경험으로 삼아 다시 배우면 된다고 생각한다.
- 틀려도 괜찮다. 왜냐하면, 자신감 있게 하는 것이 더 중요하기 때문이다.

'틀려도 괜찮다고 하는데 정말 틀려도 괜찮을까?'라고 질문할 수 있다. 학생들은 대부분 '알아가는 과정이니 틀려도 괜찮다', '틀려도 다시 한번 학습할 수 있고 모든 사람이 맞을 수 없으므로 괜찮다고 생각한다'라고 답한다. 하지만 교사가 틀려도 괜찮다고 강조해도 '다른 건 괜찮다. 하지만 틀린 건 괜찮다고 할 수 없다. 한 번 정도 실수하는 건 포용할 수 있지만, 계속해서 틀리고 그걸 실수라고 변명하는 건 옳지 않다고 생각한다'라고 용기 있게 반대 의견을 말하는 학생이 있다. 이렇게 학생들과 질문으로 공부하다 보면, 꼭 같은 답만 있는 것은 아니라는 사실을 알게 된다. 또 같은 답이라고 할지라도 그렇게 생각하는 이유가 다양할 수 있다는 것을 배워가게 된다.

이렇게 질문 수업을 위한 분위기와 자세, 각오를 다지고 나면 질문과 응답의 두려움에서 벗어나도록 도와야 한다. 모르는 것을 질문하는 것에 대한 두려움에서 벗어날 수 있도록 안전한 수업 분위기를 조성하는 데 최선의 노력을 기울여야 질문으로 하는 수업의 첫발을 내디딜 수 있다. 즉 어떠한 질문도 가능하고 어떤 질문도 의미가 있음을 강조하며 학생의 질문에 관용적인 태도로 반응해야 학생들도 자연스럽게 질문을 두려워하지 않는 분위기에 젖어 들 수 있다. 그렇게 되면 개별 학생의 질문이 교실에서 자유롭게 드러나고 공유되어, 전체 학생의 수업 참여도를 높여준다. 즉 질문에 대한 답을 찾아가는 과정에 교사가 크게 개입하지 않아도 자발적이고 협력적으로 이루어지는 학생 주도의 학습이 자연스럽게 이어진다.

2단계 : 제목이 정답이 되는 질문 만들기

『눈보라』는 기후 위기의 환경 문제를 다룬 그림책이다. 북극곰 '눈보라'의 삶을 통해 기상이변으로 인한 기후 위기에 대한 우리의 책임을 생각해보게 한다. 굶주림에 시달리다 먹을 것을 찾아 사람들이 사는 마을로 내려온 '눈보라'는 쓰레기통을 뒤지다가 사람들에게 환영받는 판다의 모습이 담긴 사진을 발견한다. 한때 북극 빙하의 최고 사냥꾼이었던 북극곰 '눈보라'는 삶의 위기 앞에서 자기 모습을 감추고, 살아남기 위해 판다로 변신하여 사람들의 환대를 받는다. 그러나 곧 거짓말임이 들통나서 영원히 돌아올 수 없는 모습으로 사라져가서 읽는 사람들을 씁쓸하게 만든다.

책을 읽기 전 제목이 정답인 질문 만들기

질문 만들기란 궁금한 것에 대한 호기심을 가지고 묻는 것이다. 배우고자 하는 학생이라면 당연히 궁금한 것에 대한 질문이 있어야 한다. 하지만 우리 교육 현실은 그렇지 않다. 질문은 당연히 교사가 하고, 학생은 답을, 그것도 정답이라는 확신이 있어야만 목소리를 낸다.

이번 질문 공부에서는 질문 만들기를 요청하면서 교사가 정답을 제시한다. 정답은 책 제목 '눈보라'이다. 책을 읽기 전이니, 학생들은 단어의 의미를 풀어놓는 질문을 만든다. 아직 그림책을 읽지 않았으므로 단어의 개념을 설명하는 데 집중해서 질문을 만든다. 학생들은 언제나 교사가 예상하지 못한 기발하고 흥미로운 질문을 쏟아낸다. 책을 읽기 전이지만, 학생들의 질문 수는 생각보다 꽤 많다.

학생들이 만든 질문
- 눈이 휘몰아치는 현상을 무엇이라고 하나요?
- 눈과 함께 부는 바람을 뭐라고 부를까요?
- 너무 춥고 눈이 폭풍우 치듯이 많이 내리는 때를 뭐라 부를까요?
- 눈이 휘몰아칠 때 하는 말은?
- '눈을 보라'라고 할 때 하는 말은?
- 눈이 보라색이면?
- eye purple은?
- 책 제목은 무엇인가?
- 겨울철 눈이 많이 내리는 것은 무엇일까?
- 눈이 많이 올 때 바람이 불면 생기는 일은?
- 겨울에 눈이 휘몰아치는 것을 세 글자로?
- 눈이 내리면서 함께 바람이 거세게 부는 현상은?
- 겨울에 폭설과 강한 바람을 동반하는 자연현상은?
- 이 책의 가장 크고 하얀 글씨를 읽어 볼까요?

책을 읽고 나서 제목이 정답인 질문 만들기

그림책을 읽고 나서도 질문 만들기를 한다. 이번에도 정답은 제목인 '눈보라'이다. 책을 읽기 전 단계의 질문이 단어의 개념을 이해하는 질문이었다면 책을 읽고 난 후에는 그림책 내용의 기억과 이해를 바탕으로 만들게 된다. 학생들은 그림책에서 정답을 찾을 수 있는 상황을 정확히 기억하고 이해하며 질문을 만든다. 그림책을 읽은 학생이라면 흥미를 느끼고 부담 없이 질문 만들기에 쉽게 참여하게 된다. 정답은 하나지만, 그림책을 읽고 질문을 만들면 장면마다 잘 적용하여 다양한 질문을 만든다.

학생들이 만든 질문
- 그림책에 나오는 북극곰의 이름은 무엇인가요?
- 사냥꾼이 북극곰에게 총을 겨누지 못한 것은 무엇 때문일까?
- 북극곰은 마지막에 어느 속으로 사라졌나요?
- 총을 맞을 뻔한 곰의 이름은 뭘까?
- 판다로 분장한 곰의 이름은 뭘까요?
- 눈보라가 마을 사람들에게 도망치고 있었을 때 무엇이 내렸는가?
- 북극곰은 마을 사람들한테서 도망칠 때 어디 속으로 사라졌나요?
- 사냥꾼이 도망치는 북극곰을 무엇 때문에 조준하지 못했을까?
- 판다로 위장했던 북극곰의 이름은?

시작 단계에서는 기억과 이해를 바탕으로 쉽게 정답을 찾을 수 있는 질문 만들기를 허용한다. 하지만 점차 단계를 높이면서는 정확한 답이 있는 질문보다는 다양한 답이 있는 질문을 만들도록 지도해야 한다.

3단계 : 주제어를 활용한 질문 만들기

키워드가 정답으로 나올 수 있는 질문 만들기

그림책을 읽고 그림책의 주제어를 찾아보는 활동을 한다. 사실 주제어를 찾는 것도 질문의 시작이라고 할 수 있다. 우리는 인터넷에서 원하는 정보를 얻으려고 할 때 검색창에 키워드를 입력한다. 정확한 주제어를 입력하는 것은 중요한 정보를 찾는 것의 시작이다. 학생들에게는 '인터넷에서 '눈보라'라는 그림책을 찾으려면 검색창에 어떤 키워드를 넣으면 될까?'라고 질문하면서 그림책의 주제어를 적어보게 한다. 그런 다음 이제 각자가 적은 주제어가 정답으로 나오는 질문 만들기를 해본다. 학생들은 북극곰, 사냥꾼, 지구온난화, 판다, 환경, 환경파괴로 힘들어하는 북극곰 이야기 등 다양한 주제어를 적어놓고 오른쪽 표와 같은 질문을 만든다.

이렇게 정답을 미리 정해놓고 질문 만들기를 하면 학생들은 흥미를 느끼며 놀이하듯이 참여한다. 만든 질문이 때론 명확한 정답을 이끌어내지만, 때로는 여러 개의 유사 정답이 나올 수도 있다. 이럴 때 학생들에게 질문의 의도를 명확히 하도록 피드백을 한다. 또 질문을 공유하는 과정에서 같은 정답이어도 질문은 다양할 수 있다는 것을 배우게 된다.

'북극곰'을 정답으로 '북극에 사는 곰은?'이라는 질문을 나눈 다음에 다른 학생이 '요즘 환경 문제로 서식지가 줄어들고 있는 북극에 사는 곰은 무엇인가?'라고 질문을 만들어 발표하니 다른 학생들이 '와!'하고 감탄하며 좋은 질문이라고 피드백을 하기도 한다. 그렇게 반복될수록 더 구체적으로 표현하는 질문으로 발전하며 성장하는 모습을 보인다. 질문

학생들이 찾은 주제어와 주제어를 정답으로 만든 질문

정답(주제어)	질문
사냥꾼	북극곰에게 총을 쏜 사람은 누구인가?
북극곰	눈보라 책 속에 사람들이 싫어하는 동물은 무엇일까?
북극곰	북극에 사는 하얀색 털을 가진 곰은?
북극곰	요즘 환경 문제로 서식지가 줄어들고 있는 북극에 사는 곰은 무엇인가?
북극곰	북극의 최상위 포식자 중 하나는?
북극곰	녹는 빙하와 없어지는 먹이 때문에 지쳐 사람들이 사는 마을로 내려온 동물은?
북극곰	곰의 한 종류로 북극에서 서식하며 보호색을 위한 하얀 털을 가지고 있으며, 바닷속에서 사냥하고 빙하 위에서 지내는 곰은 무엇인가?
지구온난화	사람들이 쓰레기를 버리거나 지구를 오염시켜 지구의 온도가 높아지는 것은?
환경파괴로 힘들어하는 북극곰 이야기	이 책의 주제는?
판다	북극곰이 먹을 것을 얻기 위해 사람들을 속였을 때 어떤 동물로 변장하였나요?
판다	사람들이 좋아하는 검정과 하얀색의 털을 가진 덩치가 큰 동물은?
환경	우리는 현재 무엇을 가장 보호해야 할까?

공부를 하는 첫 단계에서는 그림책의 내용을 기억하고 이해하며, 또 주제 파악을 충분히 할 수 있다는 점에서 그림책 깊이 읽기가 이루어졌다고 할 수 있다.

그림책 읽은 후 찾은 주제어를 넣어서 질문 만들기

이제 본격적으로 그림책을 깊이 있게 나눌 질문 만들기를 한다. 전 단계에서 만든 '주제어'를 넣어서 질문을 만드는 것이다. 각자 만든 주제어를 넣어 질문을 만들고 모둠에서 좋은 질문을 찾아내고 전체 학생들과 공유한 후 그 질문으로 함께 이야기 나누는 시간을 가질 수 있다.

주제어로 넣어서 만든 학생 질문
- 북극곰은 어쩌다 '판다'로 변장하게 되었나요?
- 북극곰은 왜 이름이 '눈보라'인가요?
- '지구온난화'를 막기 위해 우리가 할 수 있는 일은 무엇일까?
- '북극곰' 눈보라는 사람들에게 관심받을 때 어떤 기분이었을까요?
- 지구온난화로 '빙하'가 녹았으니 북극곰도 사람들이 책임져야 할까요?
- 내가 만약 '눈보라'였다면 분장을 한 뒤에 다시 사람들에게 갈 수 있었을까?
- 만약 '사냥꾼'이 끝까지 눈보라를 쫓아 총을 쐈다면 어떻게 되었을까?

주제어를 넣어 만든 질문 중 선정된 대표 질문
- 인간의 더 나은 삶을 위해 북극곰을 죽이는 건 어떨까?
- 인간은 자연의 주인일까?
- '눈보라'가 눈보라 속으로 들어갈 때 사냥꾼이 다신 오지 않을 거라고 했는데, 무슨 의미였을까?

- 마지막에 '영원히' 올 수 없단 말은 무엇을 의미하나요?
- 북극곰은 인간에게 쫓기면서 눈보라 속으로 도망쳤을 때 어떤 기분이었을까?

질문을 만들고 많은 질문 중 이야기 나누고 싶은 좋은 질문을 고르는 과정을 거치고 나면 학생들은 어떤 질문이 좋은 질문인지 자연스럽게 익히게 된다. 물론, 교사의 피드백도 반드시 필요하다. 좋은 질문을 고르는 과정과 교사의 피드백을 통해 학생들은 질문을 만드는 첫발을 내딛게 된다.

학생들에게 피드백할 때 주의해야 할 점이 있다. 처음부터 질문이 잘못되었다는 피드백을 주면, 처음 질문 만들기 공부를 시작하는 학생들을 위축시킬 수 있다. 학생들이 쉽게 질문 만들기 연습을 할 수 있도록 하는 낮은 단계에서는 지적보다는 격려가 더 필요하다. 학생들은 개인별 격차가 있다. 반복적인 연습에도 쉽게 질문을 만들지 못하는 학생이 있을 수 있다. 이때 그 학생에게는 개별적으로 '책에 답이 있는 질문이라도 괜찮으니 만들어봐!'라고 질문 단계의 수준을 조절해주어야 한다. 개인차를 고려한 피드백은 매우 중요하다.

만든 질문으로 이야기를 나누는 방법은 질문의 성격에 따라 브레인라이팅이나 찬반 토론 등 다양한 형태로 할 수 있다.

4단계 : 세 단계 질문 만들기

　이제 그림책을 읽고, 세 단계로 질문 만들기를 연습해본다. 첫 번째 단계에서는 책 자체에 관한 질문을 만든다. 그림책의 내용을 바탕으로 궁금하거나 함께 나누고 싶은 질문을 만든다. 두 번째 단계에서는 책과 나를 연결해서 질문을 만든다. 살아오는 동안 경험한 것이나 자신에게 적용해서 관련된 질문을 만든다. 세 번째 단계에서는 책과 세상을 연결해서 질문을 만든다. 책과 관련해서 자기가 앞으로 살아가면서 일어나는 일, 혹은 일어날 수 있는 일을 생각하면서 질문을 만든다.

학생들이 책 자체에 대해서 만든 질문
- 눈보라가 판다가 되었을 때 사람들은 왜 북극곰이라는 사냥꾼의 말을 믿지 않았나요?
- 북극곰은 어떻게 사람 마을로 내려갔나요?
- 눈보라는 왜 판다 분장을 했을까요?
- 눈보라가 인간 세상으로 오게 된 이유는?
- 북극곰은 왜 점점 말라갔나요?

학생들이 책과 나를 연결하게 해서 만든 질문
- 내가 북극곰이어도 판다인 척했을까?
- 나는 평소에 환경을 위한 노력을 하고 있나요?
- 만약, 우리 마을에 북극곰이 나타나면 어떻게 할까요?
- 내가 눈보라를 도울 수 있는 방법은 무엇일까요?

- 북극곰이 말라가지 않도록 내가 할 수 있는 일은?
- 나도 사람들의 관심을 위해 내가 아닌 다른 사람처럼 행동한 적이 있을까?

학생들이 책과 세상을 연결하게 해서 만든 질문
- 나의 이익을 위해 외면과 내면을 바꾸는 것은 행복할까? 불행할까?
- 눈보라에서의 세상과 우리 사회의 공통점과 차이점은 무엇일까요?
- 인간이 자연의 주인이라는 생각을 어떻게 개선해 나갈까요?
- 환경 문제를 해결할 방법은 무엇일까요?

질문 만들기를 끝내고 나면 자신이 만든 질문을 모둠원과 공유한다. 서로 돌려보면서 좋은 질문이라고 생각하는 것에 별표(★)를 한다. 자신에게 노트가 돌아왔을 때 핵심이 되는 3개의 질문을 선택한 후 핵심 질문에 대한 자기 생각을 적어본다.

Q1. '눈보라'에서의 사회와 우리 사회의 공통점과 차이점은?
A1. '눈보라'에서의 사회는 냉정하다. 자신들이 두렵게 생각하는 것에 대한 경계심이 크다. 예를 들어 그 사회에서는 판다는 좋아하지만, 북극곰은 좋아하지 않는다. 자신들의 취향이 확고하고 이기주의적이다. 우리도 마찬가지이다. 국가가 위험에 처하면 탈출한다고 하는 사람들이 대다수인데 나라에 요구하는 복지는 많고 크다. 자신이 이익을 보려고 하는 인간의 욕망 때문이다. 눈보라에서는 자신이 두려워하는 것을 해치려고 하나 우리 사회는 다 같이 살아가게 하려고 노력한다.

Q2. 내가 눈보라를 도와주는 방법은?

A2. 눈보라는 지구온난화로 인해 가장 큰 피해를 보는 동물 중 하나이다. 눈보라는 자신의 터전을 잃어가고 식량부족에 시달리고 있다. 그렇기에 눈보라는 인간 사회에 와서 터전과 음식을 얻으러 온 것이다. 그러므로 나는 집과 음식을 줄 것이다. 그러면 배고팠던 배를 채우고 자신의 터전도 만들어 잘 살아갈 수 있을 것이다. 또한 눈보라를 청결하게 씻겨줄 것 같다.

Q3. 인간이 주인인 세상을 개선하는 법은?

A3. 인간은 자기들이 이 세상의 중심인 줄 안다. 기원전에는 태양과 달이 지구를 중심으로 돈다고 생각했다. 무엇이든지 자신이 중심인 사회이다. 아직도 그 습관은 유지되고 있다. 자연을 파괴하고 있고 동물들을 무자비하게 죽이고 있다. 인간은 자연에서 살아가야 하기에 이익을 중심으로 하는 것보다는 자연과 더불어 살아야 한다. 개선법에는 자연을 보전하고 개발을 줄여야 한다.

학생들은 질문을 만들면서 그 질문에 대한 자기 생각이 이미 머릿속에서 만들어진다. 하지만 직접 글로 쓰지 않으면 잠시 떠올랐던 생각은 정리되지 않고 사라진다. 따라서 질문을 만들고 그에 대해 자기 생각을 정리하는 글쓰기는 매우 중요하다. 그리고 교사의 질문이 아니라 스스로 만든 질문에 대한 자기 생각을 쓰는 것이기 때문에 훨씬 편안하게 글쓰기를 한다.

5단계 : 아홉 단계 질문 만들기

배우기 위해서는 끊임없이 질문해야 한다. 어떤 질문이 만들어져 탐구하느냐에 따라 배움의 깊이가 달라진다. 그러므로 질문하는 법도 배워야 한다. 학생들이 어떻게 배움이 일어나는 좋은 질문을 만들 수 있을까? 해답은 질문을 많이 만들어보는 것이다. 학생들에게 질문을 만들도록 하면 학생들은 '몇 개 만들어요?' 하고 묻는다. '가능한 한 많이 만들어라'라고 대답한다. '최대한 많이 만들다 보면, 그중에 좋은 질문이 있다'라고 용기를 준다. 실제로 그렇다. 대체로 질문을 10개 정도 만들도록 하고 그중에 가장 괜찮은 질문을 고르라고 하면, 2~3개의 질문만을 만들도록 했을 때보다 좋은 질문을 얻을 가능성이 커진다. 질문을 만드는 것 자체가 사고의 과정이고 많은 질문을 만들면서 사고가 확장된다.

하브루타 학습법의 질문 만들기 방법은 학생들의 사고가 확장될 수 있도록 돕는다. 하브루타 학습은 짝과 서로 질문하고 답하면서 공부하는 방법이다. 하브루타 학습법은 질문 만들기에서부터 시작하고, 질문을 잘 만들어야 한다. 처음 하브루타 토론을 할 때는 교사가 질문을 제시하고 연습할 수 있지만, 익숙해지면 학생이 만들도록 해야 한다.

하브루타의 아홉 단계로 질문을 만드는 과정은 학생들이 깊이 있는 사고를 하도록 돕는다. 먼저, 학생들은 학습지(다음 사진 왼쪽)에 아홉 단계의 하브루타 질문을 각자 만든다. 이때 예시를 보여주면 훨씬 수월하게 질문을 만들 수 있다. 자신이 만든 아홉 단계의 질문 중 가장 매력적인 질문 4개를 가져와서 하브루타 토론을 한다. 만약, 짝과 같은 질문이 있다면 중복되지 않도록 다른 질문을 골라야 한다. 왼쪽 학습지에 질문을 만

학생이 만든 질문과 하브루타 토론 결과물[*]

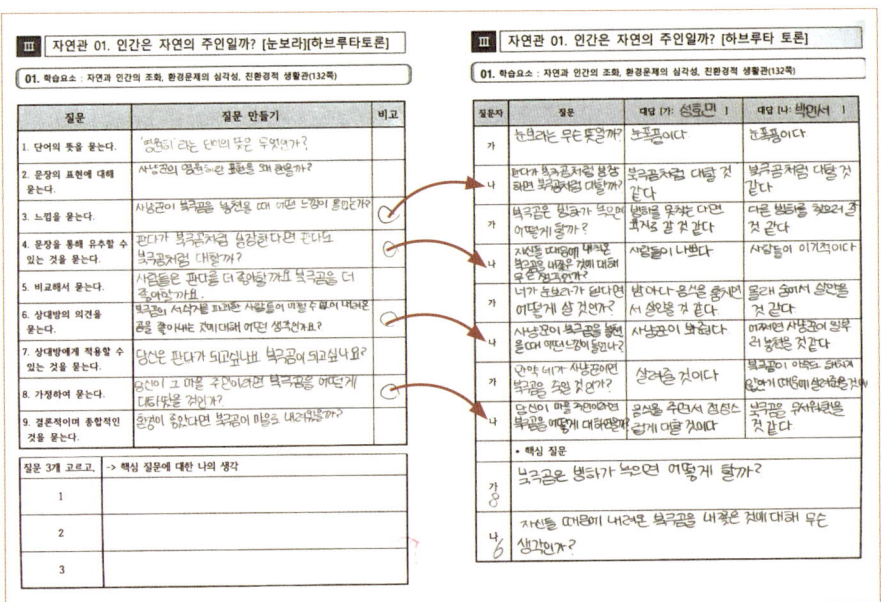

드는 과정 없이 바로 오른쪽 학습지에 질문을 만들면서 짝 토론을 할 수도 있다. 하지만 질문을 먼저 체계적으로 만들고 나면 오른쪽 학습지에 훨씬 좋은 질문이 선정되는 것을 볼 수 있다.

짝 토론하고 나면 가장 논쟁이 되었던 핵심 질문을 각각 하나씩 골라서 학습지 아래 적는다. 그리고 모둠원끼리 4개의 질문을 놓고 모둠 대표 질문을 선정하여 칠판에 붙인다.

---

[*] 『부모라면 유대인처럼 하브루타로 교육하라』 전성수, 위즈덤하우스, 167~169쪽

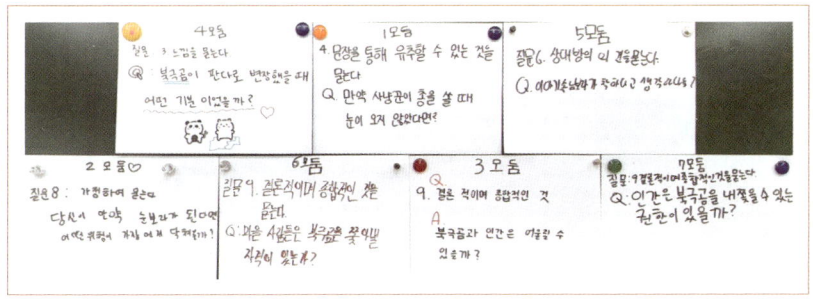

　이렇게 모둠에서 선정한 질문을 학급 전체와 이야기를 나누어보는 것도 의미가 있다. '결론적이고 종합적인 것을 묻는 질문'을 선정한 모둠이 세 모둠이나 되었다. 하브루타 질문은 첫 단계에서 아홉 번째 단계의 질문으로 갈수록 점점 더 고차원적인 질문으로 발전한다. 학생들은 이러한 고차원적인 질문에 훨씬 매력을 느낀다. 질문이 고차원적일수록, 답을 찾아가는 과정에서 학생들의 사고가 훨씬 확장된다.

　고차원적인 질문으로 이야기를 나눌 때는 질문 자체에서 이야기가 끝나지 않고, 자연스럽게 또 다른 질문으로 이어지게 된다. 예를 들어, 한참 이야기를 나누다가 누군가가 '북극곰 눈보라는 다시 마을로 내려올까?'라는 질문을 생각해낸다. 이 질문에 학생들은 '내려온다'와 '내려오지 않는다'로 논쟁한다. 논쟁이 이루어지는 질문을 나누는 것이 바로 하브루타 토론이다. 이 질문은 다시 '마을에서 쫓기듯 사라진 북극곰 눈보라는 살아남았을까?'라는 질문으로 이어진다. 역시 학생들은 '살아남았다'와 '살아남지 못했다'로 의견이 나누어지며 또 토론한다. 그 후 다시 '북극곰을 살릴 방법은 없는가?', '북극곰을 쫓아내거나 총을 쏘아 죽이는 것만이 해결책일까?', '우리가 살아가면서 서식지를 잃은 동물을 만난 적이 있나요?'로 끊임없이 꼬리를 물어가며 질문을 이어갔다. 이렇게 질문이 또 다른 질문으로 이어지며 답을 찾아가는 과정에 몰입하며 수업에 집중하는 모습을 보인다. 이것이 질문 수업의 매력이다.

　질문 수업은 절대 교사 혼자서 할 수 있는 수업이 아니다. 학생들에게 질문 수업의 중요성을 인식시키고, 이를 통해 질문 수업에 참여하도록 유도하는 것이 필요하다. 또한, 질문을 만드는 과정을 끊임없이 연습시켜 학생들이 스스로 사고하고 탐구하는 능력을 키울 수 있도록 해야 한다. 앞서 말한 바와 같이 질문의 필요성에 대한 이해를 바탕으로 질문 수업을 위한 환경을 조성하는 일은 무엇보다도 중요하다. 그런 공감대가 교사와 학생, 학생과 학생 간에 형성되었다면, 교실 수업에서 매시간 질문이 중요하다는 인식이 수업 과정에서 실천으로 이어져야 한다. 아주 쉽게 질문을 익힐 수 있는 단계부터 수업에 녹여 넣어야 한다. 첫 단계에서 질문이 놀이처럼 시작되고, 단계를 높여갈수록 학생들이 질문을 만드는 수준이 향상하는 것을 학생도 교사도 확인하게 된다. 단 한 번의 연습이나 경험이 아니라 시나브로 단계를 높여가며 다양하게 질문 만드는 방법을 연습시켜야 한다. 그런 과정을 거치고 나면, 수업 전반에 걸쳐 늘 질문이 살아있는 수업이 가능해진다. 지루하거나 질문을 배우는 데 스트레스를 받지 않도록 단계별로 학생들을 이끈다면, 자연스럽게 교사도 질문하고, 학생도 질문하는 교실이 될 것이다. 이런 수업은 교사도 학생도 성장하게 해준다.

　질문 수업은 교사가 일단 학생을 믿고 시작해야 한다. 그리고 학생들이 질문에 대한 두려움, 응답에 대한 두려움을 모두 내려놓고, 함께 문제를 해결해가는 데 참여할 수 있도록 이끌어주어야 한다. 늘 정답을 말해야 한다는 부담감으로 목소리를 쉽게 내지 못했던 학생들에게 이런 부담을 내려놓도록 하려면 교사가 수업을 통해서 체계적으로 질문 만들기를 연습시키고, 반복적으로 강조하면서 학생들에게 확신을 주어야 한다. 성공 여부는 교사의 의지에 달려 있다. 그리 어려운 일도 아니다. 왜냐하면, 아직 학생들은 뇌가 성장해가는 준비된 학습자이기 때문이다.

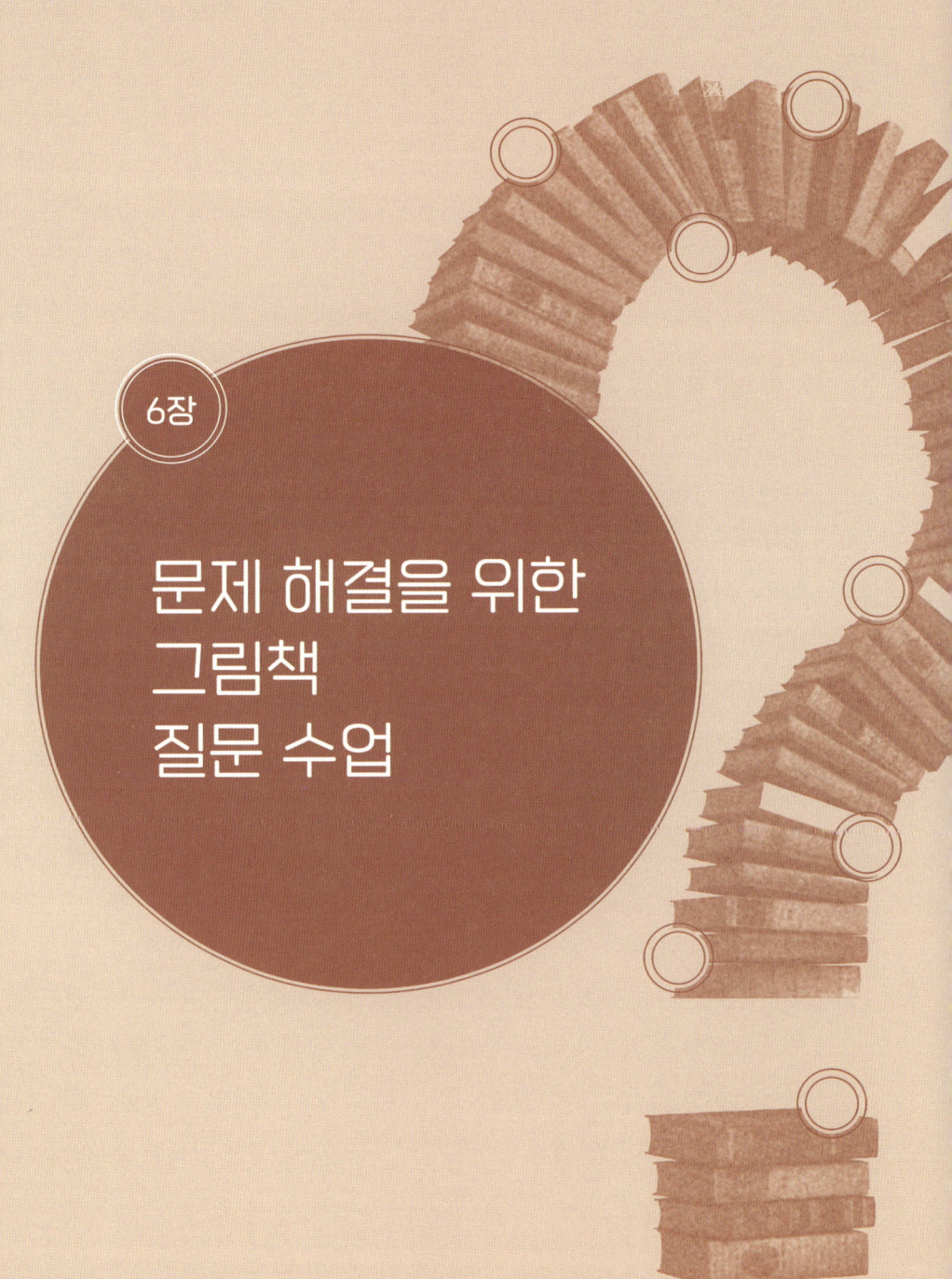

6장

문제 해결을 위한 그림책 질문 수업

　학생이 배움의 주체가 되기 위해서는 능동적이고 적극적으로 수업에 참여하고 지식의 특성에 맞는 방법으로 익혀야 한다. 질문은 학생이 수업에 참여하는 기본적인 수단이자 능동적인 참여의 시작이다. 2022 개정 교육과정 도입의 영향도 있지만, 궁극적으로 학생이 주체가 되는 수업으로의 변화를 위하여 질문 수업이 필요하다. 그렇다면 질문 수업은 어떻게 해야 할까?

　첫째, 학생이 수업의 주체가 되어야 한다. 교사는 수업을 통해 성취기준을 달성하기 위한 과정을 안내하고 평가하는 역할을 하지만, 수업에 직접 참여하고 활동하는 주체는 학생이어야 한다. 둘째, 교사는 학생이 수업에 주체적으로 참여할 수 있도록 교육과정을 재구성하고 수업 방법을 고민해야 한다. 교과서대로만 가르치는 시대는 끝났다. 2022 개정 교육과정에 따라 핵심 아이디어와 성취기준 중심으로 교육과정을 재구성해야 한다. 셋째, 질문에 열린 수업 분위기를 조성해야 한다. 누구나, 언제나 질문할 수 있어야 하고, 어떤 질문이든 허용되어야 한다. 학습에 호기심을 갖고 스스로 탐구하는 학생은 질문하기 마련이다. 그 질문을 공유하며 공부하고 삶의 문제를 해결해나가는 것이야말로 진정한 배움일 것이다.

문제를 해결하는 데 가장 중요한 것은 문제가 발생한 이유를 파악하는 것이다. 행복이 무엇인지 질문하는 학생이 있다면, 왜 그런 질문을 했는지 이유를 파악해야 한다. 단순한 호기심에서 나온 질문이 아니라 어떤 문제에 직면해 있는 상황이라면 근본적인 해결 방법을 찾아야 할 것이다. 원인을 알면 문제를 정확하게 진단하고, 해결 방법을 찾는 것도 어렵지 않을 것이다. 이를 위해 '왜라고 묻기', '답을 찾기', '평가하기'[*]를 활용하였다. 이것은 책을 깊이 이해하며 읽는 방법의 하나로 그림책을 읽고 활동하기에도 적절하다. 단, 그림책을 선정할 때 학생의 수준을 고려하여야 한다.

문제는 왜 문제일까? 학생들이 가정과 학교생활에서 경험하는 문제는 가정환경, 학업, 교우 관계, 진로, 경제적 문제 등 아주 다양하다. 이들 중에는 아주 심각한 상황으로 확대되어 부모와 교사까지 힘을 모아 해결해야 하는 문제도 있고, 당사자인 학생조차 인식하지 못할 만큼 가벼운 문제도 있다. 문제가 삶에 아무런 영향을 끼치지 않으면 괜찮겠지만, 삶이 흔들리고 부정적인 영향을 끼친다면 그냥 두어서는 안 된다. 그런 문제들을 인식하거나 발견하도록 하고, 해결하는 데 도움을 줄 수 있는 것 중의 하나가 그림책이다. 문제 해결을 위한 그림책 수업은 그림책을 통해 문제 상황을 인식하고 발견하여 자신의 삶에 적용하는 과정을 학습함으로써 삶을 더 적극적이고 주체적으로 살게 한다. 수업에 능동적으로 참여하며 스스로 문제를 발견하고 인식하여 해결할 힘을 키울 수 있을 것이다.

---

[*] 『달려라 논리 1』, 탁석산, 창비, 2014

문제와 관련된 인식 조사

그림책을 읽기 전에 문제와 관련하여 학생들의 인식을 조사한다. 학생들이 삶에 관해 어떻게 생각하고 느끼는지 알아보고, 가정이나 학교, 사회에서 문제를 겪고 있는지 파악하기 위한 문항으로 구성하였다.

문제 인식 조사 설문지

당신의 삶과 문제에 관한 인식을 조사하는 설문입니다.
솔직하게 답해주시기 바랍니다.

1. 당신은 행복한 삶을 살고 있습니까?
   ① 전혀 아니다 ② 조금 아니다 ③ 보통이다 ④ 조금 그렇다 ⑤ 아주 그렇다

2. 당신은 현재 자신의 모습에 만족합니까?
   ① 전혀 아니다 ② 조금 아니다 ③ 보통이다 ④ 조금 그렇다 ⑤ 아주 그렇다

3. 당신은 삶의 목표나 꿈을 갖고 실천하기 위하여 노력합니까?
   ① 전혀 아니다 ② 조금 아니다 ③ 보통이다 ④ 조금 그렇다 ⑤ 아주 그렇다

4. 당신은 가정에서 사랑받고 있습니까?
   ① 전혀 아니다 ② 조금 아니다 ③ 보통이다 ④ 조금 그렇다 ⑤ 아주 그렇다

5. 당신의 가족은 당신이 필요로 할 때 도움을 줄 수 있습니까?
   ① 전혀 아니다 ② 조금 아니다 ③ 보통이다 ④ 조금 그렇다 ⑤ 아주 그렇다

6. 당신이 필요로 하는 것을 가질 수 있는 경제적 형편이 됩니까?
   ① 전혀 아니다 ② 조금 아니다 ③ 보통이다 ④ 조금 그렇다 ⑤ 아주 그렇다

7. 학교와 사회에서 문제없이 생활하고 있습니까?
   ① 전혀 아니다 ② 조금 아니다 ③ 보통이다 ④ 조금 그렇다 ⑤ 아주 그렇다

8. 학교와 사회에서 존중과 신뢰를 받고 있습니까?
   ① 전혀 아니다 ② 조금 아니다 ③ 보통이다 ④ 조금 그렇다 ⑤ 아주 그렇다

9. 당신에게 문제가 생겼을 때 스스로 해결할 수 있습니까?
   ① 전혀 아니다 ② 조금 아니다 ③ 보통이다 ④ 조금 그렇다 ⑤ 아주 그렇다

10. 가정이나 학교가 아니더라도 도움이나 지원을 받을 수 있는 곳이 있습니까?
    ① 전혀 아니다 ② 조금 아니다 ③ 보통이다 ④ 조금 그렇다 ⑤ 아주 그렇다

11. 당신의 삶에 문제가 있다면 어떤 문제인지 간략하게 적어 주세요. (문제가 없으면 '문제 없음'이라고 적으면 됩니다.)

♣ 설문에 응답해주셔서 감사합니다. ♣

1번부터 3번까지는 개인적인 문항, 4번부터 6번까지는 가정과 관련된 문항, 7번부터 10번까지는 학교나 사회와 관련된 문항이다. 11번 문항은 문제를 겪고 있다면, 구체적으로 어떤 문제인지 파악하여 원하는 경우 도움을 주기 위해 조사하였다. 무기명 조사이지만 학생들의 삶에 실질적인 도움이 되기를 바라는 마음으로 수업을 설계하였다. 학생들뿐만 아니

라 누구나 살아가면서 크고 작은 다양한 문제를 겪기에 설문조사 결과를 수업 동기 유발 단계에 활용하고 나아가 학생의 삶과 가정, 학교, 사회에 의미 있는 영향을 미칠 수 있기를 바랐다.

1단계 : 그림책 읽기

『문제가 문제야』(신순재 글, 조미자 그림, 천개의바람)는 문제 풀기 좋아하는 양과 양을 위해 늘 문제를 생각하는 늑대 이야기이다. 늑대가 내는 문제는 아주 쉬운 더하기부터 난센스 퀴즈도 있고, 답을 알기 힘든 문제도 있다. 늑대는 양이 문제를 어려워할 때 힌트를 주기도 하고, 양이 낸 문제를 풀거나 맞히기도 한다. 문제 중에는 혼자 해결할 수 없어 여럿이 힘을 합쳐야 풀 수 있는 것도 있다. 이 그림책은 우리 삶을 힘들고 괴롭게 하는 문제를 어떻게 대하고 해결해야 하는지 생각해보도록 한다.

그림책을 읽기 과정에 따라 읽기 전, 읽기 중, 읽기 후로 읽게 하였다. 이 방법은 학생들의 호기심과 상상력을 자극하고, 그림책을 집중해서 읽게 하며, 다 읽은 후에도 생각하고 고민하게 한다. 무엇보다 읽기 전 단계에서 학생들의 질문을 자연스럽게 유발할 수 있다.

먼저, 그림책을 읽기 전에 읽기 목적을 정하고, 제목과 표지를 보며 내용을 예측해본다. 문제와 관련된 경험을 떠올리며 배경지식을 활성화하고, 궁금한 점이나 알고 싶은 점 등을 중심으로 질문을 만든다. 적절한 질문으로 문제를 발견하고 협력적 의사소통 과정을 통해 해결하는 것이 수업의 목표이기 때문에, 『문제가 문제야』를 읽는 목적은 '문제 해결 방

읽기 과정 단계별 주요 활동

단계	주요 활동
읽기 전	1) 읽기 목적 정하기
	2) 그림책의 제목과 표지 보며 내용 예측하기
	3) 그림책과 관련된 자신의 경험 떠올리며 배경지식 활성화하기
	4) 궁금한 점, 알고 싶은 점 등을 중심으로 질문 만들기
읽기 중	1) 읽기 전에 예측한 내용이 맞는지 확인하기
	2) 미리 만들어 놓은 질문의 답 찾기
	3) 글의 중심 내용과 작가의 의도 파악하기
	4) 그림책의 내용에 공감하거나 비판하며 의미 이해하기
읽기 후	1) 인상적인 장면이나 부분 찾기
	2) 내용 요약하여 정리하기
	3) 새롭게 알게 된 내용을 정리하고 더 알고 싶은 내용 생각하기
	4) 그림책을 통해 새롭게 알게 된 내용 자신의 상황에 적용해보기

법 알기'로 정하였다. 제목과 표지를 보며 내용을 예측할 때는 『문제가 문제야』와 관련하여 '양과 늑대 사이에 일어난 문제를 해결해 나가는 과정이 담겨 있을 것 같다', '양과 늑대 사이에서 일어나는 문제를 해결하는 방법을 알려줄 것 같다', '인간 사회의 갈등을 의인화한 동물을 통해 표현하는 그림책인 것 같다' 등과 같은 예측이 많았다. 대부분의 학생은 늑대가 양을 잡아먹으려다 문제가 발생할 것 같다는 추측을 하며 그림책에 흥미를 보였다. 그러나 표지 그림을 보면 늑대와 양이 사이좋게 알록달록한 자연을 배경으로 사이좋게 소풍을 즐기고 있는 것처럼 보여 궁금증을 더하였다. 제목을 보고 모르는 수학 문제를 오랜 시간 풀었던 경

험을 떠올리며 문제와 관련된 배경지식을 활성화하는 학생도 있었다. 다양한 읽기 전 활동을 바탕으로 학생들이 만든 질문을 알아보고 그림책을 함께 읽었다.

읽기 전 활동에서 만든 질문
- 제목 '문제가 문제야'라는 것은 무슨 뜻일까?
- 그림책에서 말하는 '문제'는 무엇일까?
- 양과 늑대는 어떤 관계일까? 사이가 좋을까?
- 왜 하필 양과 늑대를 주인공으로 설정했을까?
- 표지의 늑대와 양을 사이가 좋아 보이게 그린 이유는 무엇일까?
- 일반적인 동화에서는 늑대가 양을 잡아먹는 경우가 많은데 여기서도 그럴까?
- 늑대와 양 사이에 어떤 문제가 일어나고, 어떻게 해결해 나갈까?
- 늑대와 양 사이가 좋아 보이는데 갈등이 일어날까?

『문제가 문제야』는 늑대와 양이 문제를 내고 푸는 역할을 바꾸기도 하면서 내용이 진행되기에 교사가 읽어주는 것이 좋다. 처음 읽을 때는 학급 전체가 집중하는 것이 좋기에 교사나 그림책 읽기에 능숙한 대표 학생이 읽는 것이 좋다. 4~5명이 한 모둠이 되어 그림책을 한 권씩 보면서 함께 문제의 답을 찾아보면 더욱 재밌게 읽을 수 있다. 계속 문제를 내고 푸는 형식이 반복되기에 이 과정을 따라가며 교사는 학생들이 답을 찾을 때까지 기다리면서 천천히 읽는 것이 좋다. 『문제가 문제야』에서 늑대와 양이 내는 문제와 답을 정리해보면 문제의 종류를 알 수 있고, 해결 방법

늑대와 양이 내는 문제와 답

번호	문제	답
1	무당벌레 한 마리 더하기 무당벌레 한 마리는?	무당벌레 두 마리
2	나비 한 마리 더하기 나비 한 마리는?	나비 두 마리
3	방울새 한 마리 더하기 방울새 한 마리는?	방울새 두 마리
4	무당벌레 한 마리 더하기 꽃향기 한 줌은?	음…
5	초록 모자를 쓰고 빨간 옷을 입은 것은 뭘까? 힌트를 줄게. '과일'이야.	딸기
6	〈이하 생략〉	

도 알아갈 수 있다.

그림책을 읽으며 늑대와 양이 내는 문제와 답을 풀어 보고 문제에 대하여 생각해볼 수 있다. 이를 통해 '문제'란 무엇인지 정의를 내려보고, 사전적 정의를 찾아 정확한 의미를 확인한다.

그림책으로 찾은 '문제'의 정의	'문제'의 사전[*]적 정의
1. 계산하거나 푸는 것 2. 질문 3. 퀴즈, 난센스 퀴즈 4. 수수께끼 5. 고민거리 6. 삶의 방해물 7. 해결해야 하는 것	1. 해답을 요구하는 물음. 　예) 연습 문제 2. 논쟁, 논의, 연구 따위의 대상이 되는 것. 　예) 환경 오염 문제 3. 해결하기 어렵거나 난처한 대상. 또는 그런 일. 　예) 문제가 생기다.

---

[*] 네이버 국어사전

읽기 전 활동에서 만든 질문 중 '그림책에서 말하는 문제는 무엇일까?'의 답을 찾으며 학생들이 생각하고 찾은 문제의 정의와 사전적 정의와 비교하여 '문제'의 의미를 정확하게 알아본다. 그림책 내용을 요약하고 정리하며 문제의 종류와 그에 따른 해결 방법을 파악할 수 있다. 그림책을 읽으며 답을 맞히는 과정을 함께 읽다 보면 자연스럽게 문제와도 친해질 수 있다. 늑대와 양의 대화를 통해 풀기 쉬운 문제와 풀기 어려운 문제, 답을 잘 아는 문제와 알 수 없는 문제가 있음을 알 수 있다. 또, 혼자서는 풀 수 없는 문제와 아무리 풀려고 해도 잘 안 풀리는 문제는 어떻게 해야 하는지, 수많은 문제에서 길을 잃을 때나 도망치고 싶을 때 어떻게 해야 하는지 등 다양한 문제와 문제 상황에 대하여 알아본다.

그림책을 읽는 동안에는 내용 파악과 그림 이해에 집중하고, 활동지는 그림책을 다 읽은 후에 정리한다. 읽기 전 활동에서 예측한 내용이 맞는지, 미리 만든 질문의 답은 무엇인지 확인하며 글의 중심 내용과 작가의 의도를 파악한다. 또, 공감되는 내용이나 비판하고 싶은 내용이 있으면 전체적으로 공유하면서 그림책을 이해한다. 한 학생은 읽기 전 활동에서 늑대와 양에게 문제나 갈등이 일어날 것이라고 예측했는데 틀려서 당황하기도 했지만, 늑대와 양의 관계에 대한 자신의 선 입견을 발견해서 재밌다고 했다. 늑대와 양이 서로 의지가 되는 친구이자 인생의 교훈을 알려주며 선한 영향을 주고받는 관계여서 좋았다는 학생도 있었다.

그림책을 읽은 후 활동지를 정리하며 전체 내용을 요약하고 새롭게 알게 된 내용과 더 알고 싶은 내용을 생각해보았다. 그림책을 통해 파악한 문제와 그에 대한 해결 방법을 수업에 적용할 때는 그림책을 통해 파악한 다양한 삶의 문제를 해결하는 방법이 사람마다 다를 수 있다는 것을 알아야 한다. 각자가 살아가는 환경이나 처지, 입장 등이 다를 수 있기에 해결 방법도 정답이 있다고 생각하기보다는 최선의 답을 찾으려고 해야 한다. 자신이 경험하는 문제를 직시하고 그 문제에 어떻게 대처하며 해결할 것인지 능동적으로 탐색하면서 타인의 다양성과 개별성을 존중해야 한다.

2단계 : 질문 만들기

그림책 읽기를 통해 문제의 정의를 이해하고 문제에 따라 어떻게 대처해야 할지 파악한 후 질문 만들기를 한다. 그림책을 읽으며 집중하는 학생들은 글이나 그림과 관련된 질문을 만들면서 스스로 답을 찾아보았을 것이다. 이것을 질문의 단계에 따라 구분하고, 어떤 질문들이 삶에 적용할 수 있는지 알아본다. 질문의 단계는 보통 그림책의 내용을 확인하는 질문, 이를 바탕으로 내용을 이해하는 질문, 토의와 토론을 통해 판단하고 선택하는 질문으로 나눌 수 있다. 이 과정을 통해 학생들이 자신이나 학교, 사회의 문제를 발견하여 해결 방안을 찾아보도록 한다. 문제 해결을 위해서는 끊임없이 스스로 질문하고 답을 찾는 자세가 습관이 되어야 한다. 『문제가 문제야』에 대한 질문을 만들고 답을 찾아보면서 삶의 문제에 접근하고 해결 방안을 찾도록 한다.

학생들이 만든 내용 확인 질문
- 문제 풀기를 좋아하는 동물은 누구인가?
- 초록 모자를 쓰고 빨간 옷을 입은 것은 무엇인가?

- 늑대가 풀어야 했던 문제의 답은 무엇인가?
- 양은 문제를 풀기 싫을 때 어떻게 하였나?
- 어려운 문제를 잘 풀게 하는 방법은 무엇이었나?
- '아무리 생각해도 답을 알 수 없는 문제'는 무엇이었나?
- 배에 구멍이 난 문제를 어떻게 해결하였나?
- 아무리 풀려고 해도 잘 안 풀리는 문제는 어떻게 해야 한다고 하였나?

학생들이 만든 내용 이해 질문
- 왜 양과 늑대가 주인공일까?
- 양과 늑대는 무슨 관계일까?
- 늑대는 왜 양을 위해 늘 문제를 생각했을까?
- 늑대가 왜 강아지를 무서워할까?
- 양은 배에 구멍이 난 문제를 왜 '아주 작은 문제'라고 했을까?
- '때로는 답을 맞히는 것보다 문제가 중요'하다는 것은 무슨 뜻일까?
- 왜 하늘을 여러 가지 색깔로 표현했을까?
- 이 책에서 말하는 '문제'란 무엇일까?
- 가만히 문제를 내려놓는 것은 어떻게 하는 것일까?
- 앞면지와 뒷면지는 무슨 뜻일까?
- 이 그림책을 쓰고 그린 작가의 의도는 무엇일까?

학생들이 만든 판단 및 선택 질문
- 고래를 바다로 돌려보내는 문제를 혼자 풀 수는 없을까?

- 문제가 너무 크면 도망가야 할까, 맞서서 부딪혀야 할까?
- 문제 속에서 길을 잃고 허우적대더라도 꼭 답을 찾아야 할까?
- 답이 없는 문제도 가치가 있을까?
- 답이 중요할까, 문제가 중요할까?
- 모든 문제는 나쁠까?

그림책을 읽으며 질문을 만들고 답을 찾는 활동을 하면서 문제에 관하여 충분히 생각하고 이해한 후 이야기를 육하원칙에 따라 정리해보도록 한다. 육하원칙은 기사문을 쓸 때 반드시 지켜야 하는 필수 요소로 누가, 언제, 어디서, 무엇을, 어떻게, 왜의 6가지를 가리킨다. 육하원칙은 이야기나 사건을 간단하게 정리하고 요약하는 방법으로 활용할 수 있다.

문제 해결을 위한 그림책 질문 수업에서는 그림책을 읽고 '왜'에 해당하는 내용을 제외한 다섯 가지 사항을 먼저 요약해보도록 한다. 그런 후 3단계 활동을 통해 왜라고 묻고 답을 찾으며 본격적인 질문 수업을 시작한다.

육하원칙에 따라 그림책 요약하기
- 누가: 문제 풀기를 좋아하는 양과 양을 위해 늘 문제를 생각하는 늑대가
- 언제: 함께 할 때마다
- 어디서: 산, 들, 바다 등에서
- 무엇을: 다양한 문제들을
- 어떻게: 해결하면서 살고 있다.

3단계 : '왜'라고 묻고 답하기

그림책의 줄거리를 요약하고, 마지막에 '왜'라고 묻고 답하게 한다. 그러면 자연스럽게 질문하게 되고, 질문에 대한 답을 찾으면서 왜라고 질문하는 습관이 생기게 된다. 질문을 쉽게 하도록 하는 방법이 바로 '왜라고 묻기'이다. 학생들은 누가, 언제, 어디서, 무엇을, 어떻게 했는지 다섯 가지에 대한 답은 쉽게 찾는 편이지만 '왜' 그랬는지 답을 찾는 것은 어려워하는 편이다. 이유를 찾으려면 그림책의 내용을 잘 이해하고 해석해야 하고, 그림책을 잘 이해하고 해석하려면 글과 그림에 집중해서 읽어야 하기 때문이다. 깊이가 있는 그림책은 집중해서 읽어도 '왜'에 답하기 어려울 수 있다. 육하원칙에 따라 『문제가 문제야』를 요약한 후 학생들에게 '왜'에 답하게 해보았다.

문제 풀기를 좋아하는 양과 양을 위해 늘 문제를 생각하는 늑대가
함께 할 때마다 산과 들, 바다 등에서 다양한 문제들을 해결하면서 살고 있다.
왜 그럴까?

이 질문을 짧게 줄이면 '양과 늑대는 왜 문제를 해결하며 살아가는 것일까?'로 요약할 수 있다. 심심풀이로 재밌게 즐기면서 풀 수 있는 문제부터 답하기 어려운 문제, 답을 알 수 없는 문제, 혼자서는 풀 수 없는 문제 등 다양한 문제들을 해결해가는 모습을 지켜본 학생들이 찾은 답은 다양하였다.

- 우리는 항상 문제와 함께 살아가기 때문이다. 수학 문제, 저녁 메뉴 문제, 친구와의 문제 등 문제없는 삶은 없기 때문에 이런 문제를 해결하며 살아가는 것이 우리 삶이라고 할 수 있다. 그래서 양과 늑대도 항상 문제와 함께 살아가기 때문에 문제를 해결하며 살아갈 수밖에 없다.
- 한 가지 문제를 해결하지 않으면 그다음 문제를 풀기 어렵기 때문이다. 어떤 문제든 해결을 해야 다른 일을 할 수 있다. 해결되지 않은 문제가 있으면 잠이 오지 않고 계속 그 문제만 생각나서 다른 일에 집중할 수 없기 때문이다.
- 문제를 푸는 재미가 있기 때문이다. 특히, 양은 문제 풀기를 좋아해서 늑대에게 문제를 내어 달라고 하기도 하고, 늑대에게 문제를 내기도 하면서 재미를 느끼는 것 같다. 수학 문제 풀기를 좋아하는 친구나 난센스 퀴즈 내는 것을 좋아하는 친구처럼 문제 자체를 해결하는 것이 재밌기 때문이다.
- 문제를 풀면서 지식과 마음이 성장하기 때문이다. 쉬운 문제부터 점점 어려운 문제를 해결하면서 인간은 성장하는 것 같다. 문제를 풀면서 지식이 쌓이기도 하고, 한 가지 문제를 해결하면 더 어려운 문제나 커다란 문제가 닥쳐도 문제를 풀었던 경험을 떠올리며 도전할 수 있을 것이다.

4단계 : 평가하기

학생들이 찾은 답을 스스로 평가하고, 모둠별로 가장 적절하다고 생각하는 답을 찾아보게 한다. 각자 찾은 답을 서로 평가하며 모둠별로 가장 잘 쓴 답을 선정한다. 선정 기준은 아래와 같이 적합성, 타당성, 공감성의 3가지 항목을 정하고 별점으로 평가하게 하였다. 개인별 별점을 부여한 후 모둠의 별점 합계가 가장 높은 답을 잘 쓴 답으로 선정하여 다시 적어봄으로써 핵심 질문을 파악하고 답을 찾는 능력과 문장력까지 향상될 수 있다.

번호	평가 항목	별점	모둠 별점 합계
1	[적합성] 질문의 의도를 잘 파악하고 답하였는가?	☆ ☆ ☆ ☆ ☆	
2	[타당성] 찾은 답이 논리적으로 타당한가?	☆ ☆ ☆ ☆ ☆	
3	[공감성] 누구나 공감할 수 있는 답인가?	☆ ☆ ☆ ☆ ☆	

앞에서 학생 1, 2, 3, 4가 답한 내용들이 모둠별로 가장 잘 쓴 답으로 뽑혔다. 가장 잘 쓴 답을 바탕으로 '왜'라는 질문에 대한 답을 한 문장으로 정리하는 시간을 갖는다. 학생들이 스스로 답을 찾아 적으면서 자연스럽게 육하원칙이 완성된다.

— 왜: 삶에는 다양한 문제들이 존재하고 우리는 그 문제들을 해결하며 살아가야 하기 때문이다.

학생들은 양과 늑대의 삶에서 문제가 부각되어 있는 장면들을 바탕으로 작가의 의도를 파악한다. 다양한 문제 상황을 살펴보며 문제가 우리 삶과 밀접한 관련이 있다는 것을 깨닫게 된다. 그 결과 '왜'라는 질문에 대한 답을 찾게 되고, 그림책을 이해하며 질문하고 답하는 과정에 익숙해진다.

육하원칙에 따라 내용을 정리하는 과정은 다른 그림책을 읽을 때도 적용할 수 있다. 그림책을 읽을 때마다 읽기 전, 중, 후 활동을 차례대로 하면서 읽을 수 없어도 읽은 후 육하원칙에 따라 정리하는 습관을 들이면 내용 파악에 큰 도움이 된다. 그림책의 특성에 알맞은 적절한 활동을 하도록 교사가 안내하고, 이에 따라 그림책 읽기에 익숙해진 학생들은 스스로 질문하고 내용을 파악하며 읽게 될 것이다.

5단계 : 문제 해결 방안 찾기

이 단계에서는 학생들이 삶에서 부딪히는 문제를 질문을 통해 찾고 해결 방안을 고민해본다. 배운 것에 머물지 않고 실제 삶에서 겪는 다양한 문제를 어떻게 해결하면 좋을지 생각하고 방법을 찾는 과정이야말로 배움이 일어나는 수업이라고 할 수 있다. 『문제가 문제야』를 육하원칙에 따라 읽고 질문하기 활동을 통해 문제의 중요성과 다양한 문제들의 해결 방법을 찾아본 것을 바탕으로 실제 삶에 적용해서 해결 방안을 찾는 토의를 하였다.

학생들의 삶에는 다양한 문제가 존재한다. 학급이나 학교 차원의 문제도 있고, 우리가 살아가는 사회에도 학생들의 시각에서 문제라고 볼 수 있는 현상이나 사건들이 있을 것이다. 그중에서 친구들과 토의하고 싶은 문제와 그 이유를 적고 발표한 후 모둠별로 한 가지 주제를 정하도록 하였다. 『문제가 문제야』를 읽고 질문을 만들어보며 나눈 문제나 평소 문제라고 생각한 주제들이 다양하게 논의되었다. 그래서 모둠원들과 토의하고 싶은 주제를 정할 때는 가장 문제라고 생각하는 주제, 우선적으로 해결해야 하는 주제를 정하고, 그 문제를 토의하고 싶은 이유도 함께 말한다. 각자 토의하고 싶은 문제와 토의하고 싶은 이유를 발표하여 모둠 토의 문제를 정한다. 모둠 토의 문제 가운데 하나를 골라 학급 대표 문제로 정하고 전체 토의를 진행한다. 토의를 하기 전에 토의의 정의, 구성 요소, 상황 맥락, 사회문화적 맥락 등에 관한 선행학습이 필요하다.

모둠	토의하고 싶은 문제	토의하고 싶은 이유
1	저출산과 고령화를 해결할 방안은 무엇일까?	최근 한국의 저출산과 고령화가 심각해져서
2	문제를 피해야 한다는 인식을 어떻게 바꿀 수 있을까?	문제에 맞서 발전하려고 하지 않고 피하려고만 하기에
3	한국 사회가 문제를 해결해나가는 과정보다 결과, 즉 답을 맞히는 것을 더 중요시하는데 이러한 사회적 인식이 왜 생겨났고 이로 인한 문제점을 어떻게 해결할 수 있을까?	답이나 결과, 목표를 중시함으로써 부정적인 문제가 많이 발생하는 것 같기 때문에
4	아무리 풀려고 해도 풀리지 않는 문제는 내려놓는 것만이 정답일까?	문제를 내려놓는다는 건 삶을 포기하는 것 같기 때문에 더 나은 해답을 찾고 싶어서
5	학생들의 비속어 사용을 줄일 방법은 무엇일까?	학생들의 비속어 사용이 최근에 더욱 심해지는 것 같기 때문에

모둠에서 선정한 문제 중에서 학급 대표 문제로 선정하여 토의한 문제는 '과정보다 결과를 중시하는 사회적 인식이 왜 생겨났을까? 이로 인한 문제점을 어떻게 해결할 수 있을까?'이다. 토의 자료를 조사할 때 대표적인 사례를 수집하고 구체적인 해결 방안을 찾아보았다. 과정보다 결과를 중시하는 대표적인 사례로는 경쟁을 과하게 유발하는 한국의 입시 제도, 진로가 아니라 성적에 맞춘 대학 결정, 결과 지향적인 스포츠 문화(체육대회, 학급 대항 스포츠 경기) 등을 들었다. 토의에 참여한 학생들이 중학교 3학년이기에 진로와 입시에 관심이 높고, 체육 교과와 운동에 관심이 많은 특성을 보였다. 이 문제를 해결하기 위한 방안을 협의한 결과는 다음과 같다.

〈토의 문제〉
과정보다 결과를 중시하는 사회적 인식이 왜 생겨났고, 이로 인한 문제점을 어떻게 해결할 수 있을까?

〈해결 방안〉
첫째, 자신만의 신념을 가지고 능동적으로 한 순간 한 순간의 과정에 집중하는 태도를 형성해야 한다.
둘째, 1위, 2위, 3위와 같이 순위에 얽매인 상을 제외하고 참여에 의미를 둔 상(응원상, 질서상, 코믹상 등)을 만들어야 한다.
셋째, 초등학교와 중학교 내에서 진로 체험 프로젝트를 추진하여 학생들의 진로를 구체화하고 실질적인 노력을 할 수 있도록 해야 한다.

학생들이 제시한 해결 방안을 종합하면, 결과를 중시하는 사회적 인식을 해결하기 위하여 개인과 사회가 모두 노력해야 한다는 결론을 얻었다. 개인은 자신의 주관과 신념을 뚜렷하게 형성하고 결과를 지향하는 인식 속에서도 자신을 다스릴 줄 아는 사람이 되도록 노력해야 한다는 것이다. 이를 뒷받침하기 위하여 사회적 실천 방안을 고민하였다. 대학교 입학 후 1년 동안 관심 있는 학과의 강의를 다양하게 수강해보고 적성에 맞는 전공을 선택하는 제도를 도입하자는 것이다.

  학생들이 문제를 찾고 이를 해결하기 위해 토의하는 과정은 한마디로 놀라웠다. 교사는 방법만 안내해주었을 뿐, 학생들 스스로 그림책을 읽으며 질문하고 답을 찾았으며, 문제를 찾고 대표 문제를 정해 토의를 하였다. 진행자와 토의자가 규칙에 따라 토의에 적극적으로 참여함으로써 학생들은 스스로 질문하고 탐구하는 사람이 되어갔다. 질문 수업의 설계는 교사가 하지만 수업이라는 무대 위에서 학생들이 능동적이고 주도적으로 참여함으로써 진정한 배움이 일어났다.

질문 수업을 위한 그림책 추천

  육하원칙에 따라 정리하며 '왜'라고 묻고 답을 찾는 활동을 하기에 적절한 그림책을 추가로 추천한다. 질문 수업을 위해서는 교사가 학생들의 수준에 맞고 질문을 유발하여 문제가 있다면 해결 방법을 고민할 수 있는 그림책을 선정하는 것이 중요하다. 학생들의 연령과 수준에 따라 질문과 호기심을 유발하는 적절한 그림책을 소개한다.

『이야기를 잃어버린 세상에서 생긴 일』(구리디 글·그림, 김정하 옮김, 주니어김영사)은 단어로 이야기를 만들어 마을 사람들에게 들려주는 '옛날 옛날에' 씨의 이야기이다. 새로운 단어로 이야기를 만들어 사람들의 평범한 일상을 잊을 수 없는 순간으로 바꾸어 주던 '옛날 옛날에' 씨가 어느 아침 갑자기 말하기를 멈춘 후 마을이 혼란에 빠진다. 이 이야기를 읽고 육하원칙에 따라 정리하며 자연스럽게 왜라고 묻도록 할 수 있다.

육하원칙에 따라 그림책 요약하기

육하원칙	학생 5
누가	마을 사람들은
언제	'옛날 옛날에' 씨가 이야기를 만들어 들려주었을 때
어디서	마을에서
무엇을	단어를
어떻게	선물하였다.
왜	재미있는 이야기를 만들어 경이로운 세계를 경험하고 싶었기 때문이다.

학생 5는 그림책을 요약하며 단어로 만든 이야기의 효과를 탐색하는 질문을 만들고 답을 찾았다. 답을 찾기 힘든 질문을 하는 학생도 간혹 있지만, 대부분 질문을 만들고 답을 찾는 과정을 즐기며 참여하였다. 혼자 답을 찾기 힘든 질문은 모둠원들과 찾거나, 학급의 모든 학생이 함께 답을 찾아보았다. 답을 찾기 위하여 그림책을 더 집중해서 읽고 그림을 살펴보며 이해하는 동안 자신들만의 답을 찾기 시작하였다.

특히, 이 그림책은 읽기 중에 '옛날 옛날에' 씨가 말하기를 멈추었을 때 자연스럽게 '왜'라는 질문을 하게 만들고, '어떻게' 하면 다시 말하도록 할 수 있을지 마을 사람들이 고민하고 노력하는 과정이 전개된다. '옛날 옛날에' 씨가 왜 말을 멈추었는지 학생들에게 답을 찾아보게 하였다. 다양한 답이 나왔지만, 가장 설득력 있는 답으로 평가받은 것은 '끝이라는 말을 기다리고 있었기 때문이다. 모든 이야기는 시작이 있으면 끝이 있고, 이야기 하나가 끝이 나야 새로운 이야기가 시작되기 때문이다'였다. 답을 찾은 학생을 제외하고 5명이 평가하여 적합성, 타당성, 공감성 면에서 모두 만점을 받았다.

번호	평가 항목	별점	모둠 별점 합계
1	[적합성] 질문의 의도를 잘 파악하고 답하였는가?	☆ ☆ ☆ ☆ ☆	25점
2	[타당성] 찾은 답이 논리적으로 타당한가?	☆ ☆ ☆ ☆ ☆	25점
3	[공감성] 누구나 공감할 수 있는 답인가?	☆ ☆ ☆ ☆ ☆	25점

『우리를 인간답게 만드는 것은』(빅터 D.O. 산토스 글, 안나 포를라티 그림, 김서정 옮김, 한빛에듀)은 서술자 '나'가 자신에 관하여 설명하는 내용으로 구성되어 있다. 마치 스무고개 퀴즈처럼 특징을 하나, 둘 읽으며 '나'가 누구인지를 추리하는 재미가 쏠쏠하다. 아주 오래전부터 있었고, 뿌리가 수천 년 전부터 자랐고, 어디에나 있는 것은 과연 무엇일까? 그림책을 다 읽을 때까지 답을 찾지 못하는 학생도 간혹 있지만, 제목과 관련하여 인간을 인간답게 만드는 것이 무엇일지 조금만 생각하면 대부분은 알아챈다. 그림책을 읽으며 언어의 중요성을 깨닫고, 특성도 자연스럽게 파

육하원칙에 따라 그림책 요약하기

육하원칙	학생 6
누가	나는
언제	아주 오래전부터
어디서	모든 나라, 모든 도시, 모든 학교, 그리고 모든 집에서
무엇을	세상을 바라보고 이해하는 눈이 되는 문화를
어떻게	만들어주었다.
왜	나는 모양도 소리도 여러 가지이고, 세상에는 수천 개의 내가 있기 때문이다.

약하게 된다.

　육하원칙에 따라 그림책의 내용을 파악하면서 왜라는 질문에 답을 찾는 동안 언어의 특징을 파악하게 되고 질문하고 답을 찾는 능력도 길러질 것이다. 언어의 특징을 파악하며 질문을 만들고 이해해야 하기에 찾은 답에 대한 상호평가 별점이 학생의 수준이나 특성에 따라 차이가 나기도 하였지만, 대체로 내용을 요약하고 질문을 만들어 답을 찾는 활동 자체만으로도 별점을 높게 부여하는 경향이 나타났다.

번호	평가 항목	별점	모둠 별점 합계
1	[적합성] 질문의 의도를 잘 파악하고 답하였는가?	☆ ☆ ☆ ☆ ☆	25점
2	[타당성] 찾은 답이 논리적으로 타당한가?	☆ ☆ ☆ ☆ ☆	22점
3	[공감성] 누구나 공감할 수 있는 답인가?	☆ ☆ ☆ ☆ ☆	23점

이렇게 그림책을 읽고 활동한 경험을 바탕으로 학급, 학교, 사회의 여러 문제 중 토의하고 싶은 문제를 골라 해결 방법을 찾아봄으로써 삶에 적용할 수 있다. 문제 해결을 위한 그림책 질문 수업에서 활용할 그림책은 번거롭고 힘들겠지만, 교사가 직접 읽고 선정해야 한다. 학생들의 관심과 흥미를 끌 수 있으면서 수준에 맞아야 하기 때문이다.

앞에서 소개한 그림책 세 권을 중학교 수업에 활용해보니 '왜라고 묻기', '답을 찾기', '평가하기'를 통해 문제 해결 방법을 찾는 활동에 적합하였다.『문제가 문제야』를 통해 수업 시간에 그림책을 읽으며 내용을 파악하고 질문 만들기를 연습한 후,『이야기를 잃어버린 세상에서 생긴 일』과『우리를 인간답게 만드는 것은』을 통해 '왜라고 묻기', '답을 찾기', '평가하기'를 적용하여 활동해보도록 하였다.『이야기를 잃어버린 세상에서 생긴 일』은 이야기가 생기는 과정과 이야기의 기능을 생각해볼 수 있고,『우리를 인간답게 만드는 것은』을 통해 언어의 기능과 역할에 대하여 알 수 있다.

7장 개념기반 질문 탐구수업

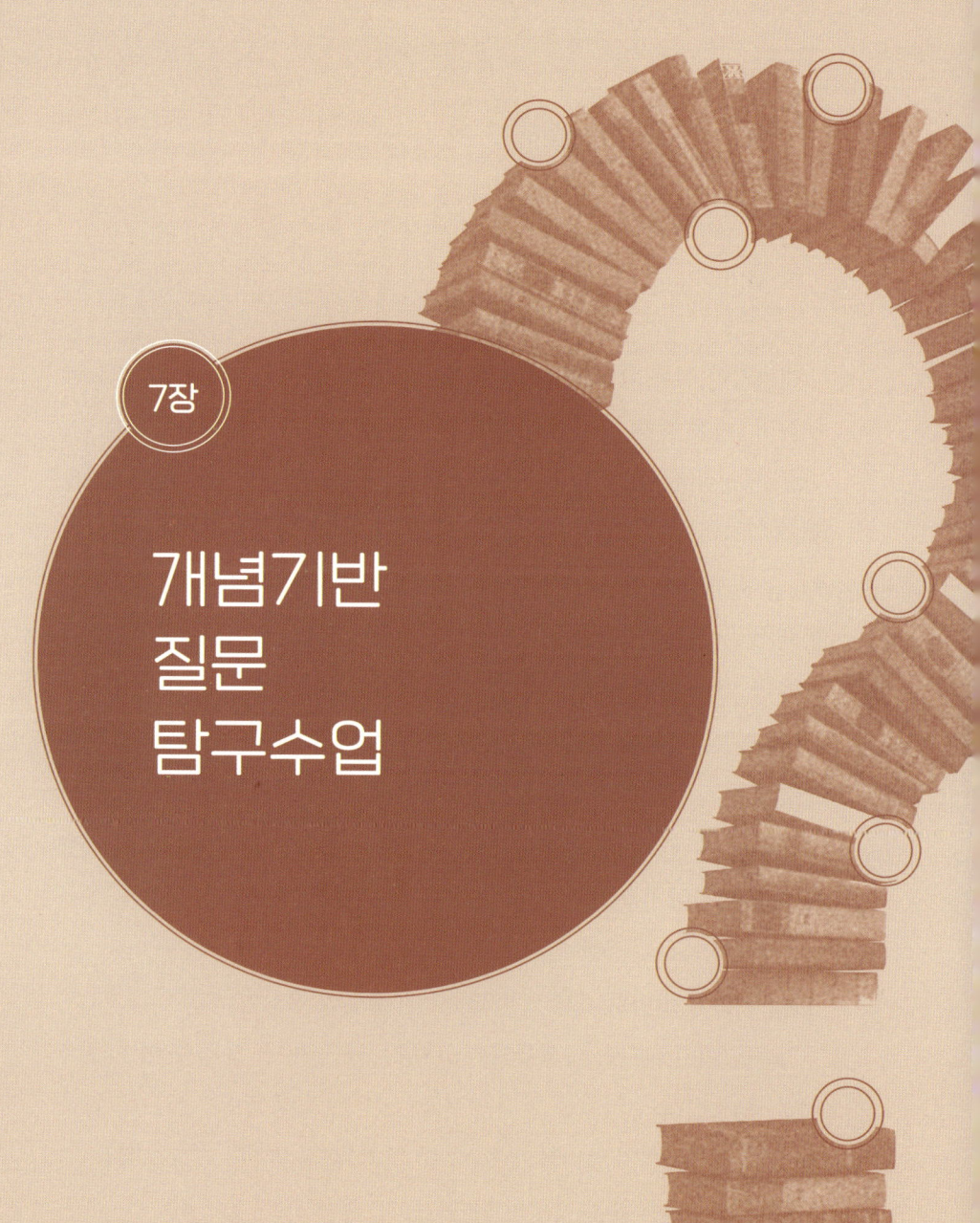

 개념기반 질문 탐구수업은 학생들이 스스로 질문을 만들고 사례를 탐구하며, 이를 통해 본질적인 개념을 도출하고 깊이 이해하도록 돕는다. 단순한 지식 전달에서 벗어나 학생들의 사고력을 기르고, 학습 내용을 삶과 연결하는 데 중점을 둔다. '탐구'란 학습자가 자료나 사례를 분석하며, 그 속에서 의미를 발견하고, 스스로 학습 과정을 구성해가는 능동적인 과정을 뜻한다. 학습자는 자신의 경험과 생각을 바탕으로 스스로 탐구하며, 이를 통해 개념을 더 깊이 이해하게 된다.

 이 수업은 학생이 지닌 다양한 배경지식과 경험을 존중하며, 서로 다른 관점에서 질문하고 해석하는 과정을 중요하게 여긴다. 같은 사례를 탐구하더라도 각자의 시선으로 다른 질문을 생성하고, 이를 바탕으로 새로운 통찰을 발견하게 되는 것이 특징이다. 학생들의 다양성은 학습 과정을 풍부하게 하고, 다양한 방식으로 개념에 도달할 기회를 제공한다. 이러한 탐구 과정이 바로 개념기반 질문 탐구수업의 핵심이다.

 그 과정에서 교사는 학생들의 사고와 탐구의 방향을 잡을 수 있도록 질문을 통해 길잡이 역할을 한다. 교사의 질문은 학생들에게 사고를 확장할 기회를 제공하며, 사례의 본질에 더 가까이 다가갈 수 있도록 돕는다. 따라서 교사의 역할은 학생의 학습 과정을 통제하는 것이 아니라, 학생들이 자신만의 탐구 과정을 만들어가도록 지원하는 것이다.

개념기반 질문 탐구수업은 다음 4가지 핵심 원리에 기초한다.

첫째, '사례를 통해 개념을 발견하기'는 구체적인 사례를 탐구하면서 공통적인 요소를 찾아내고, 이를 바탕으로 개념을 도출하는 것이다. 개념의 본질적 속성을 학생 스스로 이해하도록 돕는다.

둘째, '질문 중심 학습'은 사례를 바탕으로 스스로 질문을 생성하고, 그 질문에 대한 답을 찾기 위해 탐구를 진행하는 것이다. 학생이 능동적으로 사고하며 학습에 주체적으로 참여하게 된다.

셋째, '귀납적 사고의 강조'는 학습 과정에서 구체적인 사례를 출발점으로 하여 추상적인 개념으로 확장하는 것이다. 학생들은 구체적이고 반복적인 패턴을 관찰하며, 이를 통해 개념을 귀납적으로 발견한다.

마지막으로, '학습의 사회적 상호작용'은 학생들이 토론과 대화를 통해 자신의 생각을 공유하고, 다른 관점을 받아들이며 이해를 더욱 확장해나간다.

개념기반 질문 탐구수업은 사례 탐구, 질문 생성, 개념 도출, 개념 심화 및 확장의 총 4단계로 진행된다.

1. 사례 탐구에서는 그림책을 읽고 학습 주제와 관련된 다양한 사례를 탐구하며, 사례에서 반복적으로 나타나는 패턴을 발견하고 이를 통해 학습 주제를 구체화한다.
2. 질문 생성 단계에서는 사례를 탐구한 후, 탐구 질문을 생성하여 개념을 발견하는 방향을 설정한다. 스스로 질문을 만드는 과정은 사고력을 확장하고, 학습에 흥미와 주도성을 높이는 중요한 단계다.

3. 개념 도출 단계에서는 질문에 대한 답을 찾는 과정에서 사례의 공통점을 바탕으로 개념을 도출한다. 이때 교사는 적절한 질문으로 학생들이 논리적 사고를 할 수 있도록 돕는다.
4. 개념 심화 및 확장 단계에서는 도출한 개념을 실생활에 적용하며 학습을 확장한다. 이를 통해 학습 내용을 삶과 연결하고, 구체적인 행동으로 실천할 기회가 된다.

이와 같이 개념기반 질문 탐구수업은 단순히 개념을 전달하는 데 그치지 않고, 학생들이 자신만의 질문과 해석을 통해 사고하고 탐구하며 성장하는 기회를 제공한다. 교사는 학습 과정에서 질문과 피드백을 통해 학생들의 탐구를 지원하며, 학생들이 삶과 학습을 연결하고, 실천으로 이어질 수 있는 배움을 만들어가도록 돕는다. 학생들은 배움의 주체로서 스스로 질문하고 답을 찾으며, 학습의 의미를 능동적으로 경험하게 된다.

『싸움에 관한 위대한 책』

다비드 칼리 글, 세르주 블로크 그림, 정혜경 역, 문학동네

싸움의 시작, 과정, 끝을 아이들의 시선으로 생생히 담아낸 유쾌하고 철학적인 그림책이다. 생존을 위한 싸움, 4색 연필로 인한 사소한 싸움, 재미를 위한 싸움, 공정하지 않은 싸움 등 다양한 싸움의 유형을 다루며, 싸움이 가진 다양한 속성을 탐구할 수 있다. 싸움에 대한 다양한 관점을 해석하며 싸움에 대해 스스로 질문하고 개념을 정리하다 보면, 아이들이 겪는 다양한 관계 갈등을 해소하는 기회가 된다.

폭력이란 주제를 개념기반 질문 탐구수업에 적용한 사례

폭력이란 주제를 다룬 개념기반 질문 탐구수업에서는 그림책을 통해 폭력의 다양한 사례를 탐구하고, 폭력의 원인과 결과를 여러 관점에서 질문하며, 이를 바탕으로 폭력의 정의를 내리고 해결 및 예방 방안을 스스로 모색하는 과정을 중심으로 진행한다.

1단계 : 사례 탐구하기

『싸움에 관한 위대한 책』을 읽고, 싸움과 갈등의 다양한 사례를 관찰하며 학습의 기초를 다진다. 이 단계에서는 학생들이 책의 내용을 깊이 이해하고, 주요 사건과 행동의 맥락을 탐구하며, 폭력의 원인과 양상을 분석한다.

1. 그림책 내용 관찰 및 사실적 질문 만들기

『싸움에 관한 위대한 책』을 읽고 장면을 관찰하며 사실 질문 3가지를 만들며 내용을 이해한다. 이 활동을 통해 학생들은 그림책 속 싸움의 원인이나 갈등 양상 그리고 상황을 더 주의 깊게 살펴보고, 책의 주요 내용을 스스로 정리할 수 있다.

『싸움에 관한 위대한 책』의 표지와 주요 장면을 학생들에게 보여주며 이야기 흐름을 간략히 설명한다. 학생들은 등장인물의 행동, 대화, 싸움의 배경 등을 관찰하며 내용에 관심과 흥미를 느낀다. 이어 인상 깊은 장면을 바탕으로 개별 활동으로 사실적 질문 3가지를 작성한다. 사실적 질문은 책에서 답을 찾을 수 있는 질문으로 수업의 의도에 맞게 구체적인 사건, 등장인물의 행동, 싸움의 원인과 결과를 이해하도록 돕는 내용을 포함해야 한다.

학생들은 사실적 질문을 만들기 위해 그림책을 꼼꼼히 살피면서, 기원전 1만 년경 매머드를 둘러싼 싸움이 현재에는 어떤 형태로 변화했는지 발견한다. 싸움의 시작과 과정 그리고 결과에 이르기까지 다양한 행태와 어른들의 스포츠, 즉 '재미로 하는 싸움'이나, 한 사람 대 여러 사람의 '공정하지 못한 싸움'과 전쟁과 같은 '극한의 싸움'을 찾을 수 있다.

학생들의 사실적 질문 예시
- 싸움의 시작은 무엇일까요?
- 싸움이 끝난 뒤 무엇을 얻는다고 했나요?
- 어른들의 싸움은 무엇으로 하는 스포츠라고 했나요?
- 어른들은 어떤 답 없는 질문을 했나요?
- 싸움의 이유로는 어떤 것이 있나요?
- 싸움이 건강에 좋은 이유는 무엇이 있나요?
- 어떤 싸움이 공정하지 않다고 했나요?
- 싸움의 쓸모는 무엇이 있나요?
- 싸움에 대해 어른들은 어떤 질문을 하나요?
- 싸움은 언제부터 시작되었을까요?

학생들은 자신이 만든 질문을 발표하거나 일대일로 질문을 주고받으며 답한다. 각자가 이해한 내용을 확인하고, 학습 내용을 정리할 수 있다.

2. 그림책에서 다양한 사례 찾아 정리하기

그림책을 다시 살펴보며 싸움의 여러 유형을 찾아 정리한다. 앞서 사실적 질문을 만들며 내용 확인을 끝냈으나 주제에 접근하기 위하여 주요 키워드인 '싸움'의 유형을 찾아 내용 정리를 한다. 학생들은 그림책에서 폭력 사례를 관찰하며 활동지에 기록한다. 이때 학생들에게 '싸움의 유형을 찾는다'는 의미가 다소 어려울 수 있으므로, 신체적 싸움, 언어적 싸움, 정서적 싸움으로 분류하여 정리하도록 안내한다. 찾아낸 싸움의 유형과 원인, 전개 양상과 결과를 정리하고 학교에서 유사한 사례가 있는지도 체크해보게 한다. 학생당 2가지 정도의 유형을 찾아내고 모둠에서 다른 학생이 찾은 사례 발표를 통해 나머지 2가지를 더 정리한다.

그림책 속 다양한 싸움과 갈등 사례를 찾아 정리하면서 각 사례에서 발생하는 상황과 행동의 배경까지 생각해보게 된다. 왜냐하면, 그림책에서 싸움의 유형은 찾을 수 있지만, 싸움이 왜 생겨났는지, 어떻게 전개되고 결말이 날지는 학생 개인의 논리와 상상으로 채울 수 있기 때문이다. 이 활동으로 학생들은 문제 상황을 파악하고, 특정 사건에서 드러나는 폭력의 원인과 양상을 분석할 수 있다.

개념기반 질문 탐구수업의 첫 단계는 그림책 속 다양한 싸움과 갈등 사례를 관찰하며, 각 사례에서 발생하는 상황과 행동의 배경을 살펴보는 것이다. 즉, 다양한 사례를 그림책을 보며 찾아내고 싸움이라 일컬어지는 폭력을 구체적으로 이해하고 파악하게 된다.

3. 사례의 공통 요소 정리하기

『싸움에 관한 위대한 책』의 표지와 주요 장면을 다시 보여주며, 싸움의 다양한 형태를 관찰하도록 유도한다. 다음과 같은 질문을 할 수 있다.

"싸움은 언제, 왜 발생할까요?"

"모든 싸움이 같은 형태로 나타날까요?"

학생들은 자유롭게 답변하며, 싸움의 다양성과 원인을 생각해본다. '우물 안 키워드' 활동지를 4~5명의 모둠에 한 장씩 배부한다. 각 모둠은 싸움의 3가지 형태에 대한 키워드와 원인, 전개, 결과를 그림책 속 사례를 참고하거나, 자신의 경험과 관찰을 바탕으로 활동지를 작성한다.

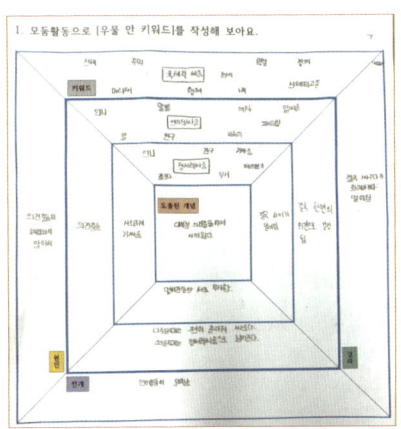 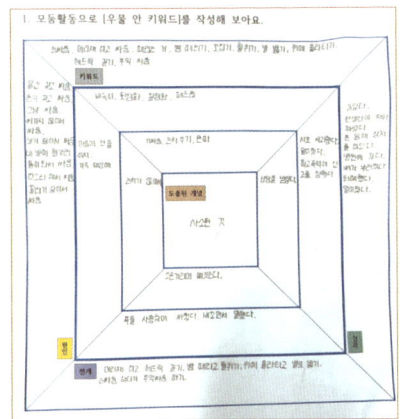

싸움 유형	공통 키워드	원인	전개	결과
신체적 싸움	신체적 접촉, 폭력	장난, 경쟁, 미움	밀치기, 때리기	상처, 사과, 화해
언어적 싸움	비난, 언어적 공격	말다툼 (비난과 오해)	소리 지르기, 감정적 언쟁	우정 손상, 오해 풀기
정서적 싸움	외면, 정서적 고통	집단 따돌림, 무시	친구를 멀리 하기, 왕따	고립, 슬픔

각 모둠은 싸움의 3가지 형태를 구분하고, 해당 사례의 공통 요소를 정리한다. 이 과정에서 등장인물의 언행, 주변 환경, 사건의 맥락 등을 관찰하며 자신만의 해석과 감정을 바탕으로 답을 도출한다. 사례와 기록한 내용을 바탕으로, 각 사례의 공통점을 찾을 수 있도록 교사는 다음과 같은 질문을 한다.

"싸움이 시작된 공통된 원인은 무엇인가요?"
"싸움 과정에서 반복적으로 나타나는 행동은 무엇인가요?"
"싸움의 결과가 등장인물에게 미친 영향은 무엇인가요?"

학생들은 이러한 질문에 답하며, 싸움과 갈등에서 반복적으로 드러나는 특징(예. 장난, 오해, 경쟁, 감정 폭발)을 정리하며 폭력의 특성을 이해하고, 이후 단계에서 폭력 개념을 탐구할 기반을 마련한다.

공통 질문	공통 요소
싸움의 공통된 시작 원인은?	장난, 사소한 오해, 경쟁
싸움 중에 반복된 행동은?	감정 격화, 신체적 다툼, 대화로 해결
싸움이 결과적으로 준 영향은?	화해, 상처, 관계 변화

2단계 : 질문 생성하기

첫 단계에서 탐구한 사례와 공통 요소를 바탕으로 폭력의 본질을 탐구하는 질문을 만든다. 이 단계는 학생들이 스스로 질문을 만들어 사고를 확장하고, 학습 방향을 설정하는 데 중점을 둔다. 학생들은 다양한 질문 유형을 시도하며 사례에 대한 깊이 있는 탐구를 준비한다.

1. 폭력의 본질을 탐구하기 위한 질문 만들기

사례 분석 후 폭력이 무엇인지 탐구하기 위한 질문을 작성한다.

학생들은 첫 단계에서 도출된 사례와 공통 요소를 바탕으로 폭력의 본질을 묻는 질문을 만들어본다. 교사는 학생들이 다양하고 심도 있는 질문을 생각할 수 있도록 생각톱니카드*를 활용해 방향을 제시한다. '생각톱니카드'에는 질문 카드, 이름 카드, 예시 카드가 있다. 세 종류의 카드에서 질문 카드만 모둠별로 나눠준다. 모둠장은 질문 카드를 섞고 무작위로 한 장을 뽑는다. 질문을 확인하고 그림책과 연결하여 이야기 나눌 질문으로 어떻게 바꾸면 좋을지 의견을 나눈다. 질문 변환이 어려운 경우를 대비해 카드를 바꿀 기회는 두 번에서 세 번까지 준다. 변환한 질문으로 모둠원과 돌아가며 이야기 나눈다. 전지를 한 장씩 나눠주어 모둠별 질문 하나와 토론한 내용을 정리하도록 한다.

아이들은 카드에서 어떤 질문이 나올지 기대감에 즐겁게 몰입할 수 있다. 모둠 학생들이 질문 변환에 계속해서 어려움이 있을 경우는 교사가 개입하여 질문을 변환하는 다양한 예시를 함께 이야기 나누며 가이드 역할을 해준다. 모둠별로 질문 카드에 있는 질문 형식을 참고하여 질문을 만든 사례는 다음과 같다.

---

* 학토재 학습 교구 중 하나인 생각톱니카드는 학생들이 익혀야 할 대표적인 사고기술 23가지를 뽑아 사고기술의 이름, 질문, 예시 문장으로 구성한 카드로 한국철학적탐구공동체 연구회에서 개발하였다. 카드를 활용하여 재밌게 놀이하면서 질문을 만드는 힘을 키우고 다양한 생각을 나눌 수 있다.

생각톱니 사고기술	질문 카드 내용	학생들이 변환한 질문 내용
상상하기	만약 ~라면 어떨지 상상해 보겠어요?	싸움이 일어나기 전에 어떤 일이 있었나요? 싸움을 보고 있는 사람의 마음은 어떨까요?
공통점과 차이점 찾기	같은 점(다른 점)은 뭘까요?	싸움과 폭력의 차이는 무엇인가요? 폭력의 피해자는 어떤 공통된 감정을 느끼게 될까요?
남의 입장에 서보기	~의 마음(상황)은 어떨까요?	폭력 상황에서 가해자와 피해자가 느끼는 감정은 무엇인가요?
개념 정의하기	~이란 뭘까요?	싸움은 무엇일까요? 폭력은 무엇일까요?
추리하기	이것을 보고 무엇을 추리할 수 있을까요?	싸움 후 이들이 느낀 감정은 무엇일까요? 싸우고 난 후 그들은 어떻게 되었을까요? 싸움 후 등장인물들은 어떤 변화를 겪었나요?
이유 찾기	왜 그렇게 했을까요?	폭력은 왜 발생할까요? 이 장면에서 두 등장인물은 왜 갈등하고 있을까요? 왜 갈등이 폭력으로 변하는 걸까요?
질문 만들기	궁금한 게 있으면 질문해 볼까요?	작가가 생각하는 폭력은 무엇인지 질문해 볼까요? 학교에서 폭력을 줄이려면 우리는 무엇을 해야 할까요?
감정 고려하기	어떤 감정이 생기나요?	폭력의 피해자는 어떤 공통된 감정을 느끼게 될까요?

다양한 질문 유형을 만들어보는 활동은 탐구 활동에서 도출할 개념의 방향성을 설정하고, 학습자가 스스로 답을 찾도록 사고를 자극하는 데 중요한 역할을 한다.

2. 질문의 우선순위 정하기

학생들이 생성한 질문 중 가장 중요한 질문을 선정하여 학급 전체의 탐구 방향을 설정한다. 예를 들어, '폭력이란 무엇인가요?'라는 본질적인 질문을 선정할 수 있다. 질문 선정은 학생들이 토의를 통해 각 질문의 탐구 가능성과 중요도를 평가하고 우선순위를 정하는 과정을 거친다.

학생 질문	탐구 가능성	중요도	우선순위
폭력은 무엇일까요?	높음	높음	1
싸움과 폭력의 차이는 무엇인가요?	높음	중간	2
왜 갈등이 폭력으로 변하는 걸까요?	중간	중간	3

학생들은 이러한 질문을 만들고 타당성을 검증하는 과정에서 폭력이라는 개념을 구체화할 실마리를 얻는다.

3단계 : 개념 도출 및 검토하기

학생들이 이전 단계에서 도출한 질문을 바탕으로 개념을 구체화하고 검토하는 과정이다. 교사는 학생들이 폭력의 본질에 대해 더 깊이 이해할 수 있도록 질문을 제시하고, 대화를 통해 사고를 확장하도록 돕는다.

1. "폭력은 무엇일까요?"

『싸움에 관한 위대한 책』을 활용하여 학생들은 작성한 질문과 탐구한 사례를 연결하며 폭력의 개념을 구체화한다. 교사는 학생들이 논리적으로 사고할 수 있도록 적절한 질문을 던지고, 실생활과 연결하여 학습 내용을 확장할 수 있는 다양한 시나리오를 제시한다. 학생들은 제시된 사례와 시나리오에 폭력의 정의를 적용하며, 그 정의가 얼마나 적합한지를 검토한다. 자기 경험과 연결하고, 폭력의 개념을 실질적이고 이해하기 쉽게 다듬을 수 있다.

사례	폭력의 정의에 맞는가?	추가 의견
친구 간 오해로 시작된 싸움	폭력의 정의에 부분적으로 맞음	의도가 불명확
고의적 신체 폭력	폭력의 정의에 완벽히 부합	
집단 따돌림	폭력의 정의에 부합	심리적 고통 포함

교사 [질문 예시] 싸움 사례에서 나타난 반복적인 요소를 바탕으로 폭력을 정의할 수 있을까요?

학생 1 폭력은 다른 사람을 아프게 하거나 상처를 주는 행동이에요. 누군가를 때리는 것도 폭력이고, 심한 말을 하는 것도 폭력 같아요.

학생 2 맞아요. 그런데 꼭 일부러 해야 폭력인가요? 장난을 친 건데 상대방이 아프거나 싫어하면 그것도 폭력이 될까요?

교사 [질문 유도] 그렇다면, 폭력이란 상대방이 느끼는 감정도 중요한 걸

	까요? 의도가 없더라도 상대방이 피해를 당하면 폭력이라고 할 수 있을까요?
학생 3	네, 맞아요. 내가 재미있으려고 한 행동이라도 상대방이 아프거나 기분이 나쁘면 폭력인 것 같아요.
교사	[정리] 좋은 의견이에요. 폭력은 의도적이든 아니든, 상대방에게 신체적, 언어적, 정서적으로 상처나 고통을 주는 행동이라고 정의할 수 있겠네요.

예를 들어, 학생들은 사례에서 발견된 키워드(예: 의도, 고통, 불균형)와 질문을 결합하여, '폭력이란 타인에게 신체적 또는 심리적 고통을 가하는 행동이다'라는 정의를 질문에 대답하며 도출할 수 있다. "폭력이란 무엇인가?"라는 질문에 대해 학생들이 내린 정의는 예시와 같다.

학생들의 폭력 정의 예시
- 폭력이란 고의로 다른 사람에게 신체적 또는 심리적 고통을 주는 행동이다.
- 싸움은 갈등 해결의 과정이 될 수 있지만, 폭력은 고통을 주기 위해 의도적으로 행해진다.
- 폭력은 상대방을 존중하지 않고 자신의 감정만을 우선시할 때 발생한다.

2. "싸움과 폭력의 차이는 무엇인가요?"
중요도 2순위 질문도 함께 이야기 나눈다. 학생들은 개념 도출 과정을 통해 싸움과 폭력의 차이를 명확히 이해하고, 폭력을 예방하기 위한 조건을 논의한다.

교사 [질문 예시] 싸움과 폭력의 차이를 어떻게 정의할 수 있을까요?
모든 싸움이 폭력이라고 할 수 있나요? 그렇다면 왜 그렇게 생각하나요?
싸움과 폭력의 가장 큰 차이는 무엇인가요?

학생1 싸움은 갈등을 해결하려고 하는 과정 같아요. 꼭 나쁜 건 아닌 것 같아요. 친구랑 말다툼하다가도 나중에 화해하면 괜찮지 않아요.

학생2 맞아요. 하지만 폭력은 상대방을 다치게 하거나 아프게 하는 거라서, 싸움보다 더 나쁜 행동인 것 같아요.

학생3 그러면 싸움은 갈등의 표현 방법이고, 폭력은 그중에서도 상대방에게 고통을 주는 행동이라고 할 수 있을까요? 싸움이 항상 폭력으로 이어지지는 않으니까요.

교사 [질문 유도] 그럼, 싸움이 폭력으로 변하지 않게 하려면 우리가 어떻게 행동해야 할까요?

학생4 싸울 때 상대방의 기분을 생각하고, 선을 넘지 않도록 조심해야 할 것 같아요. 그리고 서로 이야기하면서 문제를 풀려는 노력이 필요해요.

교사 [정리] 좋아요. 싸움은 갈등을 해결하려는 표현 방법의 하나로, 꼭 폭력적일 필요는 없습니다. 하지만 싸움이 폭력으로 이어지지 않으려면, 서로 존중하고 대화를 통해 문제를 해결하려는 태도가 필요

하다는 점을 알 수 있습니다.

 학생들은 조별로 그림책의 사례와 학교생활이나 일상에서 발생한 갈등 상황을 예로 들며, 개념 설명이 어떻게 적용될 수 있는지 논의한다. 예를 들어, 한 학생은 친구와의 의견 차이로 말다툼했던 경험을 이야기하며, 이를 통해 '싸움이 반드시 폭력으로 이어지지 않는다'라는 것을 다시 한번 인식한다. 경쟁에서 발생한 싸움이 신체적 상해로 이어졌던 사례는 폭력의 조건을 충족한다는 점도 발견한다. 반면, 사소한 오해로 시작해 대화를 통해 해결된 사례는 폭력이 아니라 갈등 해소의 한 과정이었다는 점을 확인한다.

실제 사례	개념 설명과의 연결	해결 방안
체육 시간 공 차기 경쟁 중 충돌	신체적 상해는 없으나 감정 격화 → 싸움	규칙에 따른 공정한 진행, 대화로 해결
친구의 말실수로 언쟁 시작	말다툼 → 오해 풀림 → 폭력은 아님	감정 해소를 위한 솔직한 대화
놀림으로 시작된 장난이 갈등으로 발전	고통 의도 발생 → 신체적 상해 → 폭력	장난의 선 지키기, 피해자에게 사과

 학생들은 그림책과 실생활 사례를 비교하며, 도출된 개념 설명을 바탕으로 갈등 상황에서 폭력으로 발전하지 않으려면 어떤 행동이 필요한지 정리한다.

학생 의견 예시
- 내가 감정이 격해질 때마다 10초 동안 생각하고 상대방 입장도 고민하기로 했어요.
- 장난이 갈등으로 바뀔 수 있다는 것을 알고, 상대가 불편해하면 바로 멈추려고 합니다.
- 체육 시간에 경쟁이 과열되지 않도록 서로 규칙을 더 명확히 정해야 할 것 같아요.
- 장난을 치기 전에 상대방이 그것을 어떻게 받아들일지 먼저 생각해야겠어요.
- 싸움이 일어날 것 같으면 감정을 조절하거나, 대화를 통해 오해를 풀어보려고 노력하겠습니다.

이 과정을 통해 학생들은 폭력과 싸움의 차이를 구체적으로 이해하고, 폭력을 예방하거나 해결하기 위해 어떤 요소가 중요한지 고민하게 된다.

3. "왜 갈등이 폭력으로 변하는 걸까요?"

교사 [질문 예시] 갈등은 어떻게 해서 폭력으로 변할까요?
학생 1 갈등이 생겼을 때 바로 해결하지 못하고 계속 싸우게 되면, 서로 감정이 점점 나빠져서 폭력이 되는 것 같아요.
학생 2 그리고 서로 화가 나서 말이나 행동이 거칠어지면, 감정이 폭발해서 상대방을 공격할 수도 있어요.
학생 3 때로는, 내가 약하다고 느끼면 상대방을 이기려고 더 강한 행

| 교사 | 동을 하게 돼요. 그것도 폭력으로 이어질 수 있을 것 같아요.
[질문 유도] 그럼, 갈등이 폭력으로 변하지 않게 하려면 어떻게 해야 할까요? |
| --- | --- |
| 학생 4 | 서로 대화하면서 바로바로 오해를 풀어야 할 것 같아요. 그리고 너무 화가 나면 조금 멈추고 생각하는 시간도 필요해요. |
| 교사 | [정리] 그렇다면, 갈등이 폭력으로 변하는 이유는 감정이 격해지거나 대화가 부족할 때, 또는 자신이 약하다고 느낄 때라고 볼 수 있겠네요. 반대로, 서로 생각을 듣고 차분히 대화하면 갈등이 폭력으로 이어지지 않을 거예요. |

학생들은 3가지 질문을 바탕으로 토의하며 폭력의 개념을 정의하고, 싸움과 폭력의 차이를 구분했다. 이를 통해 싸움이 갈등 해결 과정에서 중요한 역할을 할 수 있음을 이해했으며, 갈등이 폭력으로 변하는 원인도 파악했다. 이러한 과정을 통해 학생들은 싸움과 폭력을 구분하고, 서로 존중하며 대화를 통해 갈등을 건강하게 해결하는 방법을 배우게 되었다.

4단계 : 개념 심화 및 확장

도출한 개념을 바탕으로 학습 내용을 실생활 문제에 적용하며 학습을 확장한다. 이 단계에서는 학생들이 실질적인 방안을 모색하고, 학습 내용을 삶과 연결하여 폭력 예방과 갈등 해결 방안을 구체화하도록 돕는다. 『싸움에 관한 위대한 책』 활용을 시작으로 학생들은 갈등과 폭력의 본질을 이해하고 실천 가능한 해결책을 탐구하게 된다.

교사　[질문 예시] 폭력을 예방하려면 어떤 조건이 필요할까요?
우리 학급에서 갈등을 예방하거나 해결하기 위해 어떤 규칙을 만들면 좋을까요?

학생들은 자신들이 도출한 폭력 개념을 바탕으로 폭력 예방과 갈등 해결의 실질적인 방안으로 자연스럽게 이어지게 된다. 폭력을 예방하기 위해 자신이 실천할 수 있는 구체적인 행동 방안을 토의한다. 폭력 상황에서 갈등을 효과적으로 예방하거나 해결할 수 있는 행동을 계획하며 실생활에 적용한다. 교사는 학생들이 실질적인 해결책을 탐구할 수 있도록 질문을 유도한다.

교사　[질문 예시] 학교에서 폭력을 예방하기 위해 우리가 할 수 있는 일은 무엇인가요?
폭력을 목격했을 때 우리는 어떻게 행동해야 할까요?
학교폭력을 줄이기 위해 가장 먼저 해야 할 일은 무엇일까요?

조별 활동을 통해 갈등 해결과 폭력 예방을 위한 방안을 작성하고, 이를 학급 규칙으로 제안한다. 조별로 모여 그림책에서 얻은 교훈과 학습 내용을 모아 실천할 수 있는 아이디어를 나눈다. 예를 들어, 한 조는 '친구 간 갈등이 심화되기 전에 대화를 통한 조정'을 제안하며, 이를 구체적으로 적용할 방법을 논의했다.

조 이름	학교폭력 예방 방안	구체적 행동
평화조	갈등 조정 훈련 참여	친구 간 갈등은 대화를 통해 먼저 해결하려고 노력하고, 도움이 되는 대화법과 갈등 해결법을 배우는 프로그램을 도입하기
화해조	도움 요청 시스템 마련	교사나 친구에게 비밀리에 도움 요청하기
존중조	폭력 예방 캠페인 진행	'폭력 없는 학교 만들기'를 주제로 포스터를 제작해 교내에 게시
해결조	학교폭력 사례 신고 활성화	폭력 상황을 목격했을 경우, 즉시 교사나 친구에게 알릴 수 있는 익명 신고함 설치하고 관리하기

학생들이 학습 과정에서 도출한 의견과 해결책으로 다음과 같은 의견을 나눴다.

- 싸움이 나쁜 것만은 아니지만, 우리가 싸움을 잘 해결하지 못하면 폭력으로 이어질 수 있다는 것을 알게 되었어요.
- 익명 신고 시스템이 있으면 어려운 상황에서 더 쉽게 도움을 요청할 수 있을 것 같아요.
- 학교에서 갈등 해결법을 배우는 프로그램이 꼭 필요하다고 생각해요. 서로 상황을 이해하는 데 도움이 될 것 같아요.
- 다른 사람이 장난을 불편하게 느끼면 멈추는 것이 중요하다는 걸 깨달았어요.
- 폭력을 예방하기 위해 우리 모두가 함께 노력해야 한다는 책임감을 느꼈습니다.

학생들은 이처럼 학습 내용을 바탕으로 개인적이고 공동체적인 책임감을 느끼며, 자신이 폭력 예방의 주체가 될 수 있음을 깨달았다.

개념 기반 질문 탐구수업은 단순히 지식을 전달하는 데 그치지 않고, 학생들이 스스로 사고하고 탐구하며 학습 내용을 자기 삶에 적용할 수 있도록 돕는 수업이다. 특히, 그림책 『싸움에 관한 위대한 책』을 활용한 학습은 학생들이 갈등과 폭력이라는 주제를 안전하고 유쾌한 방식으로 탐구하도록 돕는다. 그림책 속 다양한 사례를 관찰하며 싸움의 시작과 과정, 결과를 논리적으로 분석하고, 이를 통해 싸움과 폭력의 차이를 명확히 이해할 수 있다.

또한, 수업 과정에서 학생들은 스스로 질문을 만들고 답을 찾는 활동을 통해 사고력을 확장할 수 있었다. 이 질문들은 단순히 사실을 확인하는 데 그치지 않고, 폭력의 원인과 예방책 그리고 실천할 수 있는 대안까지 탐구하게 하였다. 예를 들어, "싸움과 폭력의 차이는 무엇인가요?"라는 질문을 통해 학생들은 싸움이 반드시 폭력으로 이어지지 않으며, 갈등 해결을 위한 건강한 방법도 있다는 것을 깨달았다.

교사의 역할은 질문을 통해 학생들의 사고를 지원하고 확장하도록 돕는 것이며, 학생 각자의 관점에서 다양한 해결책을 제시하도록 조력한다. 이러한 과정에서 학생들은 단순히 폭력의 정의를 이해하는 것을 넘어, 폭력을 예방하고 건설적인 방식으로 갈등을 해결하는 데 필요한 실질적이고 구체적인 행동 방안을 도출한다. 예를 들어, '학교폭력 예방을 위한 익명 신고 시스템 마련'이나 '갈등 해결을 위한 대화법 학습' 같은 아이디어는 학생들이 폭력을 단순히 외부의 문제로 인식하는 것이 아니라, 자신이 변화의 주체가 될 수 있다는 책임감을 느끼게 하는 점에서 의의가 있다.

8장

질문으로 생각하는 에듀테크 수업

　에듀테크(Edu-Tech)는 교육(Education)과 기술(Technology)의 합성어로 단순히 학교 수업에 디지털 기기를 활용하는 것을 넘어 인공지능, 빅데이터, 증강·가상현실 등 다양한 첨단 기술을 교육에 접목하여 학습 효과를 극대화하고 새로운 교육 경험을 제공하는 것을 의미한다. 미래인재 양성을 위한 교육혁신의 필요성이 강조되면서 에듀테크는 학생 맞춤형 교육을 실천할 수 있는 새로운 대안으로 떠오르고 있다.

　2022 개정 교육과정은 AI 디지털교과서 도입을 통해 에듀테크의 중요성을 강조하고 있으며, 학생들의 자기 주도적 학습과 창의적 역량 함양을 목표로 한다. 이러한 목표를 효과적으로 달성하기 위해 학생들의 능동적인 참여와 깊이 있는 사고를 촉진하는 '질문 수업'이 주목받고 있다. 특히, 그림책과 에듀테크 도구를 함께 활용하면 더욱 풍성하고 깊이 있는 학습 경험을 제공할 수 있다.

　그림책은 학생들의 상상력과 호기심을 자극하고 다양한 질문을 떠올리도록 돕는 훌륭한 매개체이다. 에듀테크를 더하면 학생들의 능동적인 참여를 유도하고 창의적인 표현과 협력 학습을 촉진할 수 있다. 예를 들어, 북크리에이터를 활용하여 디지털 그림책을 만들거나 패들렛을 통해 질문과 답변을 공유하며 토의하는 활동은 학생들의 자기 주도적 학습 능력과 협력적 소통 능력을 키우는 데 기여한다.

디지털 네이티브 세대인 오늘날의 학생들은 다양한 전자기기를 자유자재로 활용하며 정보를 탐색하고 소통하는 데 능숙하다. 따라서 그림책 질문 수업에서도 이러한 디지털 친화적인 특성을 고려하여 에듀테크를 적극적으로 활용한다면 학생들의 흥미와 참여도를 높일 수 있다. 또한, 그림책 내용에 호기심을 불러일으키고 자연스럽게 질문을 유도하여 학생들이 적극적으로 이야기를 탐색하고 이해할 수 있다.

질문은 학습자가 학습 내용을 이해하고 다른 사람들과 소통하며 스스로 학습을 이끌어가는 데 필수적인 도구이다. 질문을 통해 학습자는 의문을 품고 사고하며 질문을 만들어가는 과정에서 학습 내용에 대한 이해를 점차 높일 수 있다. 또한, 질문을 기반으로 다른 사람들과 소통하며 능동적이고 적극적인 학습참여자가 될 수 있다. 기존의 교사 중심 수업에서는 교사가 질문하고 학생이 답하는 일방적인 구조였지만, 에듀테크를 기반으로 한 질문 수업에서는 교사와 학생이 모두 질문하고 답하는 쌍방향 소통이 가능하다. 이를 통해 학생들은 단순히 지식을 습득하는 것을 넘어 스스로 문제를 발견하고 해결하는 능동적인 학습자로 성장할 수 있다.

2015 개정 교육과정에 비해 2022 개정 교육과정에서 디지털 리터러시와 관련된 성취기준이 2배가량 증가했다. 리터러시(literacy)란 말 그대로 '읽고, 쓰고, 말하고, 이해하는' 능력 즉, 문해력이다. 디지털 리터러시는 디지털 기기로 얻은 다양한 정보를 이해하고 자신의 목적에 맞게 활용하는 능력을 뜻한다. 이러한 디지털 리터러시 능력을 함양하기 위해 학생들은 스스로 질문하고 답을 찾아가는 경험이 필요하다.

나만의 디지털 그림책을 만드는 수업은 학생들이 그림책 내용을 능동적으로 탐구하고 창의적인 문제 해결 능력을 기르는 것을 목표로 한다. 학생들은 그림책 속에서 질문을 발견하고 토의하면서 내용을 재구성하거나 새로운 이야기를 창작하며 스스로 문제 해결 능력을 기른다. 이러한 과정은 학생들의 디지털 리터러시 역량을 키우는 데 효과적이다. 이 수업에서는 에듀테크를 활용해 그림책의 내용을 시각적으로 표현하고, 질문을 통해 탐구하는 활동을 함으로써 디지털 리터러시 능력을 키우는 것을 목표로 한다. 학생들은 그림책을 다양한 관점에서 분석하고 창의적으로 표현하면서, 단순히 변화에 적응하는 것을 넘어 변화를 주도하고 문제를 해결할 수 있는 능력을 키우게 된다.

수업 흐름과 에듀테크 활용 도구

수업 단계	에듀테크 활용 목적	활용 도구
질문 끌어내기 -그림책에 말 걸기	디딤영상을 통한 사전 학습, 배경지식 활성화하기	패들렛
질문 표현하기-그림책 읽기	동시다발적으로 의견을 나누며 협업과 피드백하기	워드클라우드, 패들렛(샌드박스)
질문으로 토의하기	아이디어 생성하기	패들렛
문제 계획하고 실행하기	디지털 그림책 만들기	북크리에이터, 캔바

1단계: 질문 끌어내기 - 그림책에 말 걸기

> 『어려도 지구는 우리가 구할 거야!』
> 롤 커비 글, 아델리나 리리어스 그림, 책읽는곰
>
> 기후 위기와 생태계 파괴 등 지구의 다양한 문제에 맞서는 어린이 12명의 생생한 경험담을 담고 있다. 작가는 열대 우림을 지키는 조던, 플라스틱 사용을 줄이기 위해 노력하는 미크 자매, 바닷가에 낚싯줄 수거함을 만든 섈리스, 멸종 위기에 처한 흰코뿔소를 구하는 헌터 등의 이야기를 통해 작은 행동이 큰 변화를 일으킬 수 있다는 메시지를 전달한다.

1. 사전 학습(플립 러닝)

플립 러닝(Flipped Learning)[*]은 학습자가 주도적으로 학습 내용을 탐구하고 수업 시간에는 협력적 활동과 질문을 통해 깊이 있는 이해를 할 수 있는 학습 방식이다. 이러한 플립 러닝의 장점은 질문 중심 수업과 만났을 때 더욱 빛을 발한다. 플립 러닝에 활용할 학습 자료는 10분 내외의 영상으로 제공하며, 수업에서 배워야 할 주제와 관련된 내용을 담는다.

학생들이 수업 전에 미리 교사가 패들렛에 올린 학습 자료를 예습하므로 수업 시간에는 더욱 심도 있는 질문을 할 수 있다. 단순한 내용 확인 질문을 넘어 궁금한 점, 이해가 안 되는 부분, 더 알고 싶은 내용 등 다양

---

[*] 교사는 수업 전에 미리 온라인 강의 영상이나 학습 자료를 제공한다. 학생은 미리 새로운 개념을 예습하고 수업 시간에는 토의, 질의응답, 문제 해결 활동 등을 통해 학습 내용을 심화하고 응용한다.

한 질문을 만들며 능동적으로 학습에 참여할 수 있다. 학생들은 온라인 학습 자료를 통해 주제에 대한 배경지식을 쌓은 후 본 수업에 참여해야 하며, 수업 시간에 단순히 지식을 암기하는 것이 아니라 질문을 통해 스스로 탐구하고 문제를 해결한다.

학생들이 만든 질문
- 어떻게 나무의 지나친 벌목을 막기 위해 플라스틱이 등장하게 된 걸까?
- 우리나라 청소년의 기후 행동에는 무엇이 있을까?
- 올바른 재활용 방법을 어떤 방법으로 홍보할 수 있을까?

사전영상을 보고 질문을 만들면서 학생들은 환경 문제의 심각성을 인식하고 자신들과 기후 위기 상황이 밀접한 관련이 있다는 것을 깨닫는다. 더 나아가 환경을 보호하기 위해 실질적으로 어떤 행동을 해야 할지 고민하면서, 환경 보호의 주체로서 책임감을 느끼게 된다.

2. 패들렛을 이용하여 표지 보고 질문 만들기

그림책 수업을 하기 전에는 반드시 패들렛에 익숙하지 않은 학생들을 위해 활용 방법을 탐색하는 질문을 한다. 학생들은 질문을 주고받는 과정에서 정보를 찾고 학습하는 능력을 키운다. 교사는 답이 한 개에서 여러 개까지 될 수 있는 다양한 질문을 통해 학생들의 수업 활용 도구에 대한 이해도를 확인하고 수업의 난이도와 방향을 정한다. 사용 후에는 패들렛을 수업 시간에 활용하면서 어려웠던 점이나 새롭게 알게 된 점, 좋았던 점을 함께 나누는 시간을 갖는다.

패들렛 사용 전 교사의 질문
- 만든 게시글을 어떻게 이동하거나 삭제할 수 있을까요?
- 패들렛에 글을 작성할 때 어떤 점을 주의해야 할까요?
- 다른 사람이 작성한 글에 어떻게 반응할 수 있을까요?
- 다른 친구들의 의견에 댓글을 달 때 어떤 점을 신경 써야 할까요?

패들렛 사용 후 교사의 질문
- 수업 시간에 패들렛을 활용하니 어떤 장점이 있었나요?
- 패들렛을 사용하며 어려웠던 점, 새롭게 알게 된 점이 무엇인가요?

표지를 보고 질문을 만드는 활동은 쉽고 간단한 과정을 통해 모든 학생이 능동적으로 지식을 구성할 수 있도록 돕는다. 학생들은 패들렛에 올라와 있는 그림책의 표지를 자세히 관찰하여 등장인물의 감정이나 행동, 사건, 배경 등에 대해 깊이 있는 질문을 만든다. 각자 패들렛에 질문을 작성하고 공유하면서 그림책의 다양한 측면을 생각하고 탐구한다.

학생들에게 그림책을 다 읽고 떠오르는 질문을 만들라고 하면 조금 어려워한다. 하지만 단편적인 장면이나 글을 보고 질문을 만들 때는 어려워하지 않는다. 그중에서도 표지는 학생들이 내용을 예상하기에 좋은 단서가 많으므로 질문 만들기에 좋다. 표지 대신 그림책에 나오는 이미지를 제시하고 싶을 땐 『어려도 지구는 우리가 구할 거야!』와 같이 그림이 구체적이고 분명한 것을 제공한다. 너무 추상적이면, 그림의 이미지를 해석하여 질문을 만드는 것이 어렵기 때문이다. 그림에 내용이 담겨있어야 궁금한 것이 생기고 묻고 싶은 것이 생긴다. 교사는 학생들이 질문을 다 만들면 패들렛의 슬라이드쇼 기능을 이용해서 함께 질문을 살펴보며 서로의 다양한 생각들을 알아볼 기회를 제공한다.

2단계 : 질문 표현하기 - 그림책 읽기

1. 그림책 읽고 워드 클라우드 만들기

워드 클라우드는 간단한 조작만으로도 단어의 빈도에 따라 핵심 단어를 시각적으로 표현할 수 있어 처음 접하는 학생들도 쉽게 참여할 수 있는 매력적인 도구이다. 질문을 만들 때는 핵심 단어가 매우 중요하다. 워드 클라우드를 통해 핵심 단어를 시각적으로 확인하며 질문을 만든다면 생각을 어떻게 구상하고 표현해야 하는지에 대한 방향을 보다 빨리 잡을 수 있다. 『어려도 지구는 우리가 구할 거야!』를 읽고 학생들이 떠올리는 단어들을 워드 클라우드로 만들면 그림책에 대한 다양한 생각과 느낌을 한눈에 파악할 수 있다.

교사는 사전에 그림책의 내용을 기반으로 워드 클라우드를 만들어 준비한다. 교사가 사전에 만든 워드 클라우드에는 그림책의 주요 내용과 주제를 반영한 단어들이 포함되어 있어, 학생들이 만든 결과물과 비교 분석하기 좋다. 학생들과 워드 클라우드를 만드는 활동을 시작하기 전에, '이 그림책에서 어떤 단어가 가장 많이 나올 것 같나요?'와 같은 예측 질문으로 학생들의 예상을 유도하고, 워드 클라우드를 생성하여 실제 결과와 비교 분석하는 활동을 한다. 학생들은 이 과정을 통해 특정 단어가 많이 등장한 이유와 자신의 예상과 어떤 차이가 있는지 살펴보면서 그림책 내용을 깊이 이해할 수 있다.

멘티미터의 워드 클라우드 기능을 활용하여 각자 중요하다고 생각하는 단어를 최소 5개 이상 자유롭게 입력한다. 만약, 학생들이 핵심 단어를 찾는 데 어려움을 느낀다면, 그림책 제목이나 반복적으로 등장하는 단어, 인상 깊었던 단어 등을 떠올려 보도록 안내한다. 또한, 그림책에 등장하지 않는 단어라도 학생들이 생각하는 핵심 단어라면 자유롭게 추가하도록 격려한다.

워드 클라우드가 생성된 후, 학생들은 입력한 핵심 단어가 시각적으로 표현된 결과를 보며 자신이 수업의 주체가 되었다는 생각에 학습 내용에 더욱 흥미를 느끼게 된다. 교사는 다양한 관점에서 주제를 탐구하고 이해를 넓힐 수 있는 질문을 한다. 이러한 질문들은 학생들이 핵심 내용을 파악하는 데 큰 도움이 된다.

워드 클라우드 생성 전 활용할 수 있는 교사 질문
- [핵심 단어 예상] 어떤 단어가 많이 나올 것으로 생각하나요?
- [워드 클라우드 이해도 확인] 우리 반 친구들의 생각을 어떻게 파악할 수 있을까요?

워드 클라우드 생성 후 활용할 수 있는 교사 질문
- [그림책의 핵심 주제 파악] 가장 크게 나타난 단어는 무엇인가요? 왜 이 단어가 많이 나왔다고 생각하나요?
- [다양한 관점과 해석] 예상하지 못한 단어가 있나요? 그 단어가 나온 이유는 무엇일까요?
- [단어 간의 관계 분석] 지구라는 단어와 플라스틱이라는 단어가 함께 자주 등장했는데, 이 두 단어 사이에는 어떤 관계가 있을까요?
- [새로운 질문 생성 유도] 단어들을 바탕으로 어떤 질문을 만들어볼 수 있을까요?

교사는 학생들이 입력한 단어들을 분석하여 이를 바탕으로 그림책에 대한 학생들의 생각과 이해 수준을 파악한다. 핵심 단어들을 살펴보면 학생들이 개념이나 주제에 대해 얼마나 알고 있는지, 어떤 부분에 관심이 있는지를 한눈에 알 수 있다. 교사가 사전에 책의 내용을 분석하여 만든 워드 클라우드를 학생들이 만든 워드 클라우드와 비교·분석하는 활동은 그림책의 핵심 단어를 파악하고 학생들이 다양한 질문을 만드는 데 효과적이다. 이는 학생들의 비판적 사고 능력을 촉진하며, 특정 단어가 많이 등장한 이유와 자신이 예상한 것과 차이를 생각해볼 수 있어 그림책 내용에 대한 깊이 있는 이해를 가능하게 한다.

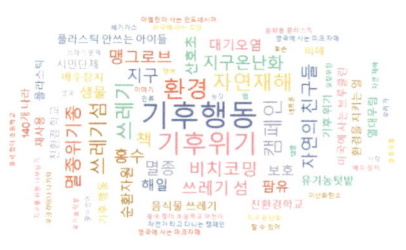
학생들이 만든 워드 클라우드

교사가 만든 워드 클라우드

2. 패들렛(샌드박스)를 이용한 질문 만들기

질문 수업의 핵심은 단계별 질문을 통한 토의이다. 따라서 토의를 준비하는 과정에서 교사와 학생은 질문을 만들고 생각을 나눌 수 있어야 한다. 패들렛 샌드박스는 질문 중심 수업을 효과적으로 운영하는 데 유용한 도구로, 자유롭게 아이디어를 펼치고 협업할 수 있는 공간을 제공한다. 마치 모래밭에 자유롭게 그림을 그리거나 조형물을 만들 듯이 다양한 콘텐츠를 추가하고 이동시키면서 자유롭게 표현할 수 있다. 특히, 패들렛의 다른 기능과 연동하여 미디어 파일을 첨부하고 외부 링크를 연결하는 등 더욱 풍부한 협업 환경을 구축할 수 있다. 여러 사람이 함께 참여하여 아이디어를 자유롭게 주고받을 수 있어 협업과 창의성을 증진하기 위한 최적의 도구이다. 특히, 학생들이 샌드박스에서 자유롭게 질문을 던지고 답을 찾아가는 과정을 통해 주도적으로 학습에 참여할 수 있어 질문 중심 수업에 매우 효과적이다.

학생들은 자유롭게 질문을 게시하고 다른 학생들이나 교사의 답변을 확인하며 궁금증을 해소할 수 있다. 교사는 학생들의 질문을 실시간으로 확인하여 어떤 부분에서 어려움을 느끼는지, 어떤 부분에 더 흥미를 느끼는지를 살펴보고 개별 피드백이나 추가 자료를 제공하여 학습 효과를 극대화할 수 있다. 이러한 과정은 학생들이 질문을 통해 문제를 해결하는 능력을 키우고, 학습에 대한 자신감을 높이는 데 도움을 준다.

질문 수업에서 학생들의 질문을 모두 듣다 보면 물리적 시간이 부족해진다. 그래서 그림책을 읽고 질문에 대한 기준을 세워 종류별로 구분하면 수업의 방향을 더 쉽게 정할 수 있다. 샌드박스의 포스트잇 기능은 질문의 유형을 구분하고 시각적으로 표현하기에 적합하다.

교사는 학생들에게 패들렛-샌드박스에 포스트잇 색깔을 달리하여 내용 질문, 상상 질문, 적용 질문, 종합 질문[*]으로 나누어 만들게 한다. 학생들은 워드 클라우드의 결과를 보고 샌드박스에 『어려도 지구는 우리

---

[*] 소개하는 질문 전략은 하브루타를 우리나라 교육 현장에 맞게 재해석하고 체계화한 전성수 교수님의 연구를 바탕으로 하고 있다.

가 구할 거야!』에서 자기만의 키워드를 3~4개를 골라 결합하여 질문을 만든다. 키워드를 고른 이유를 물으면 학생 각자의 배경지식과 관심사, 가치관 등을 구체적으로 알 수 있다. 학생들은 '기후 위기', '기후 행동', '플라스틱', '지구'와 같은 핵심 단어를 바탕으로 상상해보고, 삶과 연관도 지어보며 모둠별로 같은 페이지(샌드박스에서는 카드라고 부름)에 질문을 만든다.

질문을 만들기 어려워하는 학생들에게는 핵심 단어와 유사한 '캠페인'이나 플라스틱의 반대 단어인 '친환경소재'를 제시하는 등 질문의 개념을 명확히 하여 더욱 쉽게 질문을 만들 수 있도록 돕는다. 학생들은 질문을 유형별로 만들고 분석하면서 학습 내용을 깊이 있게 사고하게 된다. 단순한 내용 질문을 넘어서 상상, 적용, 종합 질문을 생성하고 탐구하는 과정을 통해 문제 해결 능력과 비판적 사고 능력을 키울 수 있다.

1. 내용 질문

그림책 속 단어와 문장의 뜻, 인물, 사건, 배경에 집중하여 질문을 만든다. 학생들에게 그림책에서 자주 등장하는 단어나 인물, 사건, 배경에 대해 육하원칙을 적용하여 질문을 만들게 하면 어렵지 않게 만들 수 있다. 질문을 만들고 텍스트에서 정답을 확인하며 기본 내용을 파악한다. 내용 질문을 만드는 것에 익숙해지면, 거꾸로 정답을 보고 질문을 만들게 하는 활동을 추가로 진행한다.

학생들이 만든 내용 질문의 예시
- 기후 위기를 막기 위해 12명의 어린이는 무엇을 했나?
- 우크라이나에 사는 니키타는 음식물 쓰레기를 어떻게 재활용했을까?

2. 상상 질문

텍스트를 바탕으로 그림책에 숨겨진 이야기까지 상상하고 유추하여 질문을 만들면, 같은 질문에도 다양한 답변이 나올 수 있다. 열린 질문을 통해 각자가 다른 생각을 이야기할 수 있지만, 주어진 텍스트를 기반으로 자기만의 사고 과정을 거쳐 대답하도록 하는 것이 중요하다. 질문을 만들기 어려워하면 '만약에, 왜?'라는 단어를 넣어서 만들게 한다.

학생들이 만든 상상 질문의 예시
- 만약, 우리가 멸종 위기 동물이라면 어떤 기분이 들까?
- 누구도 쓰레기를 줍지 않으면 어떤 일이 생기게 될까?

3. 적용 질문

적용 질문을 만드는 가장 쉬운 방법은 '나라면, 어떻게?'와 같은 형태를 사용하는 것이다. 그림책 상황에 나의 삶을 연결하고 내면화하여 질문을 만든다. 그림책 속 등장인물이 겪는 상황에 이입하여 '나라면 어떻게 할까?'를 고민하고, 이를 바탕으로 실제로 실천할 수 있는 방법을 생각해보게 하는 질문은 학생들의 성장에 큰 도움이 된다. 학생들은 그림책의 이야기가 현실과 동떨어진 것이 아니라 밀접하게 관련되어 있다는 것을 깨닫고 개인의 실천을 넘어 사회 문제에도 관심을 두고 문제를 해결하기 위해 고민한다.

학생들이 만든 적용 질문의 예시
- 나라면 기후 위기에 처한 지구를 위해 무엇을 할 수 있을까?
- 책 속의 이야기를 우리 삶에 어떻게 적용할 수 있을까?

4. 종합 질문

앞의 모든 질문을 종합할 수 있는 질문으로, 그림책의 수제에 대한 새로운 생각, 배운 점이나 느낀 점을 묻는다. 예를 들어 "이 그림책을 통해 어떤 새로운 시각이나 배움을 얻었나요?" 또는 "이 책에서 말하고자 하는 바를 자기 삶이나 주변 사회에 어떻게 적용할 수 있을까요?"와 같은 질문을 통해 학생들이 그림책 속 다양한 키워드를 종합하여 전체적인 개념, 주제, 가치에 대해 자기 생각을 표현하도록 유도할 수 있다.

학생들이 만든 종합 질문의 예시
- 이 책에서 말하고자 하는 것은 무엇일까?
- 내가 이 책을 읽고 환경에 대해 새롭게 배운 점은 무엇인가?

학생들은 그림책을 읽고 단순히 내용을 이해하는 데 그치지 않고, 숨겨진 의미를 파악하고 비판적으로 분석하는 과정에서 '왜'와 '어떻게'라는 질문을 던지며 깊이 있는 사고를 할 수 있게 된다. 교사와 학생, 학생 간의 다양한 질문과 답변을 통해 새로운 아이디어를 떠올릴 수 있으며 문제 해결 능력도 기를 수 있다. 교사는 학생들이 부담 없이 참여할 수 있는 자유롭고 편안한 분위기를 만들어야 한다. 또한, 정답이 정해진 질문보다는 다양한 답변이 가능한 열린 질문을 스스로 할 수 있도록 학습 환경을 조성해야 한다.

3단계 : 질문으로 토의하기

1. 교사 질문으로 토의하기

『어려도 지구는 우리가 구할 거야!』는 12명의 어린이가 세계 곳곳에서 지구를 지키기 위해 어떻게 노력했는지에 실화를 바탕으로 쓴 이야기이다. 주인공들은 음식물 쓰레기를 줄이기 위해 마을에 유기농 텃밭을 만들고 멸종위기종을 보호하는 캠페인을 벌이는 등 친구들과 함께 기후 위기를 극복하기 위한 여러 가지 방법을 시도한다.

교사는 먼저 적절한 질문으로 학생들이 각자의 생각과 경험을 실제 삶과 연관 지어 생각할 수 있도록 돕는다. 또한, 환경 문제와 관련된 정보는 정확해야 하므로, 정확하지 않은 정보가 있는 경우 검색을 통해 사실에 기반한 내용을 바탕으로 토의하도록 안내한다.

먼저, 학생들이 쓴 내용 질문을 살펴보고 그림책에 대한 이해도를 확인한 후 질문한다. 예를 들어, "지구에 떠다니는 쓰레기 섬의 넓이는 한반도의 몇 배일까요?" 또는 "과자, 비누, 샴푸, 세제에 공통으로 들어 있는 것은 무엇일까요?"와 같은 질문을 할 수 있다. 이러한 내용 질문은 논의의 출발점이 되어 학생들이 더 깊이 있는 의견을 제시하도록 유도할 수 있다.

이후 학생들에게 패들렛 샌드박스에 있는 다른 모둠의 내용 질문을 살펴보게 하고, 이를 바탕으로 토의하도록 한다. 그림책을 떠올리며 내용 질문을 만들고 답하는 과정에서 학생들은 기후 행동에 관해 더 정확하게 알게 된다. 학생들은 실제 어린이들이 했던 기후 행동에 관해 보다 정확히 알게 된다. 이를 통해 학생들은 기후 문제에 대한 이해를 높이고, 실천적인 태도를 기를 수 있다.

다음으로 상상 질문을 통해 학생들에게 창의성과 문제 해결 능력을 길러준다. 학생들 대부분은 에듀테크 활용 수업에 흥미를 보이지만, 상상 질문을 통해 호기심을 자극하고 능동적인 참여를 유도하면 학습 몰입도를 더욱 높일 수 있다. 예를 들어, "만약 지금처럼 기후 위기가 지속된다면 지구는 어떻게 될까요?", "샐리스가 만든 해양 동물과 그 서식지를 보호하는 방법을 알리는 표지판은 어떤 모습일까요?"와 같은 질문으로 학생들의 자유로운 상상을 돕는다. 이러한 질문은 학생들이 창의적으로 사고하고, 문제를 다양한 관점에서 바라볼 기회를 제공한다.

적용 질문은 그림책의 주제를 삶과 연결하여 개인적인 실천을 넘어 사회 문제에 관심을 불러일으키고, 적극적으로 해결 방안을 모색하도록 이끌어준다. 교사는 "우리 고장의 소중한 생태자원을 보호하기 위해 할 수 있는 일은 무엇이 있을까요?", "내가 하고 싶은 기후 행동은 무엇이 있나요? 어떤 방법으로 진행하고 싶나요?"와 같은 질문을 한다.

이러한 적용 질문은 문제를 계획하고 해결하는 단계에서 아이디어를 구상하는 바탕이 되므로, 학생들이 깊이 있게 생각해볼 수 있도록 충분한 토의 시간을 준다. 이를 통해 학생들은 자기 생각을 나누고 실제로 실천할 방안을 모색하게 된다.

마지막으로 종합 질문을 통해 내용에 관한 질문을 넘어 학습 과정, 전략, 문제 해결 방식 등을 되돌아보고 스스로 평가하게 한다. 교사는 "기후 위기를 막기 위한 문제 해결 방법이 적합한가요?", "문제를 해결할 때 어떤 점이 어려웠으며 어떻게 수정하고 싶나요?"와 같은 질문을 통해 학생의 반성적 사고를 끌어낸다.

2. 학생 질문으로 토의하기

텍스트에서 답을 찾을 수 있는 내용 질문을 제외한 상상, 적용, 종합 질문은 정해진 답이 없는 열린 질문이므로 다양한 답변이 나온다. 한 가지 주제를 깊이 있게 생각할 수 있도록 교사는 패들렛의 '캔버스 서식'을 이용해서 상상, 적용, 종합 질문 중 한 개를 선정하여 모둠 대표 질문을 적게 한다. '캔버스 서식' 패들렛에는 게시물 연결 기능이 있어 질문과 관련 있는 토의 결과를 연결하기 좋다.

먼저, 모둠별로 대표 주제를 선정하여 패들렛에 올리고 토의한다. 모둠별로 '기후 행동을 하면 행복한 이유는 무엇인가?'(상상 질문), '우리나라는 청소년 기후 행동이 활발히 진행되는 나라인가?'(적용 질문), '내가 기후 행동을 한다면 어떤 방법으로 할 것인가?'(적용 질문), '책 속의 이야기를 우리 삶에 어떻게 적용할 수 있을까?'(종합 질문) 등의 질문 중 한 가지를 선택할 수 있다. 토의가 끝나면 각자의 생각을 정리하여 적고 비슷한 생각끼리 선으로 연결한다. 이렇게 만들어진 관계도를 통해 학생들은 질문과 토의 결과 사이의 흐름을 한눈에 파악할 수 있다. 만약, 여러 모둠에서 같은 질문을 선택했다면 각 모둠은 별도로 토의를 진행하고 토의 결과는 동일한 공간에 모아 함께 정리한다.

이후 다른 모둠의 결과를 살펴보며 서로 생각을 공유하고 비교·분석한다. 이 과정에서 학생들은 다양한 관점을 접하고 생각을 더욱 발전시킬 수 있으며 협력적인 문제 해결 능력과 의사소통 능력을 기를 수 있다.

패들렛은 텍스트, 이미지, 동영상, 링크 등 다양한 형태의 콘텐츠를 자유롭게 게시할 수 있어 학생들이 생각을 다채롭게 표현하고 창의성을 마음껏 발휘할 수 있는 공간을 제공한다. 동영상 등 콘텐츠의 형태와 관계없이 플랫폼을 이용하여 일관된 형식으로 콘텐츠를 공유하고 보관할 수 있어 아카이빙에도 용이하다. 또한, 토의의 사고 과정을 효율적으로 보여주기 때문에 학생 상호 간의 소통을 극대화할 수 있다.

학생들은 주제와 관련된 다양한 질문과 답변의 공유를 통해 자신들의 작은 실천이 모여 큰 변화를 일으킬 수 있음을 깨닫는다. 『어려도 지구는 우리가 구할 거야!』 속 이야기를 넘어 현실 세계의 환경 문제에 대해 고민하며 스스로 실천할 수 있는 구체적인 해결 방안을 찾는다.

모둠별 대표 질문 선정하고 토의하기

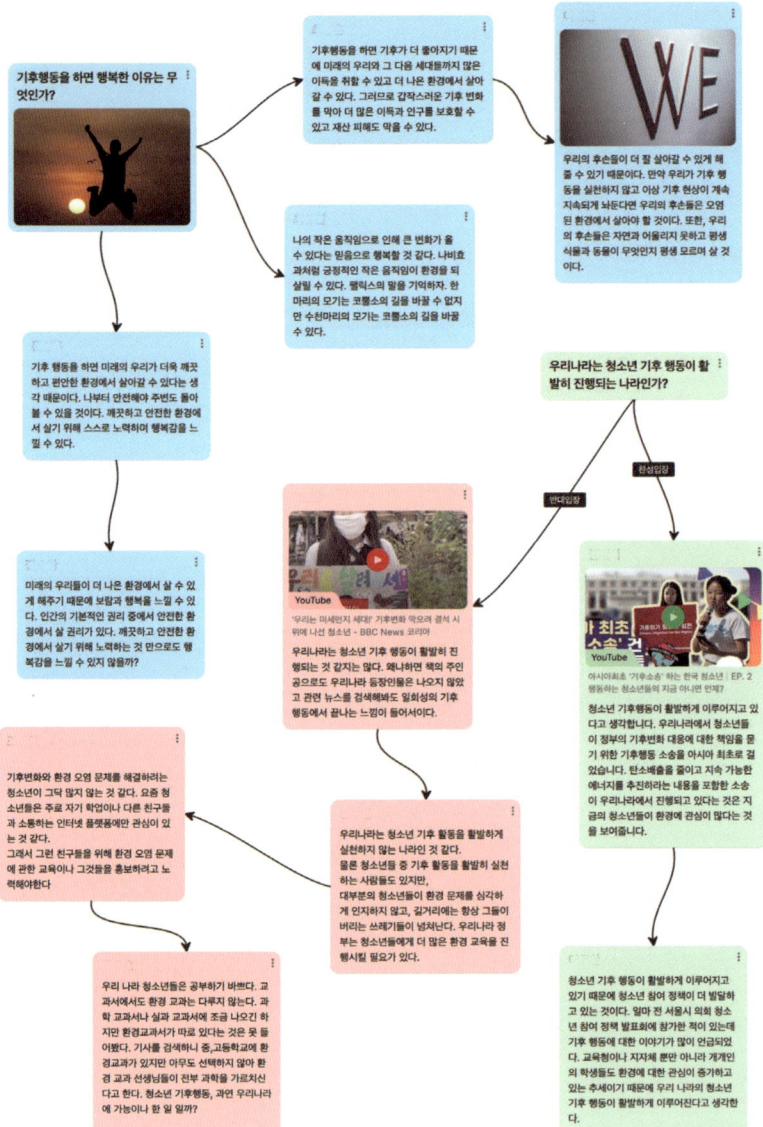

4단계 : 문제 계획하고 실행하기
-창의력 넘치는 디지털 그림책 만들기

『어려도 지구는 우리가 구할 거야!』를 읽고 토의하면서 학생들은 기후 행동을 실천하는 어린이들의 이야기를 자기 삶에 적용한다. 기후 행동을 하면 행복한 이유를 탐색하며, "우리도 환경을 사랑하는 마음으로 기후 행동을 하면 행복함을 느낄 수 있을 거야"라는 결론에 도달하기도 하고, 우리나라에서 기후 행동을 실천하는 학생들의 사례를 보면서 "나도 환경을 위한 무언가를 실천 할 수 있어"라는 용기를 얻는다.

모둠별로 대표 질문에 대해 패들렛을 살펴보며 충분히 탐색한 후, 돌아가며 토의하여 반 전체의 대표 질문을 선정한다. 예를 들어, "내가 기후 행동을 한다면 어떤 방법으로 할 것인가?"와 같은 질문을 선정하고, 문제를 해결하는 방법을 생각해본다.

교사는 학생들에게 기후 행동에 대한 구체적인 실천 사례를 인터넷을 통해 조사해보게 하고, 조사한 결과를 바탕으로 실천하고 싶은 기후 행동을 개인별로 패들렛에 올리게 한다. 아이디어가 비슷하거나 같은 경우 선으로 연결하고, 다른 친구들의 생각에 동의할 때는 하트를 눌러 반응을 표시하게 한다.

학생들은 여러 아이디어를 검토하면서 실현 가능성과 환경에 미치는 긍정적인 영향을 고려하여 '북크리에이터를 활용한 환경 주제 디지털 그림책 만들기'라는 해결 방안을 선택할 수 있다. 북크리에이터는 학생들이 직접 디지털 그림책을 만들 수 있는 에듀테크 도구로 그림, 사진, 텍스트, 음성 등 다양한 미디어를 활용하여 자신만의 이야기를 창작하고 표현할 수 있다. 또한, 실제 전자책으로 등록하고 발행하는 기능까지 제공하여 종이를 사용하지 않고도 학생들이 창작물을 전 세계 독자들과 공유할 수 있다. 자신의 목소리를 통해 환경 문제에 대한 인식을 높이고 더 나아가 글로벌 차원의 기후 행동을 촉구하는 것은 학생들에게 의미 있는 경험이 된다.

디지털 그림책을 구상하는 단계에서부터 발표 및 공유의 단계[*]까지 교사의 질문은 학생들의 창의성과 능동적인 참여를 끌어내는 중요한 역할을 한다. 교사의 질문은 학생들이 스스로 생각하고 표현하며 문제를 해결하는 과정을 통해 디지털 스토리텔링 능력을 키울 수 있도록 돕는다.

아이디어 구상 및 계획하기는 그림책 제작의 핵심 단계로 개성 있는 등장인물 설정과 적절한 자료 조사를 통해 이야기를 풍부하게 만드는 것이 중요하다. 교사는 학생들이 스스로 아이디어를 구상하고 계획할 수 있도록 아래와 같이 질문을 한다.

그림책 내용 실생활과 연계
- 우리 주변에서 볼 수 있는 환경 문제는 무엇이 있을까요?
- 우리가 실천할 수 있는 기후 행동에는 어떤 것들이 있을까요?

주제 선정 및 줄거리 설정
- 어떤 환경 문제를 주제로 그림책을 만들고 싶나요?
- 우리나라에서 기후 행동을 하는 학생을 주인공으로 한다면, 주인공

---

[*] 여기서는 북크리에이터를 활용하여 디지털 그림책을 만드는 단계를 [아이디어 구상 및 계획하기-스토리보드 작성-북크리에이터 활용 및 디지털 그림책 제작-발표 및 공유] 4단계로 나누었다.

은 어떤 특징을 가지고 있을까요?

학생들은 그림책의 주제를 구체적으로 정하고, 주인공의 특징과 이야기의 전개 방향을 설정하여 창의적인 이야기를 만들 수 있다. 예를 들어, 우리나라에서 기후 행동을 하는 학생을 주인공으로 설정하고 특징을 질문하면 학생들은 현실과 그림책의 내용인 기후 행동을 연결하여 이야기를 구상하고, 기후 행동을 더욱 적극적으로 바라보게 된다.

두 번째 단계인 스토리보드를 작성할 때는 각 장면의 내용, 그림, 글, 배치 등을 스케치하고, 전체적인 이야기 흐름을 시각적으로 구성하는 것이 중요하다. 교사는 학생들에게 자기 아이디어를 바탕으로 구상한 그림책의 내용과 관련 있는 자료를 수집하게 한다.

학생들은 그림, 사진, 음악 등 책에 필요한 자료를 수집하고 준비한다. 환경을 주제로 정확하고 신뢰할 수 있는 정보를 수집하며, 이야기 속 사건들을 어떤 순서와 방식으로 연결할지 고민한다. 자료 수집 과정에서 얻은 정보와 지식은 새로운 아이디어를 떠올리는 데 도움이 되므로 출처가 분명한, 신뢰할 수 있는 자료를 수집해야 한다. 교사는 저작권에 대한 교육을 추가로 시행하여 저작권을 위반하지 않는 자료를 활용하도록 한다.

스토리보드 작성 단계는 전 단계의 수많은 아이디어를 수렴하여 이야기를 구성하는 중요한 단계이기 때문에 질문이 구체적일수록 좋다. 교사는 학생들이 스토리보드를 작성할 때 어떤 그림을 어떻게 사용할 것인지 전체적인 흐름을 스스로 계획할 수 있도록 아래와 같이 질문한다.

이야기 구성
- 멸종 위기 동물에 관한 이야기를 몇 개의 장면으로 나눌 수 있을까요?
- 재료의 이동 과정에서 탄소발자국이 생기는 장면은 어떤 그림과 글을 사용해야 할까요?
- 채식에 대한 그림책을 만들 때 첫 장면의 배경은 어떻게 설정할까요?

전체 흐름 점검
- 그림책을 통해 내가 전달하고 싶은 메시지는 무엇인가요?
- 스토리보드에서 이야기의 흐름은 매끄러운가요?

환경을 주제로 한 디지털 그림책을 만들기 위해서는 가장 먼저 북크리에이터* 도구에 대한 이해가 필요하다. 북크리에이터 활용 및 디지털 그림책 제작 단계에서 교사는 북크리에이터의 기능을 탐색하는 질문을 통해 각 기능에 대한 이해도를 점검한다. 이후 북크리에이터의 다양한 기능을 활용하여 어떻게 디지털 그림책을 만들 것인지에 대해 질문하여 학생들의 창의적인 아이디어 발상을 촉진하고 자신만의 독창적인 그림책을 만들도록 돕는다.

학생들은 본격적으로 디지털 그림책을 만들기 전 각 기능이 어떻게 사용되는지 살펴보고, 어떤 기능을 활용하여 그림책을 더욱 풍성하게 표현할 수 있을지 생각해본다. 독자와 더욱 가깝게 소통하고 싶다면 음성

---

* 북크리에이터를 캔바와 연동하면 다양한 디자인과 레이아웃으로 그림책을 꾸밀 수 있어 학생들이 더욱 손쉽게 디지털 책을 제작할 수 있으니 교사가 사전에 연동해두는 것이 좋다.

녹음이나 게임, 퀴즈 등의 요소를 추가하여 상호작용을 유도할 수 있다.

디지털 그림책을 제작할 때는 페이지 구성과 효과적인 전달 방법에 관한 질문을 통해 학생들이 북크리에이터를 활용하는 데 도움을 준다. 이러한 경험을 통해 학생들은 그림과 글을 단순히 나열하는 것을 넘어, 각 주제에 대한 자신만의 독창적인 스토리텔링 능력과 효과적인 메시지 전달 능력을 함양할 수 있다.

학생들은 페이지별로 어떤 내용을 담을지 구체적으로 계획한다. 기후 변화의 심각성, 생물 다양성의 중요성, 희망찬 미래 등 다양한 내용을 그림, 사진, 글, 음성 등을 활용하여 효과적으로 표현한다. 탄탄한 구성과 창의적인 표현 방법을 통해 환경 문제에 대한 메시지를 효과적으로 전달하는 디지털 그림책을 만들 수 있다.

기능 탐색

- 어떤 기능을 활용하면 숲을 주제로 한 그림책을 더욱 풍성하고 흥미롭게 만들 수 있을까요?
- 다양한 레이아웃, 글꼴, 효과 등을 어떻게 활용하여 그림책을 꾸밀 수 있을까요?
- 그림책에 인터랙티브 요소(예: 퀴즈, 게임 등)를 추가하려면 어떻게 해야 할까요?

표현

- 지구를 구하자는 주제로 각 페이지에 어떤 내용을 어떻게 표현할 것인가요?

- 그림, 사진, 텍스트, 음성 등 다양한 미디어를 활용하여 이야기를 효과적으로 전달하는 방법은 무엇일까요?

　디지털 그림책을 완성한 후, 교사는 학생들에게 그림책 소개 방법에 대해 질문을 한다. 이를 통해 학생들은 자기 작품을 객관적으로 분석하고 핵심 내용과 의도를 명확하게 전달하는 연습을 할 수 있다. 또한, 교사는 학생들이 자기 작품을 비판적으로 바라보고 개선점을 찾도록 유도하는 질문을 통해 문제 해결 능력을 키우도록 돕는다. 이러한 질문들은 학생들의 자기 성찰, 비판적 사고, 문제 해결 능력 그리고 표현 능력을 길러준다.

　학생들은 완성된 디지털 그림책을 감상하며 다른 학생들의 다양한 시각을 통해 새로운 아이디어를 얻고 생각을 더욱 확장시킨다. 작품을 감상하고 칭찬하는 긍정적인 피드백을 주고받으면서 동기 부여와 자신감도 얻을 수 있다. 완성된 그림책을 스스로 평가하고 개선점을 찾아 발전시킨 후, SNS 등을 통해 공유함으로써 환경 문제에 대한 공감대를 형성할 수 있다.

발표 및 공유
- 다른 사람들의 생태 감수성을 키워주기 위해 디지털 그림책을 어떻게 소개하면 좋을까요?
- 다양한 주제의 환경 그림책을 감상한 후, 내 디지털 그림책의 어떤 부분을 개선하고 싶었나요?

디지털 그림책 결과물

너희들의 도움이 필요해!

버려진 주스병의 이야기

내가 지구를 지키고 싶은 마음이 들었을 때

    디지털 시대의 빠른 변화 속에서 우리는 지난 50년 동안 겪었던 변화보다 더 혁신적인 미래로 나아가고 있다. 그리고 이러한 변화의 중심에서 미래 사회를 이끌어갈 주인공은 바로 디지털 유목민이라 불리는 오늘날의 학생들이다. 다양한 에듀테크 도구를 활용한 질문 수업은 디지털 기기에 익숙한 요즘 학생들이 스스로 자기 주도적이고 능동적으로 수업에 참여할 수 있도록 돕는다.

    교사는 질문을 통해 온라인 학습 환경에서 지식과 삶을 연결하고, 학생들의 수준에 맞는 에듀테크 도구를 효과적으로 활용하여 함께 생각을 나누고 협력하는 수업을 만들어갈 수 있다. 학생들은 교사의 단계별 질문을 생각하며 토의하는 과정에서 주제에 대해 더 깊이 사고할 수 있는 능력을 기르게 되어, 스스로 학습하고 성장할 수 있게 될 것이다. 에듀테크와 함께하는 그림책 질문 수업을 통해 학생들이 미래 사회에 필요한 핵심 역량을 키우고 능동적인 학습자로 성장할 수 있길 기대해본다.

9장

생성형 인공지능과 그림책 질문 수업

　교육적으로 생성형 인공지능(AI)을 활용한다는 것은 단순한 기술 사용을 넘어 학생들의 창의성과 비판적 사고를 촉진하고 학습 과정을 개인화할 중요한 기회로 여겨진다. AI는 텍스트, 이미지, 음악 등 다양한 형태의 콘텐츠를 생성할 수 있는 능력을 갖추고 있다. 이런 특성으로 작가와 독자가 인쇄 매체를 중심으로 일방적 소통을 했던 문학 생태계에서 AI는 한 권의 책을 다양한 양식으로 재현하며 작가-독자-또 다른 다수의 독자와 쌍방향 소통을 가능하게 한다.

　그림책 활용 교육에서도 디지털 기술과 AI로 그림책 활용의 잠재적 범위가 한층 더 다양해지고 확장되고 있다. 인쇄된 글과 그림을 통해 스토리 이해와 감정이입으로 그림책을 이해하던 방식에서 AI는 프롬프트 입력이라는 아주 손쉬운 방법만으로도 풍부한 설명력을 가진 다양한 콘텐츠로 재생산된다. 교실에서 학생들은 학습 경험을 풍부하게 만드는 하나의 장치로 AI와 협업하고, 그 과정에서 생각과 감정을 다양한 방식으로 표현하며 적극적인 독자가 된다. 평면의 그림책이 AI로 말과 글, 그림과 음악, 영상으로 변환되며 창의성에 날개를 달아 움직이는 셈이다.

　2022 개정 교육과정은 학생들이 학습을 주도하고, 깊이 있는 이해와 창의적 역량을 함양하는 것을 핵심 목표로 삼고 있다. 교육과정에서 AI

도구는 디지털 다매체 시대 언어 환경 변화에 대응하며 적응하는 도구로 학생들의 창의적 사고와 협력적 소통 역량 강화에 어떻게 기여하는지를 잘 보여준다. 매체를 통한 소통 방식과 문화의 이해, 다양한 매체 자료를 주체적으로 수용하고 생산하는 능력 등 AI는 협력적 소통과 창의적 사고를 촉진하는 도구로 강조되고 있다.

프롬프트, 즉 명령어는 AI를 움직이는 필수 요소이며, 질문은 생성형 AI와의 협업을 위한 필수 도구다. 생성형 AI는 학생들의 질문에 실시간으로 답변을 제공하는데, 학생들은 자신의 호기심을 바탕으로 다양한 프롬프트를 입력해 질문하면서 학습 내용을 깊이 탐구하며 새로운 아이디어를 창출하게 된다. 질문은 사고를 심화시키고 더 깊이 있는 학습 경험을 쌓는 도구다. 꼬리에 꼬리를 물고 이어지는 질문은 개인의 관심을 매개로 더욱 깊이 있는 교육적 경험으로 확장된다.

AI의 또 다른 장점은 다양한 시도가 가능하다는 것이다. 학생들은 실패를 두려워하지 않고 끊임없이 새로운 질문을 던질 수 있으며, 때로는 엉뚱한 질문조차도 AI가 받아줌으로써 허용적인 학습 환경이 조성된다. 이러한 안전한 상태에서의 호기심은 학습을 더욱 몰입감 있게 만드는 촉진제가 된다. 이 점을 기억하면서 그림책 질문 수업에서도 AI의 가능성을 각자만의 새로운 방식으로 시도해보면 좋겠다.

이제 소개할 그림책 수업에서는 AI를 또 다른 학습의 기회로 삼아 가능성을 극대화하는 도구로 활용하도록 그림책 복합 매체 활용 수업을 설계해보았다. 이 수업은 AI의 텍스트, 이미지, 음악 등 생성 기능을 적극적으로 활용한다. 그림책을 읽기 전후 자신만의 이야기를 만들고, 그림을 그리며, 음악을 작곡하고 영상을 제작하는 적극적인 창작 활동에서 끊임없이 질문을 만들고 AI와 협업하며 문제를 해결해나가는 적극적인 과정이 자신의 생각과 감정을 자유롭게 표현할 수 있는 학습 경험이 된다.

그림책을 입체로: '나, 꽃으로 태어났어'를 뮤직비디오로 만들기

그림책을 뮤직비디오로 만드는 다매체 활용 수업은 학생들이 시와 그림으로 표현된 한 권의 그림책을 깊이 있게 이해하고, 그 이해를 바탕으로 창의적 표현 능력을 확장하는 것을 목표로 한다. 이를 위해 텍스트 기반 생성형 AI를 활용해 그림책의 내용을 질문하고 탐구하면서 상호작용

수업의 흐름과 AI 활용 도구

수업 단계	AI 활용 목적	활용 도구
1. AI로 그림책 깊이 탐구하기: 텍스트 기반 질문 생성	텍스트 생성 AI를 활용해 질문을 만들고 그림책을 다각도로 분석하기	wrtn.ai, ChatGPT, MS 코파일럿(Copilot) 등 텍스트 생성 AI
2. AI로 상상 확장하기: 그림책 시각화 이미지 생성	그림책의 장면을 상상하고, AI 도구를 활용해 텍스트를 시각적으로 구현하기	Padlet의 'I Can't Draw' MS 코파일럿(Copilot) 등 이미지 생성 AI
3. AI로 감정 표현하기: 그림책에 어울리는 음악 창작	AI 음악 생성 도구를 활용해 그림책의 감성적 장면에 어울리는 배경음악 창작하기	suno.ai
4. AI로 창작 완성하기: 나만의 뮤직비디오 제작	생성한 이미지와 음악을 결합해 하나의 창작물로 완성하며 그림책 다채롭게 재해석하기	Vrew, CapCut 등 영상 편집 도구

하며 자신만의 이미지와 음악을 생성한다. 이러한 과정은 국어 교육과 정에서 강조하는 디지털·미디어 역량과 창의적 사고 능력을 함양하는 데 중점을 둔다.

AI 도구는 텍스트 생성과 함께 시각적·청각적 표현을 돕는 음악과 이미지 생성 기능을 제공해 학생들은 AI 도구를 활용해 그림책의 평면적 내용을 살아 움직이는 입체 영상으로 변환하여 표현할 수 있다. 학생들은 학습 내용을 구체화하고, 주체적으로 창작을 완성하며, 비판적 사고와 협력적 소통 능력을 동시에 기르는 경험을 하게 된다.

1. AI로 그림책 깊이 탐구하기 : 텍스트 기반 질문 생성

『나, 꽃으로 태어났어』(엠마 줄리아니 글·그림, 이세진 역, 비룡소)는 꽃의 빛나는 삶을 시적으로 표현한 팝업북이다. 흑백의 대조와 섬세한 팝업 장치를 따라 빨강, 노랑, 보라, 파랑의 찬란한 꽃의 세계가 펼쳐진다. 꽃들은 피어나면서 기쁨과 감사, 죽음의 순간까지도 우리와 함께한다. 그 아름다운 꽃들은 그림책의 팝업으로 아름답게 피어나며 우리에게 기쁨과 감사의 메시지를 전달한다. 책을 세워 펼치면 '병풍' 형태로 변해 또 다른 방식으로 책을 즐길 수 있는데, 시적 표현과 어우러져 예술 작품으로 그림책을 감상할 수 있다.

활동 1. 연관 질문으로 그림책 깊이 읽기

텍스트 기반 생성형 AI는 그림책 깊이 읽기 도구로 활용할 수 있다. 생성형 AI는 기본적으로 프롬프트를 통해 텍스트를 생성하는데, 질문 만들기는 AI와 협업을 위한 필수 요소라 할 수 있다. AI는 학생들의 질문에 구체적인 답변을 실시간으로 제공한다. 질문하고 답을 얻는 과정에서 그림책의 텍스트와 이미지를 다양한 각도에서 탐구하고 이해를 확장할 수 있다.

  이때 질문의 깊이를 더하는 방법은 꼬리에 꼬리를 무는 연관 질문을 활용하는 것이다. 연관 질문은 초기 질문의 맥락과 관련된 정보, 문학적 장치, 역사적 배경, 심리적 동기 등 다양한 자료를 탐색해 질문의 주제와 연관된 다른 중요한 요소들을 고려해 AI가 생성해서 제안한다. AI는 학습자의 초기 질문을 바탕으로 더 복잡하고 심층적인 질문을 제안해 학습 경험을 풍부하게 만든다. 기초 이해 질문에서 탐구 질문으로 넘어가며 연관 질문을 활용하면 한 권의 그림책을 깊이 이해하고 다양한 해석의 가능성을 탐구할 수 있다.

AI와 질문으로 그림책 탐구하기

- 1단계 : 학생들은 텍스트 프롬프트를 입력해 AI와 대화하며 장면에 대한 설명과 해석, 작품에 대한 이해를 중심으로 질문으로 학습한다.
- 2단계 : 초기 질문 이후 생성형 AI의 연관 질문을 활용해 그림책을 다각도로 탐구해본다. 초기 질문 이후 연관 질문은 자동으로 생성된다. 학생들은 관심 있는 주제의 심화 질문을 선택함으로 자신의 관심사를 확장해 탐구한다. 연관 질문은 복잡한 이야기의 구조를 심층적으로 분석하고 새로운 시각으로 해석하고 탐구할 기회를 준다. 코파일럿은 출처를 표기해 확인할 수 있다.

연관 질문 활용 예시 : 코파일럿 활용

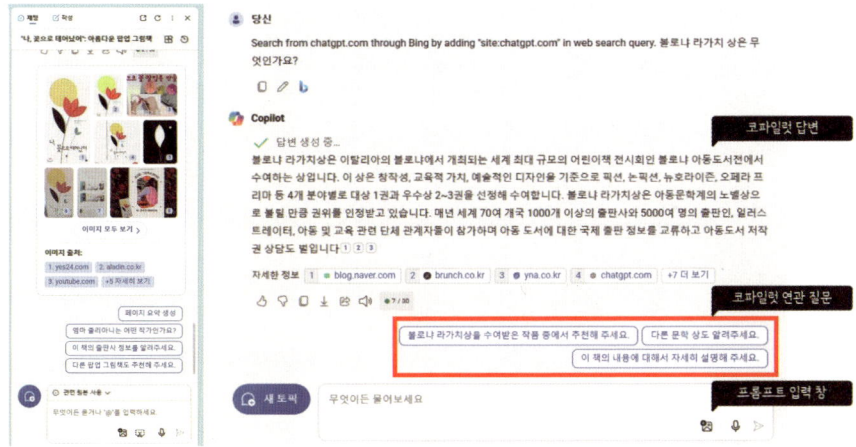

1차 질문 : 그림책 '나 꽃으로 태어났어'에 대해 자세히 알고 싶어요.

"나, 꽃으로 태어났어"는 엠마 줄리아니의 작품으로, 꽃으로 피어나는 이미지를 감상하며 꽃을 주인공으로 한 이야기를 읽을 수 있는 그림책입니다. 이 작품은 병풍형 모양으로 구성되어 있으며, 팝업 장치를 활용하여 꽃이 피어난 상태를 아름답게 표현하고 있습니다. 꽃은 따스한 햇살을 받아 피어나고, 곤충에게 자신의 꽃가루를 나누기도 하며 살아가는데, 이를 통해 인간의 삶과 꽃의 아름다움을 고백하고 있습니다. 이 그림책은 어린이부터 어른까지 각자의 시선으로 읽어보기 좋은 작품입니다.

AI 추천 연관 질문(AI가 학습자의 의도를 분석해 추천 질문을 생성해서 제시한다.)

1. 엠마 줄리아니는 어떤 작가인가요?
2. 이 책의 출판사 정보를 알려주세요.
3. 다른 팝업 그림책도 추천해주세요.

2차 질문 : [선택한 질문] 엠마 줄리아니는 어떤 작가인가요?

엠마 줄리아니는 청소년 출판 분야에서 그래픽 디자이너로 활동했습니다. 그녀의 첫 책인 "나, 꽃으로 태어났어"는 2014년 볼로냐 라가치 상 오페라 프리마 부문에서 우수상을 수상한 작품입니다. 이 책은 여린 꽃 한 송이가 세상에 피어나 인내와 헌신으로 사람들을 돕고 나누며, 기쁨과 감사로 삶을 노래하는 이야기를 담아낸 팝업 그림책입니다. 간결하고 함축적인 글에 담긴 꽃의 아름다운 고백은 우리에게 삶에 대한 굳은 용기와 위로, 소망을 전해줍니다. 엠마 줄리아니의 작품은 섬세한 종이 공예와 감각적인 색의 조합, 심플한 드로잉으로 독자들의 탄성을 자아냅니다.

AI 추천 연관 질문
1. 다른 엠마 줄리아니의 작품도 있나요?
2. 이 책을 읽어본 사람들은 어떤 반응을 보였나요?
3. 팝업 그림책 제작에 대해 더 알려주세요.

3차 질문 : [선택한 질문] 이 책을 읽은 사람은 어떤 반응을 보였나요?

읽은 사람들은 이 그림책을 아름답고 감동적으로 평가하며, 꽃이 하는 이야기가 단순히 꽃의 이야기가 아니라 인간의 삶을 대변한다고 생각합니다. 꽃이 세상 속에서 아름답게 살아가는 모습은 우리에게도 큰 영감을 줍니다. 이 책은 유아부터 어른까지 각자의 시선으로 읽어보기 좋은 작품입니다.

4차 질문 : [선택한 질문] 다른 엠마 줄리아니의 작품도 있나요?

Emma Giuliani는 여러 권의 창의적이고 아름다운 그림책을 저술한 작가입니다. 그녀의 주요 작품으로는 다음과 같은 책들이 있습니다:
In the Garden – 정원에서의 계절 변화와 생명을 탐구하는 책입니다.

> At the Sea – 바다와 해변을 배경으로 한 상호작용적인 리프트-더-플랩 책입니다.
>
> **5차 질문 : 볼로냐 라가치상은 무엇인가요?**
> 볼로냐 라가치상은 이탈리아의 볼로냐에서 개최되는 세계 최대 규모의 어린이책 전시회인 볼로냐 아동도서전에서 수여하는 상입니다. 이 상은 창작성, 교육적 가치, 예술적인 디자인을 기준으로 픽션, 논픽션, 뉴호라이즌, 오페라 프리마 등 4개 분야별로 대상 1권과 우수상 2~3권을 선정해 수여합니다. 볼로냐 라가치상은 아동문학계의 노벨상으로 불릴 만큼 권위를 인정받고 있습니다. 매년 세계 70여 개국 1000개 이상의 출판사와 5000여 명의 출판인, 일러스트레이터, 아동 및 교육 관련 단체 관계자들이 참가하며 아동 도서에 대한 국제 출판 정보를 교류하고 아동도서 저작권 상담도 벌입니다.

AI와 대화하며 상호작용한 결과는 갤러리 워크(Gallery Walk)를 활용해 공유할 수 있다. 갤러리 워크는 학습한 내용을 시각적으로 정리해 질문 중심 수업의 결과물을 공유하고 토론할 수 있는 좋은 방법이다. 학생들은 AI와의 질문과 답변 과정을 바탕으로 각자의 생각을 시각적으로 정리하여 포스터나 프레젠테이션 형태로 제작하고, 완성되면 교실에 전시하여 학생들이 자유롭게 돌아다니며 다른 학생들의 작품을 관찰한다. 이때 학생들은 각 작품을 보면서 궁금한 점이나 인상 깊었던 부분을 피드백 또는 질문 형태로 메모지에 적어 남기고 작품을 만든 학생은 자신의 작업을 설명하고, 친구들이 남긴 질문이나 피드백에 대해 답변하는 시간을 통해 다각적인 학습 경험이 될 수 있도록 돕는다.

활동 2. 메타 질문을 활용해 아이디어 생성하기

학생의 창의적 사고를 촉진할 수 있는 질문은 무엇일까? 생성형 AI의 답은 질문의 수준에 따라 천차만별이다. 만약 무엇을 질문해야 할지 모르겠다면, 그리고 AI나 다른 도구를 활용해 더 나은 질문을 찾는다면 메타 질문을 활용할 수 있다.

메타 질문은 '질문에 대한 질문'으로 무엇을 질문할지 묻는 질문이다. 특정 주제나 상황을 더 잘 이해하거나 문제를 탐구하기 위해선 먼저 그 문제 자체에 어떻게 접근할지를 묻는 것이 매우 중요하다. 메타 질문은 단순한 정보 습득을 넘어 문제의 본질을 이해하고 탐구를 더 잘 이끌어 내는 역할을 하는데, 단순히 답을 얻기보다 더 나은 질문을 던져 새로운 관점을 발견하고 질문을 더 효과적으로 만들 수 있다.

특히, AI와의 상호작용에서 메타 질문은 효과적이다. AI는 학습자가 무엇을 알고 싶어 하는지 명확하게 파악해야 최적의 답을 제공할 수 있다. AI에 무엇을 질문할지 고민된다면, 무엇을 질문할지 메타 질문을 던져 봄으로 학습의 방향을 설정하고 심화시킬 수 있다.

문제 상황을 가정해 AI와의 상호작용에서 다음과 같은 메타 질문을 생각해볼 수 있다.

단순 질문 : 기후 변화가 무엇인가요? (AI는 기후 변화에 관한 정의나 일반적인 정보를 제공할 수 있다)

메타 질문 : 기후 변화의 경제적 영향을 이해하기 위해 어떤 질문을 해야 할까요?(이 메타 질문에 AI는 단순히 기후 변화만 설명하는 것이 아니라, 경제적 관점에서 추가적인 질문을 만들어 제시해준다. 예를 들어, "기후 변화가 특정 산업

에 미치는 영향은 무엇인가?" 혹은 "정부의 기후 정책이 경제에 미치는 효과는 무엇인가?" 등의 질문을 추가로 제시해주어 학습자는 이 질문을 활용해 자신의 질문을 창의적으로 구체화시킨다)

그림책에 적용하면, '이 그림책의 주제는 무엇일까?'라는 질문 대신, '이 그림책의 주제를 더 잘 이해하기 위해 어떤 질문을 던져야 할까요?', '이 이야기를 분석할 때 중요한 질문은 무엇일까요?' 등의 메타 질문을 AI에 할 수 있다. 이렇게 질문하면 그림책의 다양한 요소를 반영한 질문 목록이 생성된다. 한 권의 그림책과 관련한 줄거리, 상징, 삶과 연결, 시각적 효과에 이르기까지 다양한 질문이 생성되는데, 연관 질문이 2~3개 추천이라면 메타 질문은 다양한 차원에서 질문이 구조화되어 제시되는 것을 확인할 수 있다. "그림책 '나, 꽃으로 태어났어'를 더 잘 이해하기 위한 질문이 있다면 무엇일까?"라는 메타 질문에 책의 첫인상, 줄거리와 내용 이해, 감정 표현, 상징과 의미, 공감과 연결, 시각적 요소와 팝업 효과에 이르기까지 메타 질문을 활용해 미처 생각하지 못했던 다양한 질문을 생성해준다. 이제 생성된 질문을 다시 차근차근 질문하고 답을 구하며 그림책을 더 잘 이해해보자.

활동 3. 창의적 사고 촉진 질문으로 아이디어 확장하기

매체 융합 활동은 그림책 『나, 꽃으로 태어났어』의 이야기를 다양한 방식으로 재해석하고 표현하는 활동이다. 수업에서 그림책을 읽고 자신만의 독특한 표현 방법을 개발할 수 있도록 이미지와 음악, 영상 생성형 AI를 활용해 창의적 사고를 촉진할 수 있다.

메타 질문 활용 예시 : ChatGPT 활용

프롬프트 : 그림책 『나, 꽃으로 태어났어』를 더 잘 이해하기 위한 질문이 있다면 무엇일까?

요소	메타 질문에 대한 ChatGPT 답변 결과
책의 첫인상	– 이 책을 처음 봤을 때 어떤 느낌이 들었나요? – 표지의 그림과 제목을 보고 어떤 이야기가 펼쳐질 것 같다고 생각했나요?
줄거리와 내용 이해	– 꽃은 처음 태어났을 때 어떤 모습이었나요? – 꽃이 따스한 햇살을 받으며 피어나는 장면을 설명해보세요. – 꽃이 사람들 사이를 이어주고 사랑을 전해주는 장면에서 어떤 분위기를 느낄 수 있나요?
감정 표현	– 꽃이 다른 꽃들과 어우러질 때 어떤 감정을 느꼈을까요?
상징과 의미	– 꽃은 사람들의 삶과 죽음에 어떤 역할을 하고 있나요? 이를 통해 작가가 전달하려는 메시지는 무엇일까요? – 꽃이 사람들에게 사랑을 전해주는 장면은 어떤 상징성을 가지고 있나요? – 꽃의 삶이 우리 삶을 어떻게 반영하고 있나요?
공감과 연결	– 꽃의 삶과 자신의 삶을 비교해보세요. 어떤 점에서 공감할 수 있나요? – 이 책에서 배운 교훈을 자신의 삶에 어떻게 적용할 수 있을까요?
시각적 요소와 팝업 효과	– 이 책의 흑백과 감각적인 색 사용이 이야기에 어떤 영향을 미치나요? – 팝업 장치를 통해 책의 장면이 어떻게 더 생동감 있게 표현되나요? – 아코디언 형태의 '병풍 책'으로 펼쳤을 때, 책의 구성은 어떻게 달라지나요?

 AI를 활용한 창의적 사고 촉진 활동에서 매체 융합 아이디어 생성은 학생들이 다양한 매체를 결합하여 독창적인 작품을 만들어낼 가능성을 확장하는 데 가장 큰 목적이 있다. 학생들은 질문을 통해 AI와 협업하며 텍스트, 이미지, 음악, 영상 등을 융합하는 독창적인 아이디어를 구체화하며 자신만의 학습 경험을 만들게 된다.

창의적 사고 촉진 질문 활용 예시 : ChatGPT 활용

프롬프트 : 그림책 『나, 꽃으로 태어났어』의 주제와 감정을 다양한 매체(텍스트, 이미지, 음악, 영상 등)로 융합하여 표현할 수 있는 창의적 촉진 질문을 제안해줄 수 있나요?

창의적 사고 촉진 질문 예시

- 만약 그림책에서 꽃이 말을 할 수 있다면, 사람들에게 어떤 메시지를 전하고 싶어 할까요?
- 이 책의 이야기를 바탕으로 자신만의 꽃 이야기를 만들어보세요.
- 꽃이 아닌 다른 생물이나 사물이 주인공이라면 이 이야기는 어떻게 전개될까요? '나 ○○으로 태어났어'에서 ○○에 어떤 생물이나 사물을 넣으면 좋을까요?
- 이야기의 한 장면을 연극으로 재현한다면, 어떤 대사와 동작을 추가해 감정을 극대화할 수 있을까요?
- 책 속 문장을 그림으로 표현할 때, 어떤 문장에 어떤 시각적 기법을 적용할 수 있을까요? 문장과 시각적 기법을 제안해 주세요.

---

2. AI로 상상 확장하기 : 그림책 시각화 이미지 생성

AI를 활용해 그림책을 그림으로 바꾸는 활동은 그림책 장면을 시각적으로 분석하고 텍스트 프롬프트를 기반으로 이미지 창작 활동을 진행하는 매체 융합 형식으로 이어간다. AI를 활용해 특정 텍스트를 입력하고 그에 맞는 이미지를 생성하거나, 반대로 이미지를 입력하고 그에 대한 설명이나 이야기를 생성할 수 있다. 이 수업에서는 이미지 생성 AI 중 학생들과 쉽게 활용할 수 있는 도구로 패들렛, DALL·E, 코파일럿을 활용했다. 교사나 학생에게 편리한 도구를 활용하면 되지만, 이 활동에서 중요 포인트는 프롬프트로 학생들이 그림책을 읽고 떠오르는 이미지를 언어로 구체화해서 그림을 생성하고 수정하는 과정이다. 이미지 생성 이후에는 마음에 들 때까지 수정하는 작업을 반복해본다. 프롬프트가 동일해도 도구별로 다른 결과물이 생성되는데, 도구별 특징은 다음과 같다.

인공지능(AI) 그림생성 도구별 특징 비교(동일 프롬프트 활용 결과)

인공지능 도구	패들렛 'I Can't Draw' '그릴 수 없음'	DALL·E	코파일럿(Copilot)
프롬프트	그림책 『나, 꽃으로 태어났어』를 읽고 밝고 따뜻한 햇살 아래서 형형색색의 꽃들이 피어나는 아름다운 정원의 모습이 생각났어요. 햇빛이 꽃잎에 반사되어 반짝이는 느낌을 표현해주세요.		
생성 이미지			
특징	정교하지 않지만, 다양한 스타일의 4장의 그림을 생성해 준다. 인물 중심의 그림 생성에 적합하다. 쉽게 그림을 생성하고 간단한 수정도 가능하다.	프롬프트에 어울리는 그림을 가장 정확하게 생성해주고, 글씨 입력, 그림 수정은 프롬프트 입력으로 빠르고 정확하게 수정할 수 있다. 유료로 더 높은 수준의 그림을 생성할 수 있다.	4장의 그림과 연관 질문 3개를 동시에 생성해 준다. 그림은 연관 질문을 활용하면 쉽고 창의적인 통찰을 얻어 손쉽게 쉽게 수정할 수 있다.

    이미지 창작 이후 수정 과정에서 AI가 생성한 콘텐츠를 분석하고 비판적으로 평가하는 질문을 통해 사고를 확장할 수 있다. 비판적 평가 질문은 AI가 생성한 이미지와 텍스트 간의 일치성, 시각적 요소, 해석, AI의 창의성 등 다양한 측면에서 분석하고 평가하는 과정에서 활용할 수 있는

데, 이 과정을 통해 학생들은 AI가 만들어낸 결과물을 깊이 있게 탐구하고, 그 결과에 대해 반성적으로 사고할 수 있다.

비판적 평가 질문은 AI가 만든 결과물에 단순히 받아들이는 것이 아니라 더 깊이 있는 사고와 분석으로 평가할 수 있도록 도와준다. AI가 생성한 이미지는 그럴듯하게 보이지만, 때로는 그렇지 못한 경우도 많다. 따라서 무조건 신뢰하는 것이 아니라 결과물이 자신의 의도와 얼마나 부합하는지, 이미지가 어떻게 해석될 수 있는지 능동적으로 생각해보고 더 나은 방향으로 발전시킬 방법을 고민해야 한다.

또한, AI는 데이터를 바탕으로 학습하기 때문에 데이터가 편향적이거나 불완전하면 생성된 결과물 역시 편향성을 가질 수 있다. 비판적 평가 질문은 AI가 생성한 이미지나 텍스트에서 잠재적인 편향이나 문화적, 윤리적 문제를 발견하게 돕고 AI 기술의 한계를 인식하게 유도할 수 있어 학생들이 보완할 방법을 스스로 찾는 기회를 줄 수 있다. 비판적 평가를 위해 할 수 있는 질문 중 일치성, 효과성, 창의성, 윤리성 등을 고려한 질문은 다음과 같다. 활동에 맞도록 변형해서 사용하면 된다.

다음은 비판적 평가를 위한 질문 예시이다.

- **이미지와 텍스트의 일치성 평가**
  - 입력한 텍스트(프롬프트)와 생성된 이미지가 얼마나 일치하는지 평가하는 단계로 텍스트가 표현하려고 했던 의미와 시각적 결과물이 제대로 맞아떨어지는지 비판적으로 분석하기 위한 질문
  - "AI가 생성한 이미지가 텍스트의 의미를 정확하게 반영하고 있나요? 이미지와 텍스트가 일치하지 않는 부분이 있다면, 그 이유는

무엇일까요?"

- **시각적 요소의 효과 분석**
  - 이미지에 포함된 시각적 요소가 얼마나 효과적으로 사용되었는지 분석하기 위한 질문
  - "AI가 생성한 이미지에서 사용된 색상, 구도, 질감 등이 이야기의 분위기나 감정 전달에 어떤 영향을 미치나요?"

- **이미지의 해석과 재구성**
  - AI가 생성한 이미지를 나는 어떻게 해석하는지, 그 이미지가 본래 의도와 다르게 해석될 여지가 있는지를 탐구하는 질문으로 생성한 이미지가 더 나은 방식으로 재구성될 수 있을지 평가하는 질문
  - "AI가 생성한 이미지를 다른 시각적 스타일로 재구성한다면, 이야기가 어떻게 달라질까요? 그 이유는 무엇일까요?"

- **AI의 창의성 평가**
  - AI가 생성한 이미지가 새로운 발상을 담고 있는지, 아니면 단순히 기존 데이터를 조합한 결과물인지 분석하고 평가하는 질문
  - "AI가 생성한 이미지나 텍스트에서 여러분의 프롬프트에는 없었지만, AI의 창의성이 발휘된 부분은 어디인가요? 이 창의성이 이미지 독창성에 어떻게 기여했나요?"

- **문화적 및 윤리적 고려**
  - 생성된 이미지나 텍스트가 특정 문화에 대해 어떻게 반영하고 있는지, 혹은 윤리적으로 적절한지를 평가하는 단계에서 AI가 편향된 결과물을 생성했는지, 혹은 문화적 오해를 일으킬 소지가 있는지를 비판적으로 검토하는 질문

- "AI가 생성한 이미지나 텍스트에서 문화적, 윤리적 문제는 없는지 검토해보세요. 이러한 문제는 어떻게 해결할 수 있을까요?"
- "AI가 생성한 이미지를 내가 생각한 그림책의 분위기와 다르다면 어떤 프롬프트를 넣어 수정해야 할까요?"

• AI의 한계와 개선 방안 탐구
- AI가 생성한 콘텐츠의 한계를 비판적으로 분석하고, 어떻게 하면 더 나은 결과물을 얻을 수 있을지 개선 방안을 탐구하는 질문으로 AI의 현재 기술적 한계, 생성 과정에서의 문제점 등을 짚어보는 질문
- "AI가 생성한 이미지나 텍스트에서 발견되는 한계점은 무엇인가요? 이러한 한계를 극복하기 위해 어떤 개선 방안을 제안할 수 있을까요?"

3. AI로 감정 표현하기 : 그림책에 어울리는 음악 창작

음악과 영상은 감정과 분위기를 전달하는 데 매우 효과적인 매체다. AI를 활용해 그림책의 한 장면이나 이야기를 음악과 결합하여 표현하며 자신만의 창의적 아이디어를 구체화할 수 있다. 음악과 영상으로 바꿀 때는 『나, 꽃으로 태어났어』와 같은 시적 상상력이 풍부한 그림책이 좋다. 서사 구조를 담은 긴 이야기 형식의 그림책을 활용한다면 AI를 활용해 상상해 글로 쓰거나 드라마, 영화 등 영상을 제작하는 것도 시도해 볼 수 있다.

음악 생성 AI는 그림책의 특정 장면이나 이야기의 분위기에 맞는 배경

음악이나 효과음을 생성할 수 있다. 본 수업에서는 suno.ai를 활용했다. 음악 생성 AI를 효과적으로 활용하기 위해서는 음악의 소재가 되는 그림책의 그림과 글에 대한 깊이 있는 이해를 바탕으로 프롬프트를 작성하는 것이 중요하다. 제시된 예시는 학생들이 AI를 활용해 음악을 생성할 때, 그림책의 감정선과 분위기를 음악적으로 표현하고 분석하는 능력을 기르기 위해 활용할 수 있는 프롬프트 작성을 돕는 질문이다. 이 질문을 통해 그림책의 분위기와 적합한 음악 스타일이나 장르를 선택하고, AI에 정확한 지시를 내리는 프롬프트를 작성해 의도한 대로 음악을 생성할 수 있을 것이다.

음악 생성 이후에는 음악과 그림책 사이의 일관성을 평가하고 창작 결과물을 개선하는 방법을 모색할 수 있는 질문을 활용해 음악이 이야기와 얼마나 잘 조화를 이루는지 비판적으로 평가해본다.

다음은 음악 생성 AI 활용 시 프롬프트 작성에 활용할 수 있는 질문 등의 예시이다.

- **프롬프트 작성에 활용할 수 있는 질문**
  - 그림책의 분위기를 잘 드러내는 음악 스타일, 장르는 무엇일까요?
  - 음악이 전달하고자 하는 메시지는 무엇인가요? 어떤 프롬프트를 입력해야 메시지가 잘 생성될 수 있을까요?
  - AI가 생성한 음악이 그림책의 감정선을 잘 따르고 있나요?

- **만들고 싶은 음악 분위기**
  - 차분한, 몽환적인, 어두운, 힘이 넘치는, 웅장한, 행복한, 낭만적인, 무서운, 희망적인 분위기 등

- **만들고 싶은 음악 장르**
  - 팝, R&B, 재즈, 록, 블루스, 라틴, 메탈, 레게, 앰비언트, 클래식, 펑크, 소울, 랩/힙합, 포크/컨트리, EDM, 싱어송라이터 등

프롬프트를 작성하는 것이 어렵다면 텍스트 생성 AI에게 질문해보며 그림책의 감정적 톤과 내용을 반영한 음악 장르, 분위기 등 음악을 기반으로 영상을 제작하는 데 필요한 요소들을 제안받을 수 있다. 이때 앞의 질문을 활용할 수 있다. 이후에는 생성된 음악을 듣고, 장면의 분위기와 감정을 AI가 어떻게 표현했는지 토론해보고 작품을 공유한다.

4. AI로 창작 완성하기 : 나만의 뮤직비디오 제작

마무리하는 활동으로 자신이 만든 질문과 AI의 결과물인 이미지와 음악을 종합하여 창의적인 뮤직비디오나 짧은 영상을 제작할 수 있다. 영상 제작에는 Vrew나 CapCut과 같이 학생들이 사용하기 편리한 도구를 활용한다. 이 두 도구는 자동 캡션 기능을 제공하며, 영상 제작 시간을 줄여주는 기능이 있어 매우 유용하다.

학생들이 만든 뮤직비디오는 그룹별로 공유하며 감상하는데, 서로의 접근 방식을 비교하고 창작물의 차이점과 강점을 발견하도록 수업을 이끌어 비판적 평가가 가능하도록 돕는다. 비판적 평가란 단순히 결과물을 수용하는 것이 아니라, AI가 생성한 콘텐츠를 분석하고 개선 방향을

뮤직비디오 만들기

- Vrew는 자동 자막 생성 기능이 뛰어나며, AI가 음성을 인식하여 자막을 자동으로 생성해준다. 이 기능은 학생들이 직접 자막을 타이핑할 필요 없이 효율적으로 영상에 텍스트를 추가할 수 있도록 돕는다. 자막의 글꼴, 크기, 위치 등을 쉽게 조정할 수 있기 때문에 시각적으로 깔끔한 영상을 제작할 수 있다.
- CapCut은 영상과 이미지 편집 기능이 강력하다. 이 도구를 사용하면 학생들은 그림책에서 생성된 AI 이미지를 추가하고, 생성한 음악과 적절히 조합할 수 있다. CapCut은 이미지나 영상을 간편하게 타임라인에 추가하고, 효과와 전환을 넣을 수 있어 학생들이 직관적으로 사용할 수 있는 편집 도구이다.
- 제작 과정: 학생들은 먼저 그림책에서 생성된 이미지를 불러오고, AI로 생성한 배경음악을 타임라인에 배치한다. 이후 이미지의 순서를 조정하고, 적절한 텍스트나 자막을 추가하여 완성한다. 전환 효과를 넣어 영상의 흐름을 부드럽게 연결할 수 있으며, 필요시 추가적인 시각적 요소를 삽입할 수도 있다.

학생
영상제작 결과물

모색하는 과정이다. 자기 창작물을 되돌아보고 개선하는 활동으로 AI가 제공한 결과물에 가치를 더하고, 새로운 창작물을 더욱 의미 있게 발전시킬 수 있을 것이다.

우리는 디지털 다매체 시대에 살고 있다. 그리고 목전에서 생성형 AI의 눈부신 발전을 보고 있다. 2022 개정 교육과정이 이러한 언어 환경 변화를 반영해 자료·정보 활용 역량을 디지털·미디어 역량으로 재구성하고 다양한 매체 자료를 주체적으로 수용하고 생산하는 능력을 강조하는 것은 너무나 당연한 결과다. 그래서 AI를 활용한 그림책 질문 수업은 단순한 기술 활용을 넘어 학생들의 디지털 리터러시, 창의적 사고, 협력적 소통 능력을 종합적으로 강화할 수 있는 방안으로 '다매체를 활용해 그림책을 뮤직비디오로 만드는 프로젝트 활동'으로 구성해보았다. 학생들은 AI와의 상호작용을 통해 그림책을 분석했고 창의적인 방법으로 자신의 생각을 표현했다. 수업에서 학생들은 새로운 기술에 놀라기도 했지만, 이내 비판적인 목소리로 AI가 무엇이 부족하고 개선해야 하는지도 찾아냈다. 이런 과정이 디지털 리터러시뿐만 아니라 협력적 소통 역량까지도 자연스럽게 강화하는 방안이 될 것으로 생각된다.

10장
질문으로 하는 그림책 서클 대화

　서클 대화는 말 그대로 구성원이 원형으로 둘러앉아 이루어지는 대화 모임이다. 서클이 이루어지려면 우선 안전한 공간과 이야기를 나눌 시간이 확보되어야 한다. 이 방법은 아메리카 원주민들의 오래된 전통에서 온 것으로 토킹 스틱을 받은 사람만 말할 수 있다. 그런데 말하는 것보다 더 중요한 것은 말을 듣는 것이다. 다른 사람이 말을 할 때는 모두 주의 깊게 들어야 한다.

　학급 운영에 서클 대화를 활용할 때는 주로 학급 전체로 운영하는 경우가 많다. 갈등이나 문제가 생기지 않아도 일주일에 한두 번 정도 꾸준하게 서클 대화를 진행하면 서로에 관한 이해의 폭이 넓어져 여러 가지 갈등과 문제를 예방할 수 있다. 또한, 학급에 안전하고 평화로운 분위기가 서서히 조성된다. 서클 대화는 주로 아침 시간이나 학급회의 시간에 정기적으로 하지만, 특별한 경우에는 방학 전후나 갈등이나 문제가 있을 때 부정기적으로 열기도 한다.

　서클 대화를 진행해보면, 학생들은 교실에서 동그랗게 둘러앉아 자신의 이야기를 안전하게 꺼내놓을 수 있다는 점에서 좋아한다. 서클 대화에서는 모든 발언을 그대로 수용하기 때문에 존중받는 기분을 느끼며, 서로 이야기를 나누며 학급의 일원으로서 하나가 되는 경험을 한다. 그리고 학급에서 생기는 문제를 교사의 일방적인 지시가 아니라 자신이 참여해서 해결하는 데 기여했다는 점에서 학생들은 뿌듯해한다.

교실에서 이루어지는 서클 대화는 갈등해결 서클이나 문제 해결 서클 이외에도 이야기 나눔 서클, 이해 서클, 지원 서클, 축하 서클, 추모 서클, 치유 서클 등 다양하다. 그림책으로도 서클 대화를 진행할 수 있는데, 이야기 나눌 주제와 관련된 그림책을 읽어주고, 서클 대화의 전체 또는 일부분에 활용할 수 있다. 그림책을 읽어주고 서클 대화를 하면, 학생들이 해당 주제에 관해 짧은 시간 동안 파악할 수 있을 뿐만 아니라 그 문제에 집중하고 몰입할 수 있다. 또한, 그림책 속 상황과 교실 상황을 연결 지어 생각해볼 수 있어 학급의 문제를 해결하는 데 도움이 된다.

서클 대화는 주로 교사의 질문에 따라 학생들이 자신의 생각이나 느낌을 나누는 방식으로 진행된다. 서클 대화에서 질문은 일반적으로 여는 질문, 주제 질문, 마무리 질문으로 나뉜다. 여는 질문은 말 그대로 참여자가 마음을 열 수 있도록 돕는 질문으로, 그날 이야기 나눌 주제와 관련은 적더라도 가볍고 편안하며 열린 질문이면 좋다. 주제 질문은 그 시기마다 학급에서 이야기 나누기 좋은 주제면 무엇이든 가능하다. 시급하게 해결해야 할 문제가 있거나 갈등이 있을 때는 그것을 주제 질문으로 한다. 마무리 질문은 보통 그날 서클 대화에 참여한 소감 나누기를 주로 한다.

처음에 서클 대화를 진행할 때는 교사가 질문을 제시하지만, 서클 대화를 몇 번 경험해보면 학생들도 충분히 질문을 만들 수 있다. 그래서 학생들과 다 같이 질문을 만들어보고, 오늘 서클 대화에서 어떤 질문을 선택하여 어떤 순서로 진행할 것인지도 함께 의논하여 정할 수 있다. 학생들과 함께 만들어본 질문의 예시는 다음과 같다.

- **여는 질문**
  - 오늘 아침, 내 몸과 마음의 상태를 1-10 점수로 표현한다면?
  - 오늘 내 몸과 마음의 상태를 날씨(색깔)에 비유하여 표현한다면?
- **주제 질문**
  - 한 학기 동안 우리 반에서 생활하면서 좋았던 점/불편하거나 힘들었던 점은?
  - 2학기에도 이어갔으면 하거나 새로운 아이디어를 제안하자면?
- **마무리 질문**
  - 오늘 서클 대화에 참여한 소감은?
  - 방과 후에, 주말 동안, 방학 동안 내가 하고 싶은 일은?

『구름보다 태양』(마시 캠벨 글, 코리나 루켄 그림, 김세실 옮김, 위즈덤하우스)에서 청소부 아주머니가 학교 여자 화장실 벽에 '나쁜 말'이 쓰여 있는 걸 발견한다. 그 화장실과 가깝다는 이유로 우리 반 여자아이들은 모두 교장실에 불려 간다. 교장 선생님을 슬프게 만들고, 주인공과 학생 모두의 마음을 괴롭힌 그 '나쁜 말'은 무엇이었을까? 그림책에는 그 '나쁜 말'이 무엇인지 나오지 않는다. 그 말을 보거나 들은 학생들이 충격을 받거나 걱정, 불안, 슬픔, 화 등의 감정을 겪은 것으로 보아 아마도 혐오 표현일 것 같다. 그 '나쁜 말'은 단순히 나쁜 말에 그치지 않고, 학생들에게 나쁜 감정을 불러일으켜 결국 나쁜 행동까지 하게 만든다. 이 그림책은 '나쁜 말'이 학생, 교사, 학부모들에게 어떤 영향을 미쳤으며, 그 '나쁜 말'

로 인한 문제를 어떻게 해결하는지에 초점이 맞추어져 있다. 이 그림책을 고른 이유는 한 아이가 시를 낭독할 때 반 친구 모두가 집중해서 듣는 장면에서 서클 대화의 분위기를 잘 보여주기 때문이다. 따라서 이후 이 그림책으로 서클 대화를 진행하는 과정을 순차적으로 보여주고자 한다.

1단계 : 서클 대화 규칙 정하기

서클 대화가 원활하게 진행되려면 몇 가지 규칙이 필요하다. 물론, 일반적으로 서클을 진행할 때 지켜야 할 규칙이 몇 가지 있다.

서클의 기본 규칙[*]
① 토킹 스틱을 가진 사람만 이야기할 수 있다.
② 다른 사람의 이야기를 경청한다.
③ 서클은 처음부터 끝까지 유지되어야 한다.
④ 서클에서 나온 이야기는 비밀을 보장해야 한다.

위와 같이 서클의 기본 규칙이 정해져 있지만, 교사가 일방적으로 이러한 약속을 열거하며 규칙을 잘 지키자고 당부하는 것보다는 학생들이 직접 규칙을 의논하여 정하는 것이 좋다. 학생들이 서클 대화를 경험해보면서 서클 대화가 더 잘 진행되기 위해서 어떤 규칙이 있으면 좋은지 생

---

[*] 『회복적 생활교육 가이드북』, 정진, 피스빌딩, 2016, 177쪽

각해보고 만들어가는 것이다. 서클의 기본 규칙을 예시로 제시하여 거기에서 우리 반 상황에 맞게 바꾸어나갈 수 있다. 우리 반에서 서클 대화를 진행할 때 서클 대화 진행이 잘 안되었거나 방해가 된 부분이 어떤 것이 있었는지 되돌아보고, 그 부분에 대한 규칙을 구체적으로 정해본다. 이러한 과정을 통해 '규칙이 평화롭고 안전한 대화를 위해 꼭 필요한 거구나!' 하는 인식과 함께 지켜야겠다는 마음을 끌어낼 수 있다.

『구름보다 태양』을 읽고, 우리 반 서클 대화와 비슷한 장면을 찾는다. 이 그림책에는 반 친구들이 동그랗게 둘러앉아 있는 모습이 두 번 나온다. 처음에는 선생님이 모두 참여하는 그림 프로젝트에 대해 소개하는 장면이고, 두 번째는 데본이 직접 쓴 시를 낭독하는 장면이다. 이 장면에서 마음에 드는 점이나 아쉬운 점을 찾아본다. 그리고 우리 반에서 하는 서클 대화와 연결 지어 서클 대화를 진행할 때 어떤 부분은 좋고 어떤 부분은 불편하거나 아쉬웠는지 생각해본다.

학생들은 지난번 서클 대화를 떠올리며 친한 친구끼리 나란히 앉아서 다른 친구들이 하는 말을 귀담아듣지 않고, 자기 차례가 아닌데도 잡담한 친구들을 떠올렸다. 이때 주의할 점은 그런 친구들을 비난하는 것이 아니라 그 친구들의 행동으로 내가 어떤 영향을 받았는지를 '나 전달법'으로 말한다. '나 전달법'은 '나'를 주어로 하여 자기 생각과 감정을 솔직하게 표현하는 방법이다.

- **여는 질문**
  - '규칙'이라고 하면 무엇이 떠오르나요?
  - 내가 중요하게 생각하는 규칙에는 무엇이 있나요?

- 내 주위에 규칙을 잘 지키는 사람은 누구이며, 어떤 규칙을 잘 지 켰나요?
- 이 그림책에서는 어떤 규칙이 지켜지지 않았나요?

• **주제 질문**
- 이 그림책에 나오는 서클 장면에서 마음에 드는 점/아쉬운 점은 무엇인가요?
- 서클 대화를 하면서 좋았던 점/불편하거나 힘든 점은 무엇인가요?
- 불편하거나 힘든 점이 있었다면 앞으로 어떻게 서클 대화를 진행하면 좋겠나요?

• **마무리 질문**
- 오늘 서클 대화 규칙을 정해본 소감은 어떤가요?
- 다음 서클 대화를 시작하기 전에 어떤 공동체 놀이를 하고 싶나요?

교사   서클 대화란 이렇게 동그랗게 원 모양으로 둘러앉아서 이야기하는 방식입니다. 이 동그란 원 모양은 우리가 모두 평등하고 서로 연결되어 있음을 의미합니다. 이것은 토킹 스틱 또는 토킹 피스라고 부릅니다. 이 토킹 스틱을 들고 있는 사람만 말할 수 있습니다. 토킹 스틱을 들고 말하고 차례로 옆 사람에게 건넵니다. 토킹 스틱은 한 사람이 발언을 독점하지 않도록 하는 도구입니다. 즉, 토킹 스틱을 건네받은 사람은 모두 의견을 나눌 동등한 기회를 가집니다. 그런데 말하는 것보다 더 중요한 것은 말을 듣는 것입니다. 다른 사람의 말을 경청해야 합니다. 선생님도 여러분의 말을 판단하거나 평가하지 않고 있는 그대

	로 듣고 수용할 것입니다. 이 그림책에 나오는 서클 장면을 찾아봅시다. 몇 장면이 나오나요?
학생들	두 장면이요.
교사	이 그림책에 나오는 서클 장면에서 마음에 드는 점은 무엇인가요?
학생 1	데본이 자기가 쓴 시를 읽을 때, 반 친구 모두가 경청해서 들었어요.
학생 2	데본이 시 낭독할 때, 모두가 서로 바라보며 연결되어 있는 것 같아요.
학생 3	시 낭독하는 장면에서 노란색이 많이 쓰여서 따뜻하고 하나 된 느낌이 들어요.
교사	이 그림책에 나오는 서클 장면에서 아쉬운 점은 무엇인가요?
학생 4	학생이 아니라 선생님이 그림 프로젝트를 하자고 제안을 한 점이요.
학생 5	이 학교에 생긴 문제를 해결하는 방법을 다 같이 찾아보지 않은 점이요.
교사	지금까지 서클 대화를 하면서 불편하거나 힘든 점이 있었나요?
학생 6	지난번에 제가 분명히 토킹 스틱을 들고 있었는데, 다른 친구가 제 이야기는 안 듣고 옆 친구와 이야기해서 속상했어요.
학생 7	지난번에 몇몇 친구가 잡담해서 선생님이 그 친구들을 바라봤는데, 그런데도 그 친구들이 알아차리지 못해서 제 마음이 불편했어요.

학생 8	선생님이 동그랗게 둘러앉으라고 할 때 친한 친구끼리 붙어 앉아서 저만 소외되는 기분이 들었어요.
학생 9	친한 친구끼리 앉아서 서클 대화에 집중하지 않아서 그 친구들에게 신경이 쓰여서 제가 서클 대화에 집중하지 못하고 방해가 되었어요.
교사	그럼, 그런 문제를 어떻게 해결하면 좋을까요?
학생 10	우리 반만의 서클 규칙을 다시 정하면 좋겠어요.
학생 11	모두 다시 정하는 것은 시간이 오래 걸리니까 가장 잘 안되는 부분만 손을 보면 좋겠어요.
학생 12	규칙을 다시 만들기보다는 서클 대화를 시작하기 전에 이미 있는 서클 규칙을 다 같이 읽어보고 시작하면 좋겠어요.
학생 13	다른 친구가 말할 때 경청해야 하는데, 이 부분이 잘 지켜지지 않는 것 같아요.
학생 14	잡담으로 서클 대화를 방해하면 안 돼요.
학생 15	토킹 스틱을 가진 사람만 말할 수 있다는 약속을 잘 지키면 좋겠어요.

이렇게 서클 규칙을 정하는 서클 대화를 통해 그동안 서클 대화를 점검해보고, 앞으로 서클 대화를 잘 진행하기 위해 서클 대화를 시작하기 전에 토킹 스틱은 가진 사람만 말하기, 다른 사람의 말 경청하기 등 서클 규칙을 다 같이 소리 내어 읽어보고 시작하기로 하였다.

2단계 : 질문으로 여는 체크인/체크아웃 서클

학생들은 학급 구성원끼리 평화롭고 안전한 관계를 맺을 때 잘 배울 수 있다. 학급 구성원끼리 평화롭고 안전한 관계를 맺기 위해 체크인/체크아웃 서클을 해보자. 보통 체크인 서클은 한 주를 시작하는 월요일이나 하루를 시작하는 아침 시간에 많이 한다. 그리고 체크아웃 서클은 한 주를 마무리하는 금요일이나 하루를 마무리하는 마지막 시간에 많이 한다. 이 두 서클은 시기만 다를 뿐 알아차림, 자기표현, 공감의 과정으로 진행된다. 학생들은 동그랗게 모여 앉아 자신의 마음을 알아차리고, 알아차린 것을 친구에게 표현하며, 친구는 공감해준다.

- 여는 질문
  - 표지를 보니, 어떤 색깔이 많이 보이나요?
  - 지금 여러분의 몸이나 마음은 어떤가요?
  - 내 몸이나 마음의 상태를 들여다보니, 어떤 색이 떠오르나요?
  - 여러분의 몸과 마음의 상태를 어떤 색깔로 표현할 수 있나요?
  - 그 색깔이 떠오른 이유는 무엇인가요?
  - 그림책에 등장하는 인물을 고르고, 그 인물이 처해있는 상황을 색깔로 표현한다면, 어떤 색깔로 표현할 수 있나요?
- 주제 질문
  - 이 그림책의 제목은 무엇인가요?
  - '구름보다 태양'은 무슨 의미일까요?
  - 여러분이 좋아하는 것을 떠올려봅시다. 듣거나 말하면 기분이 좋

아지는 낱말은 무엇인가요? 그 낱말이 기분 좋은 이유는 무엇인가요?

• **마무리 질문**
- 이번 한 주 동안 어떤 말을 하며 학교생활을 하고 싶나요?
- 누군가가 들었을 때 기분 좋은 말을 해준다면, 나는 어떤 말을 듣고 싶나요?
- 이번 한 주 동안 우리 반 친구들에게 부탁하고 싶은 말은 무엇인가요?
- 이번 한 주 동안 학교생활에서 기대되는 것은 무엇인가요?
- 이번 한 주 동안 나 스스로 뿌듯해지는 순간은 언제였나요?
- 이번 한 주 동안 친구들과 함께여서 기뻤던 순간은 언제였나요?

교사	그림책에서 주인공 '나'가 친구들과 함께 화장실에 가서 '나쁜 말'을 직접 눈으로 확인하였을 때, 주인공 '나'의 감정은 어떤 색깔로 표현할 수 있을까요?
학생1	'나는 놀라서 입이 딱 벌어졌어요.'라고 표현되어 있어서 막막한 상황인 것 같아요. 그래서 저는 까만색이 떠올랐어요.
학생2	너무 놀라서 아무 생각도 안 나는 것 같아서 저는 하얀색이요.
교사	그럼 이번에는 조용히 자신의 몸과 마음의 상태를 살펴봅니다. 내 몸이나 마음의 상태를 표현할 수 있는 색깔을 떠올려 보세요. 감정과 색깔의 연결은 고정되어 있지 않아요. 같은 감정이라고 하더라도 얼마든지 다른 색깔로 표현할 수 있어요. 토킹 스틱을 한쪽 방향으로 돌리면서 자신의 현재 몸과 마음의 상태

	를 색깔로 말해봅시다.
학생 3	지금 내 느낌은 빨강이야. 오늘 아침에 늦잠을 자서 당황했거든. 지금 내 몸도 빨강이야. 얼굴은 빨개지고, 발에는 불이 나는 줄 알았거든.
학생 4	지금 나는 회색이 가장 먼저 떠올랐어. 주말 동안 가족여행을 다녀와서 피곤한 상태거든. 그래서 약간 멍해.
학생 5	내 몸과 마음에 어울리는 색깔은 초록이야. 주말 동안 집에서 푹 쉬면서 내가 하고 싶은 게임도 많이 해서 기분이 좋아. 난 힘이 넘치는 상태니 도움이 필요한 친구들이 있으면 나에게 도움을 청해도 좋아.
교사	친구들이 몸과 마음의 상태를 색깔로 표현한 것을 잘 들어보았습니다. 모두의 상태를 존중하며 인정하며 응원하는 의미로 박수를 치고 이번 서클 대화를 마치도록 하겠습니다.

3단계: 참여자의 마음을 열어주는 '여는 질문' 만들기

학생들은 여는 질문, 주제 질문, 마무리 질문 가운데 여는 질문을 좋아한다. 여는 질문은 정답이 없이 자기 이야기를 편하게 말할 수 있기 때문이다. 주제 질문과 관련이 있으면서 학생들의 마음을 열어줄 수 있는 질문이면 가장 좋겠지만, 주제 질문과 관련은 적더라도 분위기를 편안하게 만들 수 있는 질문이면 충분하다. 참여자의 기발한 생각이나 창의력이 넘치는 이야기를 듣고 있으면 그 친구에 대한 긍정적인 감정, 뜻밖의 면에 대한 발견, 이해와 공감을 할 수 있다. 더불어 앞으로 이어질 서클 대화에 대한 기대감이 높아진다.

『구름보다 태양』을 읽고 학생들에게 여는 질문은 어떤 것이 좋은지 설명해준 다음 여는 질문을 최대한 많이 만들어보게 한다. 다음은 학생들이 만든 여는 질문이다.

- 표지를 보면, 아이들이 무엇을 하고 있나요?
- 여러분이 가장 좋아하는/싫어하는 과목은 무엇인가요?
- 내가 오늘 시간표를 내 마음대로 짤 수 있다면 어떻게 구성하고 싶나요?
- 내가 가장 좋아하는/싫어하는 색깔은 무엇인가요?
- 여러분이 좋아하는/싫어하는 선생님은 어떤 선생님인가요?
- 우리 학교에 벽화를 그린다면, 어디에 무엇을 그리고 싶나요?
- 내가 지금 그림을 그린다면, 어떤 재료로 그림을 그리고 싶나요?
- 우리 반에 협동작품을 그린다면, 어느 정도 크기로 어떤 내용을 그리고 싶나요?
- 여러분이 바라는 교실/학교는 어떤 모습인가요?

교사　앞표지를 자세히 살펴볼까요? 이 그림에서는 무슨 일이 일어나고 있나요?
학생1　친구들과 선생님이 벽화를 그리고 있어요.
교사　무엇을 보고 그렇게 말하나요?
학생2　친구들과 선생님이 붓이나 롤러, 페인트 통을 들고 있어요.

교사	무엇이 더 보이나요?
학생 3	'구름보다 태양'이라는 글자가 보여요.
교사	그럼 앞표지와 관련하여 여는 질문을 여러분이 스스로 만들어 보세요. 생각할 시간을 줄게요. 자, 그럼 누가 먼저 말해볼까요?
학생 4	저요.
교사	토킹 스틱을 받아 가세요.
학생 4	좋아하는 과목이 무엇이고, 왜 좋아하는지 이야기를 나누면 좋을 것 같아요. 왜냐하면, 친구들이 벽화를 그리고 있어서 미술 시간 같았거든요.
학생 5	저는 싫어하는 과목에 관해서도 이야기 나누면 좋을 것 같아요.
학생 6	저는 오늘 하루 시간표를 스스로 짜보는 것도 재미있을 것 같아요. 그러면 자연스럽게 자신이 좋아하는 과목 이야기가 나올 것 같아요.
교사	그럼 지금까지 나온 여는 질문 가운데 어떤 것으로 이야기를 나눠볼까요? 좋아하는 과목 이야기를 나누면 좋겠다고 말한 친구가 많았는데, 좋아하는 과목 이야기를 나눠볼까요? 아니면 내용은 비슷하지만 '내가 오늘 시간표를 짠다면?'으로 이야기를 나눠볼까요? 손을 들어볼까요? 좋아하는 과목 이야기? 내가 오늘 시간표를 짠다면? 그럼, 많은 친구가 손을 든 '내가 오늘 시간표를 짠다면'으로 이야기를 나눠보겠습니다.

4단계 : 우리 학교/학급 문제로 주제 질문 만들기

    학생들은 하루 중 많은 시간을 학교라는 공간에서 보낸다. 그래서 학교는 학생들에게 신체적, 정서적으로 영향을 주는 중요한 공간이다. 학교라는 공간이 안전하고 쾌적하면 가장 좋겠지만, 그렇지 못한 경우도 종종 생긴다. 여러 가지 이유로 위험하거나 더러운 곳이 생기겠지만, 교사나 학생이 함부로 사용해서 그런 문제가 생긴다면 어떻게 해야 할까? 일방적인 지시와 훈계보다는 그 부분에 관해 함께 이야기를 나눌 필요가 있다. 학교 화장실은 청결하게 유지되어야 할 곳 가운데 하나다. 만약, 화장실에 화장지가 떨어져 있거나 물이 내려져 있지 않는다면 화장실을 이용하는 사람 대부분이 불편함을 느낄 것이다. 화장실 사용 지도는 학기 초부터 꾸준히 하지만, 종종 더러워진 화장실을 마주하게 된다.

- 이 그림책에서는 어떤 문제가 생겼나요?
- 이 그림책에서 '나쁜 말'은 친구들/선생님/학부모에게 어떤 영향을 미쳤나요?
- 이 그림책에서는 그 문제를 어떻게 해결하였나요?
- 내가 이 그림책의 주인공이라면, 어떻게 대처했을 것 같나요?
- 이 그림책에서 인상적인 인물은 누구이며, 왜 그런가요?
- 여러분은 욕설을 쓰나요?
- 여러분은 혐오 표현을 한 적이 있나요?
- 화장실 벽에 적혀 있는 낙서를 본 적이 있나요?
- 혐오 표현은 무엇이며, 어떤 점이 문제인가요?

- 우리 학교 화장실 벽에 욕설이나 혐오 표현이 적혀 있었다면, 이 문제를 어떻게 해결하고 싶나요?
- 우리 반 구성원이 모두 모여서 해결해야 할 문제는 없나요?
- 학교 화장실을 사용하면서 기분이 좋았던 적이 있나요?
- 기분이 나쁘거나 불쾌했던 적이 있나요?
- 어떻게 하면 학교 화장실을 깨끗하게 사용할 수 있을까요?
- 여러분이 학교에서 가장 좋아하는 공간은 어디인가요?
- 부모님이 학교에 오신다면 어느 공간을 꼭 소개해드리고 싶나요?
- 학교에서 위험하거나 더러운 곳이 더 있나요?
- 교장 선생님의 도움이 필요한 부분이 있나요?
- 교장 선생님께 건의하고 싶은 것이 있나요?

교사 이 그림책에서는 혐오 표현이 문제가 되었습니다. 혐오 표현은 무엇을 말할까요?

학생1 언어폭력을 하는 거요.

학생2 특정 사람이나 단체를 비난하는 내용을 말하는 것 같아요.

교사 여러분이 말한 것처럼 혐오 표현은 인종, 성별, 종교, 장애 등의 특성을 이유로 개인이나 특정 집단을 모욕하거나 비하, 차별하는 것을 말해요. 이 그림책에서는 혐오 표현으로 인한 문제를 어떻게 해결했나요?

학생3 교장 선생님께서 학생들이 고운 마음을 가졌다는 것을 말해주었어요.

학생4 담임 선생님이 학교를 상징하는 배지를 나눠 주었어요.

학생 5	담임 선생님이 모두가 참여할 수 있는 그림 프로젝트가 있다고 말했어요.
학생 6	반 친구들이 모두 힘을 합해서 화장실 벽에 그림을 그렸어요.
교사	그림책처럼 우리 학교나 학급에 해결해야 할 문제는 없나요?
학생 7	화장실이 더러워서 가기 싫어요.
학생 8	수업 시간에 떠드는 친구들이 있어서 방해돼요.
학생 9	전담 수업 때 선생님의 지시를 따르지 않는 친구들이 있어요.
교사	그럼 우선 여러 가지 문제 가운데 가장 시급하다고 생각하는 문제부터 이야기를 나눠봅시다. 어떤 문제가 가장 시급하게 해결되어야 하나요?
학생 10	화장실이요.
교사	그럼 우리 학교 화장실에 관해 이야기해 봅시다. 먼저, 우리 학교 화장실의 좋은 점은 무엇일까요?
학생 11	층마다 화장실이 세 곳이나 있어서 언제든 기다리지 않고 이용할 수 있어요.
학생 12	최근 화장실 문 앞에 가림막이 생겨서 예전보다 훨씬 편안하게 볼일을 볼 수 있어요.
교사	그럼 우리 학교 화장실의 불편한 점은 무엇인가요?
학생 13	여름에는 냄새가 심하게 나요.
학생 14	화장실 바닥에 화장지가 많이 떨어져 있어요.
학생 15	비누는 있고 물비누는 없는데, 비누가 말라서 거품이 잘 나지 않아요.
학생 16	화장실을 쓰고 나서 물을 안 내리는 사람이 있어서 불쾌해요.

학생 17 화장실에서 물을 틀어놓고 나가는 친구도 봤어요.
학생 18 화장지에 물을 묻혀서 천장이나 벽에 던져서 붙여요.
교사   선생님이 아는 부분도 있었지만, 선생님이 잘 모르는 부분도 있었네요.

5단계 : 질문으로 우리 학교/학급의 문제 해결하기

담임으로서 학급에서 학생들과 시간을 보내고 함께 생활하다 보면, 여러 가지 일을 마주한다. 어른이고, 담임이니 학생들보다는 좋은 해결 방법을 가지고 있을지도 모른다. 그렇지만 학생들은 선생님이 알려주는 해결 방법을 모두 잘 따르지는 않는다. 시간이 걸리더라도 서클 대화로 학급에서 발생하는 다양한 문제를 해결했을 때 학생들은 그 과정에서 많은 것을 배운다. 자기가 학급의 일원이라는 점, 자기가 학급 일에 기여했다는 점에 뿌듯해한다. 그리고 서클 대화를 하면서 자기 목소리를 내는 연습을 할 수 있고, 그러면서 다른 친구에 관해서도 깊이 있게 알아가니 더욱 좋다.

- **여는 질문**
  - 어떤 화장실이 있으면 좋겠나요? 상상해봅시다.
  - 여러분이 특별한 화장실을 만든다면, 어떤 화장실을 만들고 싶나요?
- **주제 질문**
  - 우리 학교/학급의 문제를 어떻게 해결하면 좋을까요?

- **마무리 질문**
  - 이 그림책을 읽고 배운 점은 무엇인가요?
  - 이 그림책을 추천한다면 누구에게 추천하고 싶나요?
  - 서클 대화하면서 배운 점이나 깨달은 점은 무엇인가요?

교사   그럼 앞에서 친구들이 말한 우리 학교 화장실의 문제를 어떻게 해결하면 좋을까요?

학생 1   화장실 청소를 더 자주 해서 화장실 냄새가 나지 않도록 해요.

학생 2   향기가 나면 화장실에 들어갈 때 기분이 좋으니까, 방향제도 있으면 좋겠어요.

학생 3   물비누를 쓰도록 준비해주면 좋겠어요.

학생 4   화장실을 이용하고 물 내리기를 잘 실천하면 좋겠어요.

교사   그럼, 선생님의 도움이 필요한 부분은 무엇인가요?

학생 5   방향제나 물비누 사용에 관해서는 우리 반뿐만 아니라 다른 반 친구들의 의견도 들어볼 필요가 있어요.

교사   그럼, 그 부분은 어떻게 처리하고 싶나요?

학생 6   전교 어린이 회의에 안건으로 말하면 좋을 것 같아요.

교사   선생님이나 교장 선생님의 도움이 필요한 부분은 없나요?

학생 7   화장실 청소가 자주 되지 않는 부분은 선생님께서 알아봐 주시면 좋겠어요.

교사   네, 그럼 선생님은 그 부분에 대해서 알아보고 여러분에게 알려 줄게요. 혹시 다른 의견 더 없나요? 그럼, 오늘 화장실을 주제로 서클 대화를 한 소감을 나누어보겠습니다.

학생 8   저도 화장실을 사용하면서 화장실이 더러워서 이 부분을 친구들과 이야기해보고 싶었는데, 오늘 이야기를 나누어서 좋아요.

학생 9   앞으로 우리가 하기로 한 대로 하면, 화장실이 많이 달라질 것 같아서 기대돼요.

학생 10   앞으로 화장실을 좀 더 신경 써서 깨끗하게 써야겠다고 생각했어요.

학생 11   저도 물을 제대로 잠그지 않고 나온 적이 있어서 부끄러웠어요.

교사   선생님도 떨어져 있는 화장지를 더러운 것 같아서 보고도 그냥 나온 적이 있는데, 보이는 화장지는 줍고 손을 씻어야겠어요. 오늘 마무리 질문으로는 무엇을 하면 좋을까요?

학생 12   평소처럼 서클 대화를 한 소감을 나누면 좋겠어요.

학생 13   오늘은 서클 대화하면서 배운 점이나 깨달은 점을 말하면 좋겠어요.

교사   네, 그러면 새롭게 서클 대화로 배운 점이나 깨달은 점을 말해보겠습니다.

학생 14   우리 학교의 문제를 우리가 해결할 수 있다는 점이 좋았어요.

학생 15   우리 학교의 한 사람으로서 문제를 해결하는 데 기여한 것 같아 뿌듯했어요.

교사   여러분 모두의 소중한 생각 잘 들었습니다. 선생님 생각을 덧붙여 말하자면, 오늘 이렇게 화장실 문제를 이야기 나눈 것에서 그치지 말고, 한 달 정도 지난 뒤에 다시 이야기 나누면 좋을 것 같아요. 한 달 동안 여러분은 여러분대로 화장실을 깨끗하게 사용하기 위해 노력해보고, 선생님이 문제 해결을 위해 도움을 줄 수 있는 부분은 도움을 주고 말이에요. 그럼, 이것으로 오늘 서클 대화를 마칩니다.

인공지능 시대에서 인간에게 중요한 능력은 좋은 질문을 던지는 능력과 의사소통 능력이라고 말한다. 다른 사람과 대화할 때도 좋은 질문을 할 줄 아는 것은 매우 중요하다. 자신이 질문을 만들고 제시하면, 자신은 그 문제의 방관자가 될 수 없다. 왜냐하면, 자신이 만들고 던진 질문이기 때문에 그 질문의 주인이 되고 그 문제 해결의 주체가 된다.

학년이 높아질수록 학생들은 자기 문제를 스스로 해결하고 싶어 한다. 사고도 깊어지고 넓어지며, 자신의 문제를 스스로 해결하면서 성취감도 맛보고 싶어 한다. 그리고 서클 대화를 하면 모든 사람이 참여하고 발언할 수 있기 때문에 의사소통 능력이 점차 향상된다. 의견이 있는 사람만 손을 들고 발표하는 형식이 아니라 모두 그 문제에 대해 고민하고 돌아가면서 자기의 생각이나 느낌을 발언해보는 기회를 갖는다. 그 과정에서 제시된 질문이나 우리가 해결해야 할 문제에 대해 깊이 있게 고민해볼 수 있다. 또한, 서클 대화를 하지 않았다면 몰랐을 부분도 알게 되고 그러한 부분은 서로 이해하는 데 큰 도움이 된다. 그림책을 활용하여 다양한 주제 수업뿐만 아니라 질문 수업도 할 수 있듯이 관계 형성을 위한 서클 대화에서도 그림책을 활용한 질문은 효과적이다.

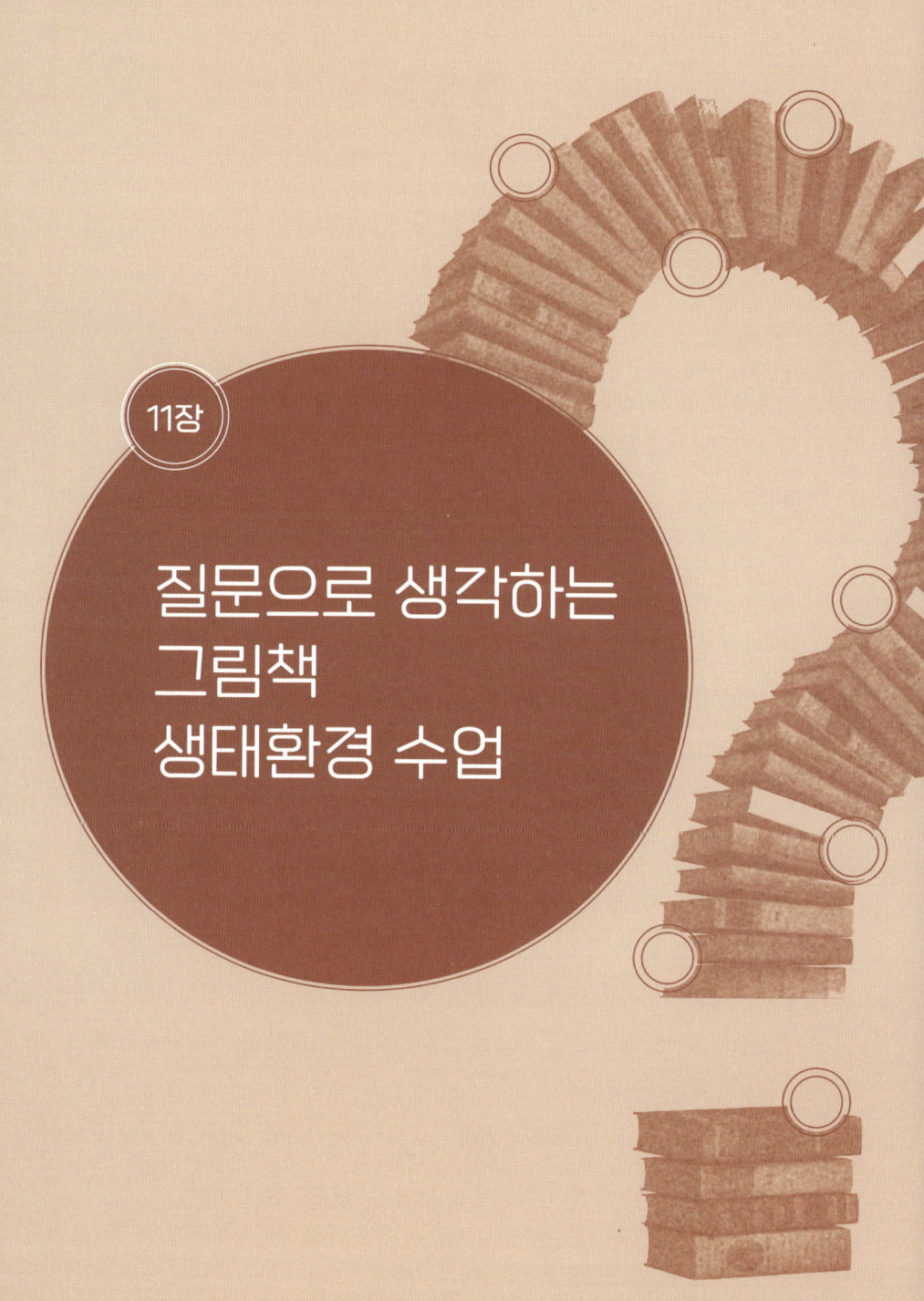

11장

질문으로 생각하는 그림책 생태환경 수업

    오늘날 환경 문제는 지구 생태계와 인류의 지속 가능한 미래를 위협하는 중요한 과제로 관심을 받고 있다. 이러한 환경 문제에 적절히 대처하려면 단순한 정보 전달을 넘어서, 학생들이 주도적으로 문제를 탐구하고 창의적인 해결책을 모색하는 능동적 학습 방식의 도입이 필요하다. 2022 개정 교육과정은 학생들이 주도적으로 학습할 수 있는 능력을 키우는 것을 강조한다. 특히 생태환경 교육에서는 단순한 지식 전달을 넘어, 학생들이 생태 환경에 대한 깊은 호기심을 가지고 지속적으로 질문을 던지며, 답을 스스로 찾아가는 과정을 통해 문제 해결 능력을 기르는 데 중점을 둔다. 이는 학생들이 미래의 환경 문제를 주체적으로 탐구하고 해결해나가는 능동적인 시민으로 성장하기 위한 필수적인 과정이다.

    질문으로 생각하는 생태환경 수업은 첫째, 학생들의 비판적 사고력을 향상시킨다. 질문 중심 수업은 학생들이 환경 문제의 복잡한 원인과 결과를 스스로 분석하고 해결책을 모색하게 하므로 비판적 사고력을 키울 수 있다. 특히, 생태환경 문제를 다룬 그림책을 활용하면 무엇이 문제인지 직관적으로 이해하고, 자연스레 질문을 던지게 된다. 그림책은 시각적 매체를 통해 환경 문제를 쉽게 전달하면서도 깊이 있는 사고를 유도하여 학생들이 자신만의 해결책을 도출하는 데 도움을 준다.

둘째, 학생들의 참여와 흥미를 유발한다. 환경 문제와 관련된 그림책은 학생들의 실생활과 밀접한 관련이 있어, 그림과 이야기를 통해 자연스럽게 흥미를 유발하고 학습에 대한 몰입을 높인다. 질문을 던지며 답을 찾는 과정에서 학생들은 학습의 주체로서 스스로 참여하게 된다. 그림책을 읽고 난 후 "이 이야기 속에서 우리가 할 수 있는 일은 무엇일까?"와 같은 질문으로 학생들이 실생활에서 실천할 방법을 탐구하도록 유도한다.

셋째, 실천 중심의 학습을 유도한다. 환경 문제는 이론적 지식뿐만 아니라 실천적인 행동이 필요하다. 학생들은 그림책을 통해 느낀 생태 환경 문제에 대해 실생활에서 적용할 수 있는 구체적인 방법을 고민하게 된다. 그림책과 질문을 연계한 수업은 학생들에게 실천 중심의 학습을 유도한다.

넷째, 지속 가능한 미래를 위한 책임감을 기른다. 질문을 통해 스스로 문제를 분석하고 해결책을 찾는 과정에서 학생들은 환경 문제에 대한 책임감을 기르게 된다. 그림책 속 환경 문제를 접하면서, 자신도 이 문제 해결에 동참할 수 있다고 생각하게 된다. 자신의 작은 행동이 미래 세대와 지구 전체에 미치는 영향을 인식하고, 지속 가능한 미래를 위한 책임 있는 시민으로 성장하게 한다.

다섯째, 협력과 소통 능력을 강화한다. 생태환경 그림책을 활용한 수업은 학생들이 함께 읽고 토론하는 과정을 통해 소통과 협력을 배우도록 한다. 그림책에 나오는 다양한 시각과 해결책을 놓고 학생들이 의견을 교환하며 협력하는 경험을 쌓게 되고, 이는 사회적 문제 해결 과정에서도 중요한 소통과 협력의 능력을 강화한다. 다양한 환경 그림책을 통해 접근할 수 있는 다양한 주제는 토론을 더욱 풍부하게 만들어준다.

주도적으로 문제를 탐구하고 해결 방법을 모색하려면 생활 속에서 스스로 의미 있는 질문을 만들 수 있어야 한다. 하지만 많은 학생은 이러한 질문 만들기를 어려워한다. 이러한 어려움을 해소하기 위해, 먼저 질문을 만드는 기본적인 기술을 연습한다. 그다음 환경 문제를 다룬 그림책을 활용하여 학생들이 배운 질문 기술을 적용해보고 이를 통해 얻은 통찰을 실제 생활에서 실천할 수 있도록 수업을 구성하였다. 이러한 단계적 접근을 통해 학생들이 질문의 힘을 체득하고, 환경 문제에 대한 인식을 높이며, 실천적 해결책을 모색할 수 있다.

1단계 : 질문 방법 익히기

국어 교과에는 학생들이 질문을 만들고, 그 질문에 대해 친구들과 서로 답을 나누는 활동이 있다. 학생들이 글의 내용을 더 깊이 이해하고, 이를 자신의 삶과 연결시킬 수 있도록 돕기 위해 교육과정에 반영된 것이다. 이를 통해 학생들이 삶에서 질문을 가지고 생활하며, 자기 주도적으로 생각하고 문제를 해결해나가는 능력을 키우도록 한다.

하지만 많은 학생은 질문을 만드는 활동을 어렵게 느끼거나 재미없어하기도 한다. 다른 사람의 질문에 대답하는 데는 익숙하지만, 스스로 질문을 만들고 답을 찾아가는 과정에는 익숙하지 않기 때문이다. 또한, 수업에서의 질문 만들기와 그것을 실제 삶에 적용하는 과정이 서로 연결되어 있음을 잘 느끼지 못하는 경우가 많다. 이러한 점에서 질문을 만드는 교육과 지속적인 연습이 필요하다. 학생들이 스스로 질문을 만들고 답을 찾아가는 과정은 비판적 사고와 문제 해결 능력을 키우는 데 중요한 역할을 하기 때문이다.

질문 만드는 것을 어려워하는 학생들을 돕기 위해 수업에서는 좋은 질문 카드를 비롯한 다양한 교구를 활용하여 질문 만드는 방법을 가르치는 것이 좋다. 질문 카드와 같은 교구는 학생들이 좀 더 쉽게 질문을 구성하고, 생각을 확장할 수 있게 해주어 수업에 큰 도움이 된다.

학생들은 이 교구를 통해 질문의 형태와 구조를 자연스럽게 익히고, 다양한 관점에서 생각할 기회를 얻게 된다. 또한, 자기 주도적으로 질문을 만드는 과정에 점차 익숙해지며, 수업에서 배운 질문 만들기 기술을 실제 생활에서도 적용할 수 있는 능력을 기르게 된다.

본 수업에서는 다양한 질문 카드 중에서 학토재의 독서질문스틱을 활용하여 사실, 해석, 평가 질문으로 분류하고, QAR 질문법으로 분류하는 활동을 한다. 독서질문스틱은 학생들이 읽은 내용을 바탕으로 다양한 질문을 만들어낼 수 있도록 돕는 도구로, 좋은 질문들의 예시를 통해 학생들의 질문 만들기에 도움을 줄 수 있다.

1. 사실, 해석, 평가 질문 분류하기

먼저, 교사는 사실, 해석, 평가질문에 대해 설명하고 학생들은 독서질문스틱의 질문들을 3가지 유형으로 분류한다. 사실, 해석, 평가 질문은 독서나 학습 과정에서 중요한 역할을 하는 질문 유형이다. 이 질문들은 각각 텍스트나 주제를 다각도로 이해하고 깊이 있는 사고를 유도하는 데 사용된다.

사실 질문은 텍스트에 명확하게 나타나 있는 정보를 묻는 질문이다. 주로 '무엇', '언제', '누가'와 같은 기본적인 사실을 확인하는 데 사용된다. 사실 질문은 텍스트에서 직접적인 답을 찾을 수 있어, 텍스트의 기본적인 내용을 이해하는 데 도움을 준다.

해석 질문은 텍스트의 의미나 의도를 묻는 질문으로, 표면적인 정보를 넘어서서 내용을 깊이 이해하도록 돕는다. 이 질문을 통해 독자는 텍스트의 맥락을 파악하고, 더 복잡한 의미를 해석하는 능력을 기르게 된다.

평가 질문은 독자가 자신의 가치관이나 기준에 따라 텍스트를 판단하고 평가하는 데 사용된다. 독자에게 텍스트의 주제나 메시지에 대한 의견을 묻고, 그것을 자신의 경험이나 관점과 연결시켜 생각하도록 유도한다. 평가 질문은 독자가 텍스트를 비판적으로 바라보고, 자신의 의견을 형성하는 역할을 한다.

이 분류 과정을 통해 학생들은 각 질문 유형이 무엇을 의미하는지, 그

리고 질문이 어떻게 글의 내용과 연결되는지를 이해하게 된다.

2. QAR 질문으로 분류하기

QAR(Question-Answer Relationship)* 질문법은 학생들이 텍스트를 읽고 이해하는 데 도움을 주기 위해 개발된 전략으로, 질문과 답변의 관계를 명확히 구분하고자 하는 접근법이다. QAR 질문법은 크게 네 가지 단계로 나뉜다. 각 단계는 질문이 텍스트 내에서 답을 찾을 수 있는지, 아니면 독자의 배경 지식을 필요로 하는지를 구분하는 데 도움을 준다. 학생들에게 이 질문법에 대하여 설명을 한 후 분류하기 활동을 한다.

첫 번째 단계인 바로 거기에(Right There) 단계의 질문은 글이나 그림에 질문에 대한 답이 쉽게 나타나 있는 질문을 말한다. 이 단계는 학생들이 텍스트에서 필요한 정보를 정확하게 찾는 능력을 기르는 데 도움을 준다.

생각하고 탐색하기(Think and Search) 단계의 질문은 텍스트 내에서 여러 부분을 통합해 답을 도출해야 하는 질문을 포함한다. 답이 텍스트의 여러 부분에 흩어져 있거나, 정보를 종합하여 추론해야 하는 경우가 많다. 이 단계는 학생들이 텍스트를 전체적으로 이해하고, 중요한 정보를 통합하는 능력을 키우는 데 도움을 준다.

작가와 나 사이에 질문(Author and Me) 단계에서는 텍스트와 독자의 배경 지식을 결합해 답을 도출해야 하는 질문을 다룬다. 답은 텍스트에 명

---

* 『질문이 있는 그림책 수업』, 그림책사랑교사모임, 케렌시아, 81쪽 참고

확하게 드러나지 않지만, 텍스트의 정보와 독자의 경험, 지식을 바탕으로 작가가 전달하고자 하는 바를 추론할 수 있다. 이 단계는 학생들이 텍스트와 자신의 경험을 연결하고, 더 깊이 있는 사고를 하도록 유도한다.

나 자신에게(On My Own) 단계의 질문은 독자의 배경지식이나 경험으로 답할 수 있는 질문을 포함한다. 독자의 머릿속에서 답을 찾을 수 있는 질문으로 추론을 통해 생각이나 의견을 나타낼 수 있는 질문을 말한다. 이 단계는 학생들이 자신의 사고와 경험을 적극적으로 활용하는 데 도움을 준다.

QAR 질문법은 학생들이 질문을 분석하고, 답을 찾는 과정을 체계적으로 접근하게 하며, 텍스트에 대한 더 깊은 이해를 돕는 유용한 도구이다. 이를 통해 독서 능력과 비판적 사고 능력이 향상될 수 있다. 이러한 질문 단계를 생각하며 질문 스틱을 분류해 봄으로써 학생들은 질문의 유형을 파악하고 자신들이 어떻게 질문을 만들어야 하는지 알게 된다.

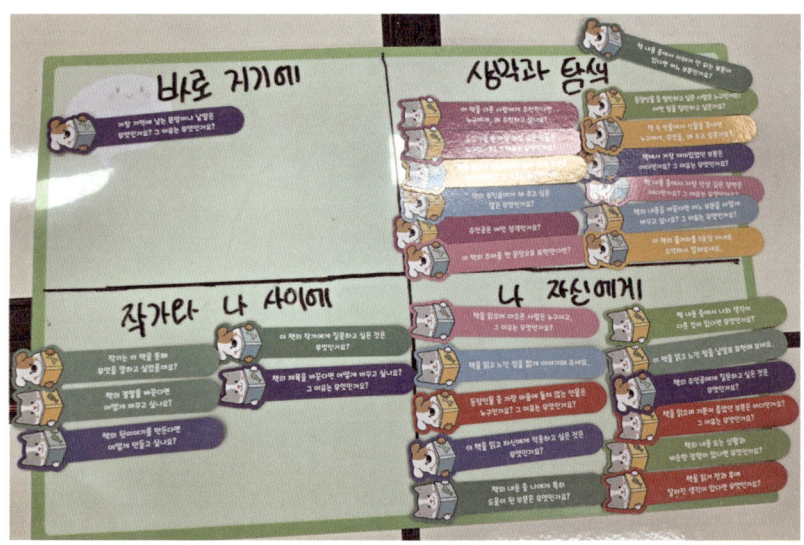

2단계 : 그림책 읽고 질문 만들기

독서질문스틱을 이용하여 질문들의 유형을 익혔다면 본격적으로 그림책을 읽고 질문 만들기를 한다. 2022 개정 교육과정에서 강조하듯이, 학생들이 살아가고 있는 지구 생태 환경에 대하여 질문을 가지고 학생들이 미래의 환경 문제를 주체적으로 탐구하게 하기 위하여 생태 환경과 관련된 그림책을 함께 읽는다.

『열매 하나』(전현정 글, 이유정 그림, 파란자전거)는 단일화된 농작물 재배가 생태계에 미치는 위험을 다루는 그림책으로 주인공 싱은 숲에서 발견한 빨간 열매와 파란 열매를 마을에 대량 재배하지만, 결국 병에 걸려 열매와 동물들이 사라진다. 인간의 탐욕이 생태계에 미치는 영향을 경고하며, 자연의 다양성을 지키는 것의 중요성을 강조한다.

『열매 하나』를 함께 읽고 기억에 남는 장면이나 인상 깊은 문장에 대해 이야기를 나눈 후 사실, 해석, 평가 질문을 직접 만들어본다. 질문을 만들어 봄으로써 이야기의 내용을 정확히 이해하고, 비판적으로 사고하며, 자신의 관점에서 평가할 수 있도록 돕는 것을 목표로 한다.

먼저, 사실 질문 만들기 단계에서 학생들은 텍스트에 명확히 드러난 정보를 바탕으로 질문을 만든다. 사실 질문을 통해 이야기에 등장하는 사건과 인물에 대한 이해를 확인한다.

학생들이 만든 질문
- 싱은 노란 과일을 들고 있는 동물을 보았는데요, 그 동물은 누구였을까요?

- 싱이 가져온 빨간 열매를 다른 사람들도 다 심었는데요, 빨간 열매를 심지 않은 사람은 누구일까요?
- 싱이 가져온 열매들이 사라지면서 동물도 사라졌는데요, 어떤 동물들이 사라졌나요?

다음으로, 해석 질문 만들기 단계에서는 학생들이 이야기의 의미를 파악하고, 숨겨진 의도를 탐구할 수 있는 질문을 만든다. 해석 질문을 통해 학생들은 등장인물의 행동과 그 배경을 깊이 있게 분석한다.

학생들이 만든 질문
- 사람들은 싱이 산에서 뽑아 온 나무를 심었는데요, 왜 그 나무를 따라 심었을까요?
- 마을의 모든 사람이 같은 나무를 심을 때 카말 할아버지는 어떤 생각을 했을까요?
- 싱은 마지막에 노란 열매가 달린 나무를 뽑아오지 않았는데요, 싱은 왜 그 나무를 뽑아오지 않았을까요?

마지막으로, 평가 질문 만들기 단계에서는 학생들이 자신의 관점에서 이야기를 평가하는 질문을 만든다. 평가 질문을 통해 학생들은 이야기의 주제를 자신의 경험과 연결하여 생각해볼 수 있다.

학생들이 만든 질문
- 싱이 산에서 먹어본 나무 열매가 맛있다고 나무를 뽑아 마을에 심었

는데요, 이 행동은 옳은 행동인가요?
- 마을 사람들이 모두 같은 나무를 심을 때, 카말 할아버지는 같은 나무를 심지 않았는데요, 여러분이 카말 할아버지라면 마을 사람들에게 뭐라고 말해주고 싶나요?
- 싱이 가져온 한 가지 열매의 나무를 마을 사람 모두가 함께 심었었는데요, 잘 썩지 않고 맛있는 과일을 개발하여 그 과일만 키운다면 그 행동은 옳은 행동인가요?

이와 같은 질문 만들기 활동을 통해 학생들은 이야기의 다양한 측면을 깊이 이해하고, 비판적 사고 능력을 키우며, 주어진 텍스트를 자신의 삶과 연계하는 능력을 기르게 된다.

『찬란한 여행』(이욱재 글·그림, 달그림)에서 주인공인 곰돌이 모양 페트병은 쓸모를 다하고 버려져 바다를 떠돌아다니다가 오랜 시간이 지나 미세플라스틱이 된다. 페트병의 여정을 통해 우리 일상 속 미세플라스틱 문제를 깊이 생각하게 만들고 플라스틱이 자연에 미치는 피해와 그로 인한 악순환을 경고하며, 환경 보호의 중요성을 깨닫게 하는 그림책이다.

그림책을 읽고, QAR 질문법을 이용해 질문을 만들어본다. 이러한 질문 만들기의 목적은 학생들이 텍스트를 다양한 방식으로 분석하고, 깊이 있는 사고를 통해 환경 문제를 이해하도록 돕는 것이다.

먼저, 학생들은 텍스트 내에서 명확한 답을 찾을 수 있는 '바로 거기 질문'을 만든다. 이 단계의 질문은 책 속에서 쉽게 답을 찾을 수 있어, 학생들이 기본적인 내용을 이해하도록 돕는다.

학생들이 만든 질문
- 사람들이 바다에 던지는 장면이 있는데요, 무엇을 던졌나요?
- 곰돌이 주인공은 찬란한 여행을 했는데요, 마지막으로 도착한 곳은 어디인가요?
- 곰돌이 주인공은 친구들과 마지막 장소에 도착했는데요, 주인공은 결국 무엇이 되었나요?

다음으로, 학생들은 여러 부분을 종합하여 답을 도출해야 하는 '생각하고 탐색하기 질문'을 만든다. 이 단계의 질문을 만들어보면서 학생들은 이야기를 전체적으로 이해하고, 중요한 사건들을 연결하여 사고할 수 있게 된다.

학생들이 만든 질문
- 곰돌이 페트병은 혼자 바다를 여행하다가 친구들을 만났는데요, 그때 곰돌이의 마음은 어땠을까요?
- 곰돌이 페트병이 바다에서 만난 친구가 새에게 잡혀갔는데요, 그 새는 왜 곰돌이 친구를 물고 갔을까요?
- 주인공은 바다로 가서 여행을 시작했는데요, 왜 여행을 끝내고 싶어 했을까요?

세 번째 단계에서는 학생들이 텍스트와 자신의 배경지식을 결합해 답을 도출하는 '작가와 나 사이에 질문'을 만든다. 이 단계의 질문 만들기를 통해 학생들은 책의 메시지를 자신의 경험과 연관 지어 깊이 있는 사고를 할 수 있다.

학생들이 만든 질문
- 작가는 이 책에서 무엇을 말하고 싶었을까요?
- 작가가 이 책의 주인공을 플라스틱병으로 한 이유는 무엇일까요?
- 작가는 이 책의 제목을 '찬란한 여행'이라고 했는데요, 왜 플라스틱의 여행을 찬란한 여행이라고 했을까요?

마지막으로, 학생들은 텍스트를 읽지 않아도 답할 수 있는 '나 자신에게 질문'을 만든다. 이 단계의 질문을 통해 학생들은 일상에서 실천할 수 있는 구체적인 방법을 생각해볼 수 있다.

학생들이 만든 질문
- 이 책을 읽은 후에 어떤 생각을 하였나요?
- 내가 주인공이라면, 사람들에게 무엇을 말하고 싶은가요?
- 나라면 플라스틱 사용을 줄이기 위해 어떤 행동을 할 수 있을까요?

이 질문 만들기를 통해 학생들은 그림책을 단순히 읽는 것을 넘어, 다양한 질문을 통해 텍스트의 의미를 깊이 이해하고, 환경 문제에 대해 비판적으로 사고하며, 실생활에 적용하는 능력을 기르게 된다.

3단계 : 질문하며 토의하기

『열매 하나』는 현대 사회에서 인간이 필요한 것과 선호하는 것만을 극대화하고, 나머지를 제거하려는 경향을 주인공 싱과 마을 사람들을 통해 잘 보여준다. 이 작품은 특히 GMO(유전자 변형 생물)와 같은 식량 증대 기술, 기업 이윤 극대화를 위한 대량 단일 작물 재배의 문제점을 지적하며, 그로 인해 발생하는 질병과 환경 파괴, 생태계의 붕괴를 경고한다. 이러한 주제를 바탕으로 학생들과의 토의를 이끌어갈 때, 교사는 적절한 질문을 통해 학생들의 사고를 깊이 있게 유도할 수 있다.

먼저, 사실 질문을 통해 학생들이 그림책의 내용을 정확히 이해하고 있는지 확인한다. 예를 들어, "싱과 마을 사람들은 어떤 방식으로 농사를 짓고 있었나요?" 또는 "단일 작물 재배로 인해 마을에서 어떤 문제가 발생했나요?"라는 질문을 할 수 있다. 이러한 질문은 학생들이 책에서 제시하는 문제 상황을 명확히 이해하도록 돕는다. 학생들은 스스로 만든 사실 질문을 서로 주고받으면서도 『열매 하나』에서 묘사된 농업 방식과 그로 인한 결과들을 사실적으로 파악할 수 있다.

다음으로, 해석 질문은 학생들이 그림책의 주제와 메시지를 깊이 있게 탐구하도록 유도한다. 예를 들어, 교사는 "싱이 다양한 열매를 심으려 했던 이유는 무엇일까요?" 또는 "단일 곡식 재배로 인한 문제점은 무엇이며, 이는 현대 사회에서 어떻게 나타나고 있나요?"라는 질문을 할 수 있다. 교사의 질문 외에도 각자가 만든 해석 질문을 나누면서 학생들은 책의 내용을 단순히 이해하는 것을 넘어, 그 속에 담긴 현대 사회에 대한 비판과 생태계의 중요성에 대해 생각해볼 수 있다.

마지막으로, 평가 질문을 통해 학생들이 자신의 의견을 논리적으로 표현하고, 그 의견을 뒷받침하는 근거를 제시하도록 유도한다. 교사는 "단일 작물 재배가 단기적으로는 이익을 가져올 수 있지만, 장기적으로 어떤 위험이 있을까요?" 또는 "생태계의 다양성을 유지하기 위해 우리가 할 수 있는 일은 무엇이 있을까요?"라는 질문을 할 수 있다. 이러한 질문은 학생들이 『열매 하나』에서 제기된 문제를 현대 사회에 적용해보고, 이를 비판적으로 평가하는 데 도움이 된다.

교사는 이와 같이 다양한 질문을 통해 학생들이 『열매 하나』의 주제를 깊이 이해하고, 현대 사회의 문제점과 생태계의 중요성에 대해 생각해볼 수 있도록 돕는다. 교사의 질문 및 각자가 만든 질문으로 하는 토의를 통해 학생들은 단순히 책의 내용을 학습하는 것을 넘어, 비판적 사고와 창의적 문제 해결 능력을 기를 수 있다. 더 나아가, 현대 사회에서 우리가 직면한 환경 문제에 대한 책임감을 느끼고, 이를 해결하기 위한 방안을 모색하는 계기를 마련할 수 있다.

『찬란한 여행』을 읽은 후에는 QAR 질문법으로 만든 질문으로 토의를 진행한다. 모둠원들은 각자가 만든 질문과 질문을 만든 이유를 말하

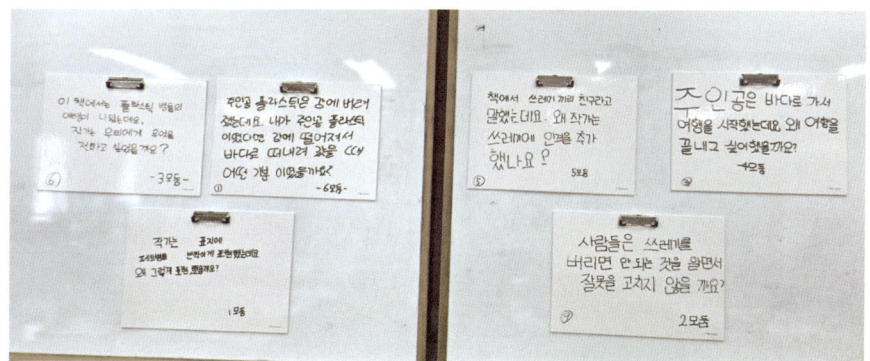

고 모둠 질문 중 가장 좋은 질문 하나를 모둠 질문으로 선정한다. 선정된 질문은 모두가 볼 수 있도록 크게 적어서 칠판에 붙인다. 이때 모둠에서 선정된 질문을 만든 학생은 그 질문을 왜 만들었는지 설명하고 전체 모둠의 발표가 끝나면 투표를 통해 학급에서 토의할 질문 하나를 정한다.

학생들이 선정한 질문은 '사람들은 쓰레기를 버리면 안 되는 것을 알면서 잘못을 고치지 않을까요?'다. 이 질문으로 토의하는 과정에서 학생들은 사람들의 편리함 때문에 잘못인 줄 알면서도 쓰레기를 함부로 버린다는 의견이 많았다. 이러한 의견을 바탕으로 교사는 학생들에게 다음과 같이 질문하며 생각을 확장시킬 수 있다.

교사	사람들의 편리함 때문에 쓰레기를 함부로 버린다는 의견이 많았는데, 사람들의 편리함 때문이라는 것은 어떤 편리함을 말하는 것일까요?
학생1	책에서는 쓰레기통에 버리지 않고 바다에 그냥 던져 버렸잖아요. 쓰레기통을 찾는 것이 힘들어서 바다에 버린 것 같아요.
학생2	많은 사람이 쓰레기를 길거리에도 함부로 버려요. 아이스크림 비닐이나 담배꽁초, 플라스틱 통 쓰레기가 많았어요.
교사	사람들은 왜 길거리에 쓰레기를 버리는 걸까요?
학생3	쓰레기통을 찾기 어려워서요.
학생4	들고 다니기 귀찮아서요.
교사	그렇다면 사람들이 자신의 편리함 때문에 바다나 길에 쓰레기를 버리는 것 외에 편리하기 때문에 생태 환경을 오염시키는 것은 또 무엇이 있나요?

학생 5   일회용품 사용이요. 배달이나 택배가 늘어나면서 일회용품 사용도 많이 늘었다고 생각해요. 재활용 분리배출 때 보면 분리배출 되는 쓰레기도 엄청 많았어요.

학생 6   쓰레기양이 엄청나게 늘어나더라도 우리는 분리배출만 잘하면 되는 걸까요?

학생 7   쓰레기를 처리하는 데 많은 에너지가 사용되니 그것도 생태 환경 오염에 영향을 줄 것 같아요.

교사   많은 에너지를 사용하는 것은 지구 생태 환경에 어떤 영향을 미칠까요?

교사는 학생들이 주도적으로 사고하고 토의할 수 있도록 다양한 질문을 통해 수업을 이끈다. 특히, '왜'라는 질문과 꼬리에 꼬리를 무는 질문을 통해 학생들이 자신의 생활 태도와 그로 인해 발생하는 환경 문제에 대해 깊이 생각하도록 유도하는 것이 좋다. 학생들은 이러한 질문을 통해 단순한 정보 습득을 넘어, 자신의 행동이 환경에 미치는 영향을 스스로 성찰하고, 더 나아가 이를 개선하기 위한 방법을 모색하게 된다.

예를 들어, 쓰레기 배출과 관련된 주제를 다룰 때, 교사는 학생들에게 "왜 우리는 쓰레기를 많이 배출하게 되었을까요?"라는 질문을 던질 수 있다. 이 질문은 학생들이 자신들의 생활 방식과 소비 습관을 돌아보게 하며, 왜 현재의 상황이 발생했는지 그 원인을 생각해보게 만든다. 이 과정에서 학생들은 단순히 쓰레기를 줄이는 것뿐만 아니라, 왜 그것이 중요한지, 그로 인해 어떤 변화가 일어날 수 있는지를 더욱 깊이 고민하게 된다. 또한, 교사는 학생들이 더욱 폭넓은 시각을 가질 수 있도록 질문을 확장시킨다. 예를 들어, "편리함을 추구하는 우리의 생활 방식이 환경에 어떤 영향을 미칠까요?"라는 질문을 통해 학생들은 편리한 생활의 이면에 숨겨진 환경 오염 문제를 생각해보게 된다.

결국, 교사의 질문은 학생들이 주제에 대해 깊이 있게 사고하도록 도와주는 중요한 도구이다. 학생들이 스스로 질문하고, 답을 찾으며, 그 과정에서 새로운 질문을 떠올리게 함으로써, 수업은 단순한 지식 전달의 장을 넘어서 사고력과 문제 해결 능력을 키우는 공간이 된다. 교사는 이러한 질문을 통해 학생들이 지속적으로 사고하고, 끊임없이 자기 생각을 발전시키도록 돕는다. 이를 통해 학생들은 자신의 생활 태도와 그로 인해 발생하는 환경 문제를 깊이 있게 성찰하고, 보다 나은 선택을 할 수 있는 능력을 기르게 된다.

4단계 : 문제 해결을 위한 활동 계획하기

『열매 하나』와 『찬란한 여행』을 읽고 질문을 나누며 토의하면서 학생들은 지구 생태환경 문제를 생각하게 된다. 먼저, 문제를 해결하기 위한 활동 계획을 세우기 전에 질문을 통해 문제의 본질을 깊이 있게 탐구하게 한다. 예를 들어, "왜 지구의 환경이 파괴되고 있을까?", "이로 인해 어떤 생물들이 영향을 받을까?"와 같은 질문을 스스로 만들고, 이에 대한 답을 찾게 하는 것이다.

학생들은 각자의 질문과 그에 대한 답을 토의하며 문제 해결 방안을 구체화한다. 예를 들어, "쓰레기를 줄이기 위해 우리는 무엇을 할 수 있을까?", "재활용을 더 효과적으로 하기 위해 어떤 방법이 있을까?"와 같은 실천적인 질문들이 이어진다. 이러한 과정에서 학생들은 문제 해결을 위한 다양한 아이디어를 제안하고, 서로 생각을 공유하며 보다 실질적이고 효과적인 해결 방안을 모색한다.

이 과정에서 브레인라이팅(brainwriting) 기법을 활용하여 학생들이 더욱 구체적인 해결 방안을 생각할 수 있게 한다. 브레인라이팅은 학생들이 자신의 생각을 종이에 적어 제출한 후, 다른 학생들이 그 내용을 읽고 추가 아이디어를 적어 나가는 방식이다. 이를 통해 학생들은 자유롭게 아이디어를 제안할 수 있으며, 다른 학생들의 의견을 바탕으로 자신의 생각을 확장하거나 새로운 해결책을 도출할 수 있다.

이때 4인으로 한 모둠을 구성하고 모둠의 학생들에게 각각 색이 다른 포스트잇을 나누어준다. 자신의 포스트잇에 지구 생태 환경의 문제나 해결 방안으로 떠오르는 단어를 3개 적고 학습지에 붙인다. 그다음 옆 친구에게 학습지를 주고 종이를 받은 학생은 친구의 학습지에 옆 친구가 적

은 단어가 아닌 다른 단어를 3개 적는다. 이렇게 모둠 친구끼리 학습지를 돌리며 아이디어를 적고 자신의 학습지를 받으면 끝난다.

학생들은 각자 독립적으로 아이디어를 발전시킴과 동시에, 서로의 생각을 보완하고 발전시킨다. 최종적으로는 브레인라이팅을 통해 얻은 다양한 아이디어들을 토의하며, 가장 효과적이고 실행 가능한 해결 방안을 선택한다. 이를 통해 학생들은 문제 해결을 위한 좀 더 구체적이고 현실적인 계획을 세울 수 있다.

5단계 : 글쓰기와 생태환경 픽토그램 그리기

탐구와 토의의 결과를 글쓰기로 표현하는 과정은 학생들이 생태환경 문제에 대해 깊이 이해하고, 자신의 생각을 체계적으로 정리하는 중요한 단계이다. 이 과정에서 학생들은 브레인라이팅을 통해 나온 다양한 아이디어를 활용하여 글쓰기를 진행한다. 브레인라이팅에서 학생들은 자신이 떠올린 아이디어를 종이에 적는다. 다른 학생들은 이를 읽고 추가적인 아이디어를 참고하여 글을 쓸 때 중요한 자료로 활용한다.

글쓰기를 통해 학생들은 자신이 탐구한 내용과 브레인라이팅을 통해 도출된 아이디어들을 종합하여 체계적으로 정리한다. 예를 들어, '지구온난화로 인한 특정 동식물의 멸종 위험'에 대해 탐구한 내용을 바탕으로, 그 문제의 원인을 분석하고, 브레인라이팅에서 나온 다양한 해결 방안을 글에 반영한다. 이러한 방식으로 학생들은 단순히 정보를 나열하는 것이 아니라, 브레인라이팅에서 얻은 창의적인 아이디어를 활용해 논리적이고 설득력 있는 글을 작성하게 된다.

또한, 글쓰기는 학생들이 자신의 생각을 명확하고 일관되게 표현할 수 있도록 돕는다. 예를 들어, '재활용의 중요성'에 대해 토론하고 브레인라이팅으로 도출된 여러 실천 방안을 바탕으로 글을 작성할 때, 학생들은 재활용이 왜 중요한지, 이를 실천하기 위해 어떤 방법들이 효과적인지에 대해 구체적으로 풀어낼 수 있다.

학생들은 지구환경 문제에 대해 탐구와 토의를 통해 깊이 이해하게 된다. 이러한 과정을 거친 후, 자신이 느끼고 생각한 바를 더 창의적이고 시각적인 방식으로 표현하기 위해 픽토그램을 활용한 활동을 진행한다. 픽토그램은 간단한 그림이나 아이콘으로 정보를 전달하는 도구로, 복잡한 개념을 시각적으로 쉽게 전달하는 데 매우 효과적이다.

먼저 핵심 내용을 정리하고, 이를 픽토그램으로 표현할 아이디어를 구상한다. 예를 들어, 지구온난화의 심각성을 표현하기 위해 지구가 점점 뜨거워지는 이미지를 생각해낼 수 있고, 또는 멸종 위기에 처한 동물들을 상징하는 픽토그램을 생각해낼 수 있다. 또한, 플라스틱 오염의 문제를 시각화하기 위해 바닷속에 떠다니는 플라스틱병이나 쓰레기 더미를 나타내는 아이콘을 활용할 수도 있다. 이 과정에서 자신이 느낀 환경 문제의 중요성을 시각적으로 전달할 방법을 고민한다. 복잡한 메시지를 단순한 이미지로 전달하기 위해 어떤 요소들이 중요한지, 어떻게 하면 사람들에게 강렬한 인상을 줄 수 있을지를 생각하게 된다.

픽토그램을 만들면 패들렛에 올리고, 다른 학생들과 공유하면서 서로 아이디어를 비교하고 확장시킨다. 이를 통해 다양한 시각적 표현 방법을 배우고, 자신의 생각을 더욱 명확하게 전달하는 방법을 익히게 된다. 또한, 이 과정은 자신이 탐구한 지구환경 문제에 대해 더 깊이 이해하고, 그 해결 필요성을 더 강하게 느끼게 하는 데 도움을 준다.

픽토그램 활동은 학생들이 탐구와 토론을 통해 얻은 생각을 창의적이고 직관적인 방식으로 표현함으로써, 지구환경 문제에 대한 인식을 더욱 강화하고, 이를 다른 사람들과 효과적으로 공유하는 방법을 배우는 귀중한 기회가 된다.

오늘날 우리가 직면하고 있는 생태환경 문제는 단순히 과학자나 환경운동가들만이 아니라, 우리 모두 관심을 가지고 해결해야 할 중요한 과제이다. 기후 변화, 생물 다양성 감소, 오염 문제 등은 미래 세대의 생존과 직결된 심각한 위기이다. 이를 해결하기 위해 우리가 할 수 있는 가장 중요한 일은 학생들이 질문하고 탐구하는 태도를 기르도록 돕는 것이다.

질문은 변화의 시작점이 된다. 학생들이 기후 변화가 왜 일어나는지, 특정 동물이 왜 멸종 위기에 처했는지, 플라스틱이 해양 생태계에 어떤 영향을 미치는지 등을 질문하도록 유도하는 것이 중요하다. 이런 질문이 문제 해결의 실마리를 제공할 수 있으며, 문제의 본질을 이해하고 이를 해결하기 위한 창의적이고 비판적인 사고를 촉진할 수 있다.

학생들이 이와 같은 과정을 통해 환경 문제에 대한 깊은 이해와 실천적인 태도를 갖게 된다면, 작은 관심과 노력이 모여 큰 변화를 일으킬 수 있다. 한 사람의 작은 실천이 주변 사람들에게 영향을 미치고, 더 큰 사회적 변화를 만들어낼 수 있는 것이다. 따라서 교사는 학생들이 지속 가능한 삶의 중요성을 깨닫고, 이를 실천하는 데 필요한 지식과 태도를 기를 수 있도록 지속적인 관심과 지도를 제공해야 한다.

생태환경 문제에 대한 관심과 탐구는 오늘날의 문제가 아니라, 학생들이 살아갈 미래를 위한 필수적인 교육 요소이다. 학생들이 질문하고 탐구하는 능력을 통해 더 나은 지구를 만드는 데 기여할 수 있도록 돕는 것은 교사로서의 중요한 책임이다. 이러한 노력이 학생들의 삶을 풍요롭게 하고, 우리가 함께 살아가는 세상을 더 건강하고 지속 가능한 곳으로 만드는 데 중요한 역할을 할 것이다.

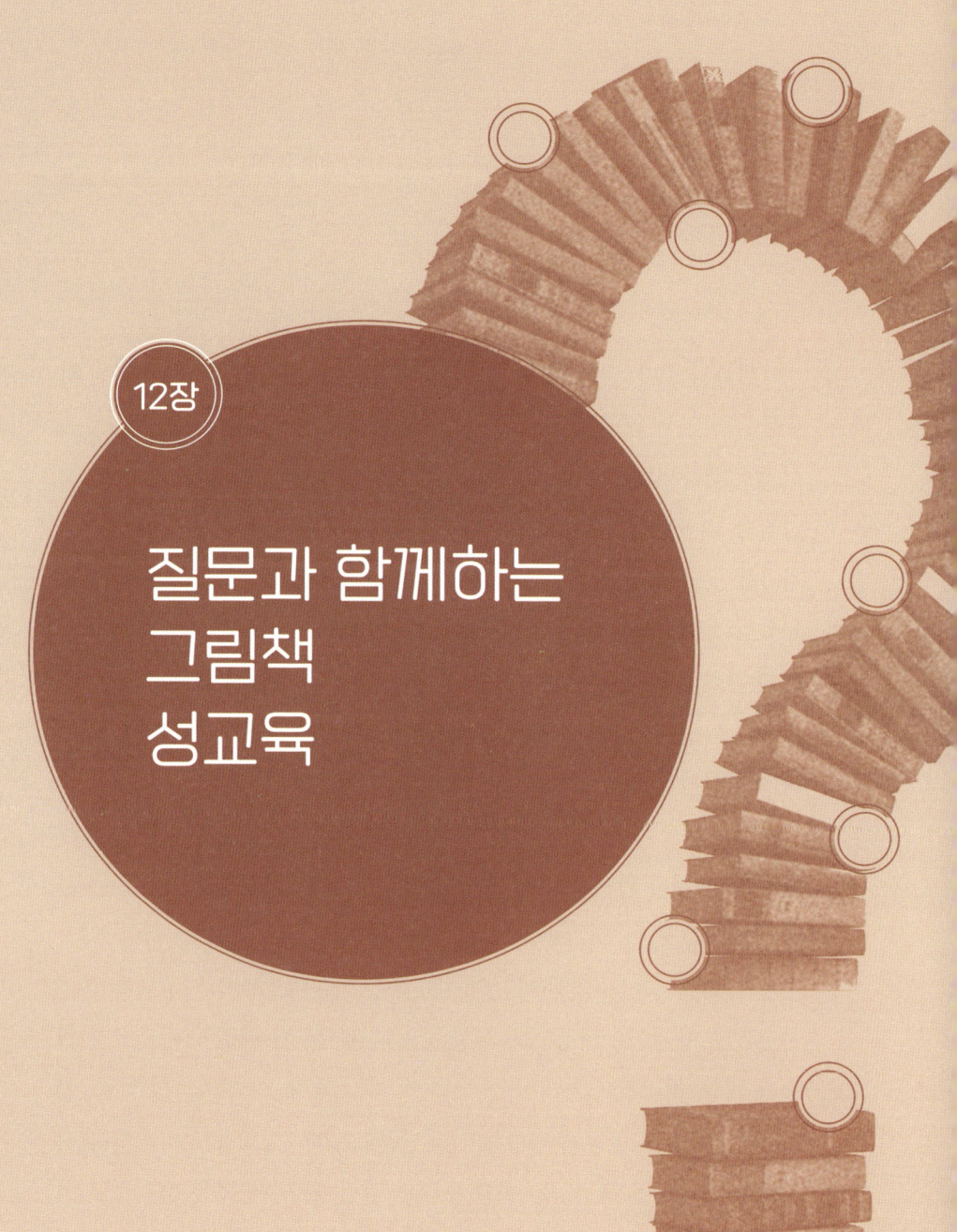

12장

질문과 함께하는 그림책 성교육

　학생들이 스마트폰, 인터넷, 대중매체 등을 통해 무분별하게 왜곡된 정보를 접하면서 왜곡된 성 인식이 형성될 우려가 커지고 있다. 교육부에서 운영하는 성희롱·성폭력 신고 센터 통계에 따르면 2021년 학생 성범죄가 32,898건에 달했으며, 이 중 디지털 기반 성범죄는 11,583건을 기록했다. 이러한 수치는 학교와 일상 및 디지털 공간에서 성범죄 예방 교육의 중요성을 분명히 보여준다. 그러나 기존 성교육은 피해자가 되지 않기 위한 교육으로 이루어지는 경우가 많아 그 한계가 드러나고 있다. 이제는 학생들이 자연스럽게 성에 대한 이야기하고 자신의 생각을 표현하며 실천하는 교육으로 나아가야 한다.

　성교육은 성에 대한 과학적 지식과 함께 심리, 사회, 윤리적 측면에 대한 이해를 넓혀 학생들이 건강한 성적 존재로 발달할 수 있도록 돕는 전인교육이다. 이는 일상에서 서로 존중하며 자연스럽게 이루어져야 한다. 현재 학교에서는 연간 15시간의 성교육을 의무적으로 실시하도록 규정하고 있으며, 2022 개정 교육과정 창의적 체험활동 핵심 역량으로 자기 관리 역량, 지식정보 처리 역량, 창의적 사고 역량, 심미적 감성 역량, 협력적 소통 역량, 공동체 역량으로 제시하고 있다. 성교육도 이러한 핵심 역량을 반영하며 학생들의 발달 수준과 관심사를 존중하는 방식으로 이루어져야 한다. 교사의 성 가치관을 강요하기보다 인권과 미래 시민교육 관점에서 학생들의 성 가치관을 형성하도록 지원해야 한다.

성교육에서 질문은 학생들이 주도적으로 사고하고 탐구하도록 돕는 중요한 도구다. 많은 학생이 성에 관해 궁금해하지만, 주변의 시선을 의식해 질문을 하지 못하는 경우가 많다. 성교육에서 질문을 적극적으로 활용하면 학생들은 스스로 생각하고 바람직한 성 가치관을 형성할 수 있다. 교사는 질문을 통해 학생들이 서로 의견을 나누고 문제를 함께 해결할 수 있는 환경으로 조성한다. 특히, 동일한 주제라도 질문의 방향과 성격에 따라 학년별로 적합한 내용을 다룰 수 있어 민원의 발생을 줄이고 교육의 질을 높이는 효과가 있다.

그림책은 학생들이 쉽게 공감할 수 있는 일상적 주제를 다룬 매체로, 성교육에 효과적인 도구가 된다. 학생들에게 편안하고 자연스러운 방식으로 성에 대해 이야기할 기회를 제공하며 다양한 시각과 관점을 탐구하도록 돕는다. 예를 들어, 일상적인 소재의 그림책에서 질문을 통하여 성과 관련된 상황을 찾으며 등장인물의 관점에서 생각하고, 이를 바탕으로 자신의 의견을 표현하게 된다. 이러한 과정에서 학생들은 서로 존중하는 방법을 배우고 실천할 수 있다.

질문과 함께하는 그림책 성교육은 강의식 전달 중심의 한계를 극복하고, 학생들의 참여와 활동을 강화할 수 있는 접근 방식이다. 교사와 학생이 서로 대화하고, 학생끼리도 질문을 통해 함께 성장하는 기회를 제공한다. 이를 통해 학생들이 자기 삶의 주체로서 건강하고 존중받는 성적 존재로 성장하는 데 기여한다. 또한, 학생들의 일상과 연결된 주제로 질문하고 탐구하며 함께 성장하는 장을 마련하는 교육이 된다.

성교육에서 질문의 필요성

『곰씨의 의자』에서 곰씨는 의자에 앉아 시집을 읽고 차를 마시며 음악을 듣는 규칙적이고 조용한 생활을 즐긴다. 곰씨는 어느 날 만난 토끼들과 좋은 친구가 되었다. 그러나 그들이 낳은 아기 토끼들로 인해 혼자만의 시간을 갖는 게 어려워지면서 불편한 마음이 생겼다. 곰씨는 이 불편한 감정을 말로 표현하지 않다가 결국 쓰러진다. 토끼 가족은 곰씨를 위로했고, 곰씨도 용기를 내어 속마음을 털어놓았다. 배려한다는 이유로 말을 하지 않다가 오히려 사이가 멀어지는 경우가 종종 있다. 서로 궁금한 것을 질문하고, 때로는 정중하게 동의하거나 거절을 할 수 있다면 더욱 좋은 관계가 유지될 수 있음을 알게 해준다.

성교육은 가치관, 인성, 생명, 존중 등 모든 것을 아우르는 중요한 교육이다. 그림책을 선정할 때 성교육 도서에 국한하지 않고, 학생들이 공감할 수 있는 다양한 그림책을 선택하면 된다.

그림책을 통한 질문과 성교육 수업이 생소한 학생들에게 흥미를 유도하고 자연스럽게 질문을 만들어보는 것이 필요하다. 먼저 그림책을 읽기 전, 표지에서 제목을 가린 후 제목을 추측해보도록 한다. 제목을 맞춰보게 한다. 이를 위해 교사에게 모둠별로 1개의 질문을 할 수 있다. 질문할 때는 표지를 자세히 살펴보며 힌트를 얻도록 유도한다. 학생들은 수수께끼를 맞히듯 즐겁게 질문을 한다.

1모둠 - 제목의 글자 수가 몇 개인가요?
2모둠 - 표지에 나온 동물들이 어떤 동물들인가요?

3모둠 – 제목의 첫 글자가 무엇인가요?
4모둠 – 제목에 감정 표현이 포함되어 있나요?
5모둠 – 제목의 초성이 무엇인가요?

모둠별 질문이 끝나면, 각 모둠에 한 번씩 제목을 맞힐 기회를 준다. 만약 맞히지 못하면, 제목 '곰씨의 의자' 글자를 무작위로 배치한 화면을 보여준다. 학생들은 이를 올바른 순서로 재배치하여 제목을 맞혀본다. 이렇게 하면 시간이 너무 오래 걸리지 않으면서도 자연스럽게 흥미를 유발할 수 있다. 학생들은 제목이 왜 '곰씨의 의자'인지 궁금해하며 그림책을 읽게 된다. 그림책 읽을 때는 학생들이 직접 읽는 방법도 있지만, 교사가 그림책을 읽어주면 학생들의 집중력이 높아지고, 이야기의 흐름에 몰입하게 된다. 교사는 학생들이 책을 읽는 동안 친구들과 어떤 이야기를 나누고 싶은지 떠올려 보도록 안내하며, 책의 내용을 통해 서로 소통할 수 있는 분위기를 조성한다.

그림책을 읽은 후 질문을 만들라고 하면 어려워하는 학생이 많기 때문에 질문 만드는 방법을 안내한다. 정답을 미리 제시한 후 정답을 이끌어낼 수 있는 질문과 육하원칙(누가, 무엇을, 언제, 어디서, 왜, 어떻게)을 활용한 질문을 만들어본다.

정답이 나오는 질문
정답 : 의자
곰씨에게 의미 있는 장소는?
곰씨가 어디에 페인트를 칠했나요?

육하원칙 질문

곰씨는 왜 토끼들이 태어날수록 표정이 안 좋았나요?

곰씨와 토끼들은 어떻게 만났나요?

학생들은 질문을 만드는 것이 어렵지 않음을 경험하고 다양한 질문으로 그림책을 깊이 읽게 읽을 수 있다.

곰씨에게 의자는 특별한 공간으로 그 공간이 들어오려면 동의가 필요하다는 것을 알려준다. 앞으로 하는 성교육에서 선생님과 학생들이 존중을 바탕으로 질문이 오고 가는 시간이 되기를 바란다고 이야기하고 마무리한다.

자아존중감 "나를 알기 위해 어떻게 해야 할까?"

자신에 대해 이야기하고 감정을 표현하는 것은 때로 쉽지 않을 수 있다. 『네 기분은 어떤 색깔이니?』는 말로 표현하기 어려운 다양한 감정을 색으로 표현하는 데 도움을 준다. 주인공은 하루의 시작은 어떤 색으로 채워질지 모르는 하얀색으로 표현하고, 이후 설레는 노랑, 호기심 가득한 초록, 수줍은 연두, 신나는 주황 등 다양한 상황과 감정을 경험하면서 각 색깔에 담긴 감정을 이야기한다. 하루의 마무리는 검은색으로 표현하며 오늘을 마감하고 내일을 새롭게 기대하는 마음을 갖도록 유도한다.

오리드 질문법으로 자기 이해하기

성교육은 자신과 타인을 이해하고 존중하는 것에서 시작한다. 타인을 존중하려면, 먼저 자신을 알아야 한다. 오리드(ORID) 질문법은 자신이 직접 경험한 것을 지각하고, 그때의 느낌을 그대로 반응하며, 해석하고 결정을 내리는 과정을 통해 자연스럽게 결론에 도달할 수 있게 한다. 생각의 흐름을 따라 결론에 스스로 도달할 수 있도록 1단계 인식(Objective) 질문, 2단계 느낌(Reflective) 질문, 3단계 판단(Interpretive) 질문, 4단계 결정(Decisional) 질문으로 구성되어 있다. 질문을 하며 답을 얻어가는 과정이 사고의 흐름에 따라 진행되기 때문에 자기 삶을 성찰할 수 있다. 오리드 질문법을 활용해 내가 누구인지 탐구해보는 것은 매우 의미 있다.

그림책을 읽고 다양한 감정을 색으로 표현할 수 있음을 경험한다. 이후 학생들에게 오리드 질문 활동지와 색종이, 풀, 가위를 제공하여 자기 이야기를 색으로 표현하도록 한다. 학생들은 자신을 나타내는 또는 최근 기분이 표현된 색깔의 색종이를 고르고 붙인다. 자신을 표현할 수 있는 모든 색의 색종이를 사용할 수 있다. 학생들은 오리드 단계의 질문에 맞게 자신이 붙인 색종이가 무엇을 표현한 것인지 활동지를 작성하며 개인 활동을 한다.

인식 질문 단계는 사실을 확인하며 지각하는 단계로, 무엇을 보고 듣고 경험했는지 사실과 직면하는 질문을 포함한다. 이 단계에서는 자신에 관한 이야기와 고민을 자연스럽게 들을 수 있다.

활동지 질문은 '이 색깔은 무엇을 표현했나요?'이다. 학생들은 자신이 표현한 색깔과 장면이 무엇을 표현했는지 보이는 사실 그대로 구체적으로 작성해야 한다.

학생　노란색, 주황색, 빨간색은 해를 표현하였고, 초록색은 새싹으로 나를 표현했습니다.

느낌 질문 단계는 알아차림과 같은 반응의 단계로, 그때의 느낌에 관해 질문하는 단계이다. 이 단계에서는 인식 단계에서 발견한 자신의 모습에 관해서 구체적으로 생각하는 시간을 갖는다.

활동지 질문은 '이 색깔의 느낌은 어떤가요?'이다. 학생들은 자신이 표현한 색깔을 보며 마음에 느껴지는 감정에 귀를 기울이며 작성해야 한다. 그 결과, 색깔이 의미하는 다양한 감정, 느낌을 자유롭게 표현할 수 있다.

학생　밝은 해가 초록색 새싹 옆에 있어 따뜻하고 활기찬 느낌을 줍니다.

판단 질문 단계는 가능성을 생각하는 단계로, 왜 그런 일이 일어났는지 생각해보는 질문을 포함한다. 이 단계에서는 색을 보며 자신을 되돌아보고, 깨달은 점을 작성한다.

활동지 질문은 '표현한 색깔은 나에게 어떤 의미를 주고 있나요?'이다. 학생들은 색깔과 표현한 모습에 대한 전체적으로 자기 생각을 담아 평가하며 나에게 주는 의미와 가치를 해석한다.

학생　매일 등교할 때마다 따뜻한 햇볕을 만끽하며 오늘 하루 잘 지내보자는 다짐과 기대감을 준다.

결정 질문 단계는 결론을 도출하는 단계로, 자신이 원하는 것이 무엇이고 어떻게 살아갈 것인가를 결정하는 질문을 하는 단계이다. 이 단계에서는 개인이 성장할 수 있도록 구체적인 실천 방안을 스스로 정리하고 다짐을 작성한다.

활동지 질문은 '나를 알기 위해 내가 할 수 있는 작은 실천은 무엇일까요?'이다.

학생 지금처럼 하루에 대한 기대감을 가지고 따뜻한 마음을 잃지 않으며 활기차게 보내겠습니다.

인식, 느낌, 판단, 결정 질문 단계를 통해 학생들은 자신이 표현한 색깔을 자세히 탐색한다. 이 과정에서 감정이 전혀 느껴지지 않거나, 어려움을 드러내기도 하며, 밝은 모습을 나타내기도 한다. 같은 색깔이라도 각자 다른 자신의 모습을 보여주게 된다. 평소에는 자신에 대해 깊이 생각할 기회가 부족했던 학생들이, 언어로 표현하기 어려운 감정을 색깔로 나타내고 질문에 답하면서 자신에게 고민과 밝은 면이 공존한다는 것을 깨닫게 된다. 긍정적인 모습이든 부정적인 모습이든 모두 자신의 모습임을 인정하고 자신을 알기 위해 노력하고 싶은 내용을 작성하도록 안내한다.

오리드 질문법을 통해 학생들은 어떤 노력을 해야 하는지, 자신을 어떻게 인정해야 하는지를 깨달으며, 자신과 타인을 이해하는 방법을 자연스럽게 습득한다. 오리드 질문 단계를 경험하면서 일상생활에서 자기 삶의 주체가 되어 보고, 자신을 어떻게 인정해야 하는지 스스로 성찰하는 시간을 가졌다. 마지막으로 나만의 색을 표현한 글을 작성해보고 내가 소중한 존재임을 인지하고, 우리 모두가 가치 있는 사람으로 서로 존중해야 한다는 것을 깨닫는다.

나도 작가 : 나만의 색을 표현한 내용으로 글 작성 (예시)
초록 초록한 생명이 하루를 시작하고 있어요.
함께 행복한 시간 만들어 봐요.

궁금한 성 "성에 대해 어떻게 하면 자연스럽게 이야기할 수 있을까?"

"아이가 자신과 타인의 몸과 성에 대해 질문하기 시작했나요? 책을 펼치고 아이와 함께 성에 대한 첫 대화를 나눠 보세요."『팬티 속엔 뭐가 있을까?』는 이렇게 시작한다. 학생들이 성장하면서 성에 관심이 생기는 것은 자연스러운 현상이지만, 물어보면 어른들도 당황스러워서 이야기하지 못하는 경우가 많다. 이 그림책은 우리 몸의 생식기관을 설명하고, 자기 몸을 부끄러워하지 않고 긍정적으로 여기는 것이 성을 대하는 첫걸음이라고 강조한다. 또한, 다른 사람이 자신의 몸을 보거나 만지는 것은 동의가 없으면 허용되지 않는다는 점을 알려준다. 성에 관해 자연스럽게 이야기하려면 평소 일상생활에서 성에 관한 질문을 주고받는 것이 중요하다는 것을 알게 된다.

성에 대한 질문하기

성에 대한 질문을 하기 전에 스스로 성에 대해 생각할 시간이 필요하다. 학생 스스로 주도적으로 참여하는 성교육을 위해, 학생들이 성교육에 대해 어떤 생각을 가지고 고민하고 있는지 떠오르는 이미지를 붙이고 이유를 작성하도록 하였다.

'성교육' 하면 떠오르는 이미지와 이유

이미지	이미지 관련 설명
새싹	성교육은 [생명]이다. 새 생명이 옳게 태어나는 데 도움을 주기 때문이다.
소화기	성교육은 [소화기]이다. 올바르지 않은 성욕의 불길을 잠재우기 때문이다.

학생들은 성교육이 가치관, 생명, 인성, 존중을 포함한 교육임을 스스로 다양한 방식으로 표현한다. 이를 통해 학생들이 원하는 성교육의 방향성도 찾을 수 있다.

『팬티 속엔 뭐가 있을까?』는 학생들에게 흥미를 유발하는 제목이지만, 성적인 불쾌감을 주는 언어를 사용하는 학생이 있을 수 있다. 그림책을 읽기 전 수업 규칙을 설명한다. 성에 관해 궁금한 점은 자유롭게 이야기할 수 있지만, 서로 존중하며 불쾌감을 주지 않는 언어를 사용하도록 한다. 생식기관에 대해 이야기할 때는 자신이 평소에 사용하는 표현과 그림책의 내용을 비교해본다. 또한, 생식기관뿐만 아니라 임신과 출산 과정에 관해서도 이야기하며 우리가 얼마나 소중한 존재로 태어났음을 알게 된다.

그림책을 읽은 후, 궁금한 성 질문을 포스트잇에 작성한다. 질문은 솔직하게 쓰되, 상대방에게 불쾌감을 주지 않는 언어로 작성한다. 작성한 질문은 칠판에 붙여 공유한다.

그림책을 읽고 궁금한 성 질문
- 어릴 때 성에 대한 궁금한 점을 물어본 적이 있나요?
- 내가 생각하는 나만의 특별한 곳은 어딘가요?
- 남성 생식기를 어떻게 부르고 있나요?
- 여성 생식기를 어떻게 부르고 있나요?
- 아기는 어떻게 태어날까요?
- 남성과 여성 이외도 제3의 성이 존재한다고 생각하나요?
- 성에 대한 올바른 가치관은 무엇이라고 생각하나요?
- 우리 사회는 남성우월주의 인가요, 여성 우월주의인가요?
- 왜 항상 남자가 무거운 것을 들어야 될까요?
- 사춘기에는 왜 자꾸 짜증이 날까요?
- 사춘기 시기 남성과 여성 몸은 어떻게 변하나요?

학생들이 작성한 이 질문들을 신체적, 사회적, 정신적 내용으로 분류하고, 각 모둠은 하나의 질문을 선택하여 토론하면서 고민을 나눈다.

신체적 성 : 사춘기 시기 남성과 여성 몸은 어떻게 변하나요?
사회적 성 : 왜 항상 남자가 무거운 것을 들어야 할까요?
정서적 성 : 성에 대한 올바른 가치관은 무엇일까요?

학생들은 친구들과 자연스럽게 성에 관한 고민을 나누고, 사춘기와 관련된 이야기를 공유할 수 있다. 이는 서로의 생각과 경험을 이해하며, 성과 관련된 주제에 대해 열린 마음으로 접근할 기회를 제공한다.

다만, 이 과정에서 교사의 개인적인 가치관이 과도하게 반영되지 않도록 주의해야 한다. 교사는 중립적인 태도로 학생들의 질문과 답변을 조율하며, 학생들이 스스로 생각하고 표현할 수 있는 분위기를 조성해야 한다.

동성애 관련된 질문이 있을 경우, 교사는 이를 교육과정에 다루지 않는 주제임을 설명하면서도 학생들의 궁금증을 진지하게 경청하고, 학생들의 성에 관한 다양한 생각을 존중하는 태도를 보여야 한다. 이를 통해 학생들이 안전하고 존중받는 환경에서 수업에 참여할 수 있다.

학생들이 제기한 다양한 질문들은 수업 후 정리하여 이후 수업에서 활용하거나 관련 주제를 더 깊이 다루는 자료로 사용할 수 있다. 이러한 방식은 학생들의 참여를 높이고, 성교육의 연속성과 효과를 강화하는 데 기여한다.

경계 존중 "장난과 폭력의 경계선은 어떻게 나눌까?"

학급에서 학생들 사이에 문제가 발생했을 때, 주장이 서로 다를 수 있다. 한 학생은 "장난이었어요"라고 말하고, 다른 학생은 "폭력이에요"라고 주장할 수 있다. 장난과 폭력을 명확히 구별하기 어렵다. 『좋아서 껴안았는데, 왜?』에서는 경계 존중의 필요성을 강조한다. 경계란 나라와 나라 사이에도, 인도와 차도 사이에도 존재하며, 사람과 사람 사이에도 서로 구분하고 보호해주는 선이다. 마음대로 그 선을 넘어가면 폭력이 될 수 있으므로, 경계를 넘을 땐 동의를 구해야 하며, 거절했을 경우 그 의견을 존중해야 한다는 점을 알려준다.

VTS 질문법을 활용하여 나와 다른 상대의 생각을 존중하기

　VTS(Visual Thinking Strategies) 질문법은 시각적인 관찰과 질문의 과정을 통해 문제 해결력과 사고력을 향상시키는 방법이다. 이 질문법을 그림책을 읽기 전 단계에서 활용하면, 학생들이 그림책 속 장면을 깊이 관찰하고 자신의 생각을 정리하며 이야기에 흥미를 높일 수 있다. 1단계에서는 그림책 장면을 보고 "무슨 일이 일어나고 있나요?"라는 질문을 통해 장면을 이해한다. 2단계에서는 "무엇을 보고 그렇게 생각하나요?"라는 질문을 통해 자신의 해석에 대한 근거를 탐색하고 생각한다. 평소에는 3단계에서는 "무엇이 더 보이나요?"라고 질문하지만, 이번 수업에서는 학생들에게 주인공이 되어 보는 시간을 마련하고자 한다. "내가 그림책 속 주인공이 된다면 어떻게 할까?"라는 질문을 통해 학생들의 생각을 확장하고 이야기를 연결하며 새로운 사실을 발견할 수 있도록 돕는다.

　첫 번째 장면은 그림책에서 남학생이 여학생을 안는 장면이다.

1단계. 이 그림에서는 무슨 일이 일어나고 있나요?

　질문을 통해 학생들은 남학생과 여학생의 표정과 행동을 자세히 관찰하며 이야기를 만들어낸다. "남학생이 여학생을 성희롱한다", "남자가 여자의 신체를 동의 없이 안았다" 등의 상황을 이야기하였다.

2단계. 무엇을 보고 그렇게 생각하나요?

학생들은 어떤 부분에서 무슨 일이 일어났다고 생각하는지 그림과 자신의 이야기를 연결한다. "남자는 좋아하고 있지만 여자는 싫어하고 있다", "남학생 표정은 밝지만, 여학생 표정은 당황하고 있는 것을 보고 남학생이 여학생을 성희롱했다고 생각한다."

3단계. 내가 그림책 장면 속 남자 주인공이 된다면 어떻게 할까?

학생들이 해당 주인공이 되어 보며 문제 상황을 인지하게 되고 사고를 확장한다. 자신이 행동이 다른 사람에게는 다르게 받아들일 수 있음을 경험한다. "내가 너를 좋아해서 한 행동이었다", "네가 싫어할 줄은 몰랐다"라고 말하거나 "동의 없이 안아서 미안하다"라고 사과를 한 학생도 있었다.

두 번째 장면은 두 남학생의 경계가 구분된 장면이다. 이 장면은 경계의 의미를 아직 이해하지 못하는 학생들에게는 해석이 어려울 수 있다. 심지어 경계의 개념을 알고 있는 학생들도 자세히 관찰하지 않으면 경계선을 발견하지 못하고 놓치기 쉽다. 이를 보완하기 위해, 그림책 장면을 자세히 들여다보아야 한다는 점을 강조한다.

1단계. 이 그림에서 무슨 일이 일어나고 있나요?

학생들이 장면에 대해 고민하면서 자신의 경험과 상황을 바탕으로 사건을 해석한다. "두 친구가 서로의 장난감을 자랑하고 있다", "한 친구가 다른 친구의 장난감을 허락 없이 만지려고 한다."

2단계. 무엇을 보고 그렇게 생각하나요?

학생들은 그림을 자세히 들여다보며 관련된 근거를 만들어간다. "서로의 장난감을 꺼내며 말하고 있다", "안경 쓴 학생 팔이 경계선 밖이기 때문이다."

3단계. 내가 그림책 속 안경 쓴 주인공 된다면 어떻게 할까?

주인공의 모습에서 큰 문제점을 발견하기 어려워하는 학생도 있었다. 그러나 학생들이 그 주인공이 되어보며 1단계, 2단계 내용을 바탕으로 이야기를 만들어내고 해결 방안을 찾도록 한다. "장난감을 함께 사용하자고 제안한다", "친구의 경계선을 넘어가지 않겠다"고 대답하였다.

VTS 질문법을 마친 후, 처음에는 어려워하던 학생들도 자신이 다양한 이야기를 만들어내며 기쁨을 느끼고, 친구들의 이야기를 들으며 공감하고 새로운 이야기를 발견하게 된다. 그림책을 읽을 때도 집중하는 모습이 보였다. 마지막으로 그림책 장면에서도 우리의 생각이 서로 다를 수 있다는 것을 볼 수 있었다. 같은 상황이라도 다르게 받아들일 수 있기 때문에, 경계 존중과 동의가 필요함을 설명한다.

성인지 감수성 "일상생활에서 성차별적인 요소가 있는지 찾아볼까?"

『안녕? 나의 핑크 블루』는 핑크&블루 프로젝트를 기반으로 출간된 사진 그림책이다. 태어난 아이들은 부모의 선택에 따라 분홍색 옷이나 파란색 옷을 입게 된다. 분홍색 옷을 입은 여자아이와 파란색 옷을 입은 남자아이가 성장하면서, 어른들이 정해준 색이 아닌 자신이 좋아하는 색을 찾게 된다. 세상에는 여자아이 색도, 남자아이의 색도 없으며, 누구도 우리에게 색을 정해줄 수 없다는 것을 깨닫게 된다. 그림책을 읽고 학생들은 질문을 통해 일상생활에 성차별이 존재하는지 살펴볼 수 있다.

성인지 감수성은 성별 간의 불균형에 대한 이해와 지식을 바탕으로, 일상생활에서 성차별적 요소를 감지해 내는 민감성을 의미한다. 그러나 이 개념을 학생들에게 직접 설명하면 다소 어렵게 느낄 수 있다. 따라서 질문을 활용한 접근법으로 학생들이 자연스럽게 성인지 감수성을 이해하고 자신의 일상에 적용할 수 있도록 돕는다. 학생들은 그림책에서 성차별이 있는지 찾아보고 개인별로 질문을 작성한다. 모둠에서 각자 만든 개인 질문을 하나씩 말하면, 모둠원들이 답변한다.

학생 1 〔질문〕 왜 파란색은 남자아이를 상징하게 되었을까?
학생 2 편견이 생기기 때문이다.
학생 3 파란색 옷을 입지 않았더니 여자라고 했기 때문이다.
학생 4 파란색을 나타내는 의미가 남자아이와 맞는다고 생각했기 때문이다.

학생 5   성별을 구분하기 위해 특정 색이 필요했을 것이다.

서로 의견을 들어본 후, 모둠 대표 질문을 선정하고 칠판에 기록한다. 그 후 투표를 통해 대표 질문을 정하고, 이에 대한 자신의 생각을 작성한다.

[대표 질문] 정해진 색을 버리기 위해 우리는 어떻게 노력을 할 수 있나요?

학생 1   남자와 여자 색깔로 구별하지 않고, 어릴 때부터 다양한 색의 옷이나 도구로 놀 수 있도록 한다.

학생 2   주변 사람들과 사회의 시선을 무시하고, 정말로 자신의 좋아하는 색을 고수한다.

학생 3   여러 색을 시도해보면서 자신이 좋아하는 색을 찾아야 한다.

학생 4   공공장소에서 남성과 여성의 색깔을 없애고, 모두 동일한 색으로 통일한다.

학생 5   다양한 것을 존중하려는 노력이 필요하다.

일상생활에서 성차별적 요소를 자연스럽게 인식하고, 이를 개선하기 위해 우리가 어떤 노력을 할 수 있는지 이야기를 하였다. 학생들의 대답 중에는 잘못된 방향으로 보이는 것도 있었지만, 마지막에 일상생활 속에 성차별적 요소를 인지해야 하는 이유가 성별에 기대지 않고 상대를 있는 그대로 바라볼 수 있으며, 존중이 필요하기 때문임을 강조한다.

이성교제 "함께 성장하는 이성 교제란 무엇이라고 생각하나요?"

『똑, 딱』의 주인공 똑이와 딱이는 서로만 존재하던 세계에 살았다. 그러나 딱이가 다른 친구들과 신나게 놀고 있는 모습을 보고 똑이는 큰 충격을 받았다. 딱이가 없으면 자신의 존재 이유도 사라진 것 같아 슬픔에 빠진 똑이는 점점 무기력해져 아무것도 하지 않은 채 누워 지낸다. 하지만 시간이 지나면서 활짝 피는 꽃을 보며 슬픔을 잊게 된다. 이를 통해 똑이는 딱이와의 관계뿐만 아니라 자신만의 의미 있는 가치를 발견하게 된다. 똑이는 딱이에게 새롭게 발견한 세계를 공유한다. 서로 인정해주고 각자 새로운 경험을 하고 매일 밤 만나 서로의 이야기를 들려주며 관계가 더 돈독해진다. 사랑하는 사이일수록 서로의 세계를 존중하며 함께 성장하는 관계로 나아감을 알게 된다.

PMI 실문법을 활용한 함께 성장하는 이성 교제

사춘기가 되면서 자연스레 이성에 호기심과 관심이 커진다. 이성 교제는 서로 이해해주고 상호작용을 배울 수 있는 장점이 있다. PMI는 장점(P), 단점(M), 창의적 대안이나 흥미로운 점(I)을 나누어 생각하는 방법이다. 이 과정을 통해 이성 교제의 긍정적 측면을 더욱 발전시키고, 부정적인 측면을 최소화할 수 있다. 특히, 창의적 대안이나 흥미로운 점은 이성 교제를 통해 어떤 변화가 생길지 기대하는 마음을 갖게 하며, 새로운 관점으로 이성 교제를 바라보게 된다. 이를 통해 함께 성장하는 이성 교제를 탐구하고, 실제로 이성 교제를 할 때 실천할 수 있는 방법을 찾을 수 있다.

P(Plus)

장점 질문으로 이성 교제의 장점에 대해 개인의 생각을 패들렛을 활용하여 공유한다. "이성 교제의 장점은 무엇인가요?" 학생들은 이 질문을 통해 각자의 생각을 작성하도록 한다. 학생들이 작성한 내용을 읽어주면서 보완할 부분이 있으면 학생의 생각을 존중하되 교사는 새로운 관점을 제시할 수 있는 질문으로 생각의 확장을 유도한다. "외롭지 않으려고 이성 친구를 사귄다면 만약 헤어진다면 나는 외로운 사람일까요?" 이 질문을 통해 학생들은 자연스럽게 이성 친구가 나의 외로움을 해결하기 위한 존재가 아님을 깨닫고, 더 나아가 어떤 관계든 상대방은 나의 소유가 될 수 없음을 인식하게 된다.

M(Minus)

단점 질문으로 이성 교제의 단점에 개인의 생각을 공유한다. "이성 교제의 단점은 무엇인가요?" 학생들은 학업이나 가족에게 소홀해질 수 있으며 돈과 시간을 써야 하고, 갈등이 생길 수 있다는 걱정이 있다고 작성하였다. "이런 단점이 있는데도 좋아하는 사람이 생기면 교제를 할 건가요?" 교사의 질문에 아직은 만나지 않고 대학생 되어서 만나겠다는 학생들도 있었고, 단점이 두렵지만 그래도 좋아하는 사람이 생기면 만날 것이라고 대답한 학생도 있었다.

I (interesting)

창의적인 대안이나 흥미로운 질문은 긍정적인 기능을 강화하고 부정적인 요소를 보완하는 질문이다. "함께 성장하는 이성 교제란 무엇일까요?" 학생들에게 이 질문을 제시하며, 현재 이성 친구를 교제하는 학생이나 앞으로 이성 친구를 교제할 가능성이 있는 학생 모두가 이성 교제의 건강한 방향성에 대해 생각할 수 있다. 친구들이 작성한 이성 교제의 장점을 강화하고 단점을 보완하여 함께 성장하는 이성 교제를 생각해보도록 한다. 학생들은 친구들의 장점과 단점을 보고 공감하는 내용을 작성하였다. 자신의 생각하는 선을 지키고, 나의 외로움을 채워주는 존재로 만나지 않도록 하며 돈과 시간을 이성 친구와 의논을 통해 결정하도록 하여 갈등을 생기지 않도록 노력해야겠다고 작성하였다.

이성 교제의 장점, 단점 및 함께 성장하는 이성 교제에 관해 이야기를 하였다. 이성 교제와 관련하여 준비가 부족하여 막상 하고 싶었던 일을 못 하거나, 고백했는데 거절당하고 나서, 헤어지고 나서 등 불편한 관계가 되는 경우도 송송 발생한다. 좋아하는 이성이 생겼을 때 나의 태도에 대해 작성하고 이야기를 나눈다. 함께 성장하는 이성 교제를 위해서 서로 의견을 존중하고, 서로 감정을 이해하는 것이 중요하다. 또한, 서로의 성장을 위해 노력하고, 서로에게 도움을 주는 것도 필요하다. 이성 교제는 서로의 삶에 큰 영향을 미칠 수 있으므로 신중하게 선택하고 책임감 있게 행동하는 것이 중요하다는 점을 강조하며 마무리한다.

그루밍 성범죄 "그루밍 성범죄를 어떻게 인지할 수 있을까요?"

『곱슬도치 아저씨의 달콤한 친절』에서 낯선 마을로 이사 온 고슴이는 바쁜 아빠가 새벽에 나가고 밤늦게 돌아오는 탓에 외로움을 느낀다. 그러던 어느 날, 공원에서 만난 곱슬도치 아저씨가 따뜻하게 대해주자 마음이 끌리게 된다. 시간이 지나면서 아저씨에게 복종하게 되고, 심리적 지배를 받게 된다. 고슴이는 이런 상황이 잘못되었다는 것을 느끼지만, 다시 외로움을 겪을까 두려워 도움을 요청하거나 신고하는 것을 주저한다. 결국, 그루밍 범죄라는 사실을 인지하고, 도움을 요청해야 한다는 것을 깨닫게 된다.

ABCDE 질문법 활용한 그루밍 성범죄 예방하기

그루밍 성범죄란 가해자가 피해자에게 호감을 얻거나 돈독한 관계를 만드는 등 심리적으로 지배한 뒤 성폭력을 가해지는 것을 의미한다. 최근 가족 구성원의 변화로 가족 간 대화 시간의 줄어들고, 경제적·심리적으로 취약한 가정환경에 놓인 학생들이 그루밍 성범죄에 노출되는 경우가 많다. 특히, 디지털 기술의 발달로 온라인상 자연스러운 소통을 통해 친밀감을 형성하고 특별한 관계가 만들어지는 경우가 늘어나면서, 경제적·심리적으로 취약한 가정환경에 놓인 학생들뿐만 아니라 디지털 기기를 사용하는 모든 학생이 온라인 그루밍 성범죄에 노출될 위험이 커지고 있다. 코로나 이후 오프라인보다 온라인상의 대화가 늘어나고, 청

소년 중 3명 중 1명은 낯선 사람에게 쪽지나 대화를 받아본 경험이 있다고 한다. 이로 인해 가해자와 친밀감을 형성한 피해자가 자신이 피해를 받고 있다는 사실조차 인지하지 못하는 문제가 발생한다. 그루밍 성범죄임을 알아차리는 시점은 개인마다 다르며, 이를 인지하기 위해서는 비합리적 신념을 합리적 생각으로 전환할 수 있는 질문이 필요하다.

ABCDE 질문법은 이러한 상황에 대해 이해하고 비합리적 자신의 감정이나 생각을 질문해보며 긍정적 효과를 경험할 수 있는 질문법이다. 학생들에게 ABCDE 질문법을 설명하고, 질문법이 낯설고 다소 어려울 수 있음을 고려해 단계별로 질문을 제시하며 이야기를 나눈다. 이때 중요한 점은 그루밍 성범죄는 가해자들이 치밀한 계획 아래 이루어지기 때문에 쉽게 알아차리기 어려우며, 피해자가 인지하지 못했다고 해서 피해자 잘못이 아님을 알려준다. 그러나 피해 사실을 알고 도움을 요청해야 하므로, 상황을 주의 깊게 살피고 적절한 질문을 통해 문제를 인식할 필요가 있음을 설명한다.

A(activating event)는 선행 사건으로 개인에게 심리적 고통을 유발하는 선행 상황이다. 그림책의 주인공 고슴이가 겪는 심리적 고통을 유발하는 상황과 사건을 찾아본다. 같은 질문이지만 개인별로 인지하는 심리적 고통을 유발하는 상황과 사건은 다를 수 있다.

[질문] "고슴이에게 심리적 고통을 유발하는 사건은 무엇인가요?"
학생1   고슴이의 아빠가 관심을 주지 않아 외롭다.
학생2   고슴이가 고구마 농장에서 일하게 되었다.

B(belief system)는 비합리적 신념 단계로 어떤 사건을 바라보는 개인의 잘못된 믿음이나 생각이다. 고슴이가 가진 잘못된 믿음과 생각을 이야기해본다.

[질문] "고슴이가 가진 잘못된 믿음이나 생각은 무엇인가요?"
학생 1 고슴이는 곱슬도치 아저씨의 친절을 의심하지 않고 그대로 받아들였다.
학생 2 고슴이는 고구마 농장에서 아저씨가 화내는 데는 다 이유가 있다고 생각하였다.

C(consequence)는 결과 단계로 비합리적 신념에 기반한 개인의 반응과 감정을 살펴본다. 잘못된 믿음과 생각으로 인해 고슴이가 느끼는 감정과 반응 상황에 대해 질문해본다.

[질문] "고슴이는 잘못된 믿음과 생각으로 인해 어떤 감정과 반응을 보였을까요?"
학생 1 고슴이가 아저씨에 대한 무조건적 신뢰가 생겼다.
학생 2 고슴이는 비참하고 슬픈 감정 느끼며, 혼자라는 생각이 들었고 곱슬도치 아저씨에게 감금 및 노동 착취를 당했다.

D(dispute)는 논박 단계로 개인이 가지고 있는 비합리적 생각을 합리적 생각으로 바꾸기 위한 질문이다. 학생들이 고슴이가 가진 비합리적 생각을 합리적 생각으로 전환할 질문을 고민해보고, 이 질문을 통해 그루밍 범죄를 발견하게 된다.

[질문] "고슴이가 가진 비합리적 생각을 합리적으로 바꾸려면 어떤 질문을

해야 할까요?"

학생1   곱슬도치 아저씨는 정말 친절한 사람일까?

학생2   왜 아저씨가 화내는 데는 다 이유가 있다고 생각하는가?

E(effect)는 효과 단계로 논박 질문을 통해 긍정적 효과를 도출한다. 학생들이 질문을 통해 그루밍 성범죄를 알아차리는 과정을 공유한다.

[질문] "논박 질문을 통해 어떤 긍정적인 효과가 있었나요?"

학생1   그루밍 성범죄를 더 빨리 알아차릴 수 있었고, 곱슬도치 아저씨의 친절이 진심이 아니라는 것을 깨달았다.

학생2   아저씨가 고슴이를 화풀이 대상으로 삼고 있다는 것을 알게 되었고, 아버지께 말씀드려 곱슬도치 아저씨가 검거되는 결과를 가져왔다.

디지털 성범죄 "디지털 기기를 바르게 알고 디지털 성범죄를 어떻게 예방 및 대처할까?"

디지털 시대에 살아가는 우리는 빠른 정보 전달과 확산으로 인해 우리가 모르는 사이에 디지털 성범죄에 노출될 수 있다. 스마트폰을 통해 편리함과 즐거움을 누리는 동시에 불쾌한 경험을 겪기도 한다.『노아의 스마트폰』은 디지털 시대를 살아가는 학생에게 디지털 기기의 장점과 단점을 보여주고 잘못 사용하면 범죄가 될 수 있음을 일깨워 준다.

사실적, 해석적, 평가적 질문법

『노아의 스마트폰』은 텍스트가 풍부하여 다양한 질문을 만들기에 적합한 그림책이다. 질문은 사실적, 해석적, 평가적 3가지 유형으로 나누어 구성한다. 사실적 질문은 책의 기본 정보와 내용을 다루며 "그림책에서 주인공이 먹은 것은 무엇인지", 해석적 질문은 숨은 의미와 이유 맥락을 탐구하며 "주인공은 왜 그런 행동을 할까?", 평가적 질문은 가치 판단을 묻는 질문으로 "주인공이 행동이 옳은가?"로 예를 들 수 있다. 이러한 질문을 통해 디지털 기기의 특성과 디지털 성범죄에 대해 깊이 생각해본다. 그림책을 읽은 후, 학생들은 5분 동안 개인적으로 3개의 질문을 만들고, 이후 모둠별로 질문들을 모은다. 보통 한 모둠에서 10~12개의 질문이 만들어진다.

- 그림책 주인공은 누구일까요?
- 노아에게 스마트폰은 어떤 의미일까요?
- 노아는 왜 같은 반 친구가 점심 먹는 사진을 올렸을까?
- 노아가 같은 반 친구에게 '꿀꿀꿀' 댓글을 단 것은 올바른 행동이었을까요?

모둠별로 10~12개의 질문을 사실적, 해석적, 평가적 질문을 구분하도록 한다. 이 과정에서 그림책에 나온 내용이지만 평가적으로 옳고 그름에 대해 추가로 이야기하고 싶은 경우에는 평가적 질문으로 구분했다.

사실적 질문

노아의 주인공은 누구인가?
노아는 누구에게 도움을 요청했는가?
디지털 기기로 할 수 있는 일들은 무엇인가?
스마트폰을 사용하면서 어떤 변화가 있었는가?

해석적 질문

노아는 왜 같은 반 친구가 점심 먹는 사진을 올렸을까?
노아의 친구는 노아의 댓글을 보고 왜 화가 났을까?
버스에서 노아의 바지가 젖은 사진은 누가 올렸을까?

평가적 질문

노아는 같은 반 친구의 사진을 올릴 때 허락을 받았을까?
노아는 SNS에 '꿀꿀꿀'이라는 댓글을 남겨 친구를 화나게 했는데, 그 후에 자신의 행동에 대해 사과를 했을까요?
디지털 기기는 좋은 것일까, 나쁜 것일까?

　사실적, 해석적, 평가적 질문 중에서 '디지털 기기를 바르게 알고 디지털 성범죄를 어떻게 예방 및 대처할까?'라는 주제와 연관된 질문을 모둠별로 한 가지 선택한다. 이후 전체 학생에게 발표한다. '디지털 성범죄'라는 용어를 모르는 경우, 디지털 성범죄가 디지털 기기를 활용하여 온라인과 오프라인 공간에서 발생하는 성범죄를 의미한다는 점을 설명해 준다.

모둠 1. 디지털 기기는 좋은 것일까, 나쁜 것일까?
모둠 2. 노아는 누구에게 도움을 요청했을까?
모둠 3. 노아는 같은 반 친구의 사진을 올릴 때 허락을 받았을까?

모둠별 질문을 통해 그림책에서 나타난 디지털 기기의 장단점과 디지털 성범죄라고 생각되는 부분을 발견하였다. 노아의 바지 젖은 모습 사진을 SNS에 올리며 오줌을 쌌다는 그림책 내용은 일반적으로 수치심을 느낄 수 있는 상황으로 디지털 성범죄로 간주될 수 있다. 타인의 신체를 동의 없이 촬영하는 행동은 불법 촬영에 해당하며, 이러한 사진을 동의 없이 퍼뜨리는 행동은 유포·재유포로 법적 처벌의 대상이 될 수 있음을 설명한다.

교사는 디지털 성범죄의 유형에 대해 설명한 후, 학생들은 디지털 성범죄 예방을 위한 홍보하는 글을 작성한다. 주제는 '디지털 성범죄에 대한 나의 생각', '디지털 성범죄 발생 시 도움을 받을 수 있는 기관', '디지털 성범죄 예방법', '디지털 성범죄 피해자의 마음' 네 가지 중 가장 중요하다고 생각하는 하나를 선택한다.

디지털 성범죄는 가해자 잘못이며, 피해자 잘못이 아니다. 그러나 디지털 기기의 발달로 인해 우리는 현재 디지털 성범죄에 노출될 수 있다는 점에서 항상 주의가 필요하다는 메시지로 수업을 마무리한다.

질문이 함께하는 그림책 성교육 시간은 학생들이 적극적으로 참여할 수 있었다. 개인 질문도 만들어보고 교사의 질문에도 답을 해보며 서로 존중하는 분위기를 형성하였고 삶의 주체가 되는 경험을 하였다. 다양한 그림책의 이야기를 나누면서 그림책이 우리 삶과 연결되어 있으며 그 삶 속에서 질문을 하며 성의 의미를 찾고 수업 시간에 성에 대한 이야기를 자연스럽게 하는 시간이었다.

13장 질문을 활용한 그림책 감정교육

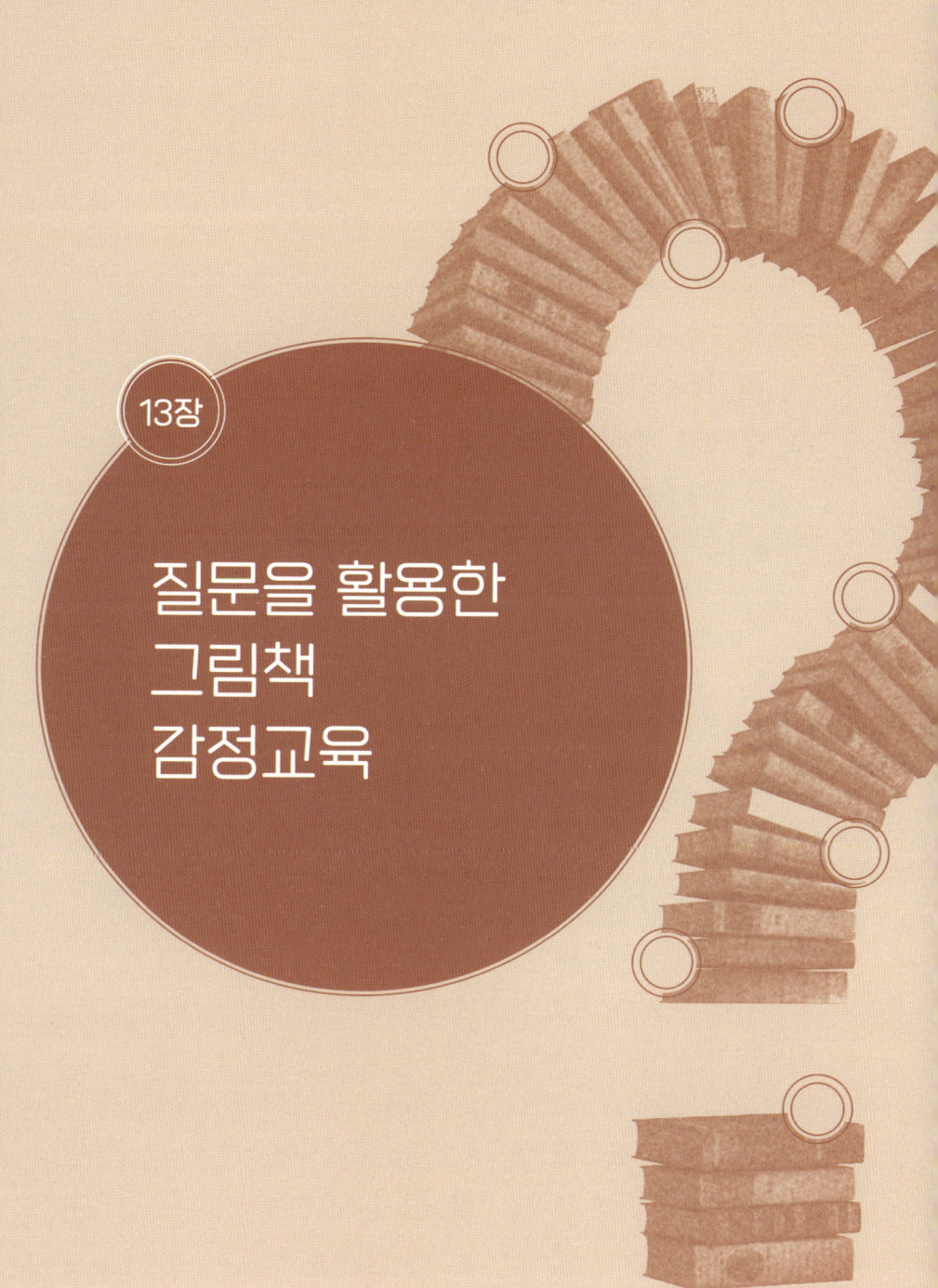

    감정교육은 단순히 감정을 이해하고 표현하는 기술을 가르치는 것을 넘어, 건강한 관계를 형성하고 삶의 다양한 도전에 대처하는 힘을 기르는 데 꼭 필요하다. 교사로서 감정교육이 왜 지금 학교에서 필수적이고 시급한지 매일의 교육 현장에서 체감하는 요즘이다. 최근 교육 현장에서는 정서적 불안, 또래 간 갈등, 감정 조절 문제 등 학생들의 심리·정서·행동적 어려움이 증가하고 있으며, 이러한 상황에서 감정교육을 포함하는 사회정서학습(Social Emotional Learning, SEL)의 중요성이 더욱 부각되고 있다.

    사회정서학습이란 자기 이해, 긍정적 관계 형성, 갈등 해결 능력 개발을 목표로 자신의 감정을 조절하고 타인을 공감하며 존중하는 능력을 함양하는 교육이다. 복잡한 현대 사회에서 이러한 능력은 학업 성취만큼이나 중요한 자질이라 할 수 있다. 학교에서의 감정교육은 이러한 사회정서학습의 핵심 요소로, 이를 통해 자신의 감정을 이해하고 표현하며, 나아가 타인의 감정을 공감하는 방법을 배울 수 있다.

    사회정서학습에서 그림책은 감정교육의 강력한 도구로 활용될 수 있다. 그림책은 감정을 직관적으로 이해할 수 있도록 돕는 데 매우 효과적인 매체로, 주인공의 여정을 통해 감정의 흐름을 체험하고 자신의 경험과 연결하는 특별한 기회를 제공한다. 또, 복잡한 언어나 개념을 이해하기 어려운 어린 연령의 학생들에게도 감정의 본질을 잘 전달할 수 있다. 밝은 색채와 따뜻한 구도의 그림책은 안정감과 안도감을, 어두운 색감의 긴장감 있는 구도는 불안과 갈등을 자연스럽게 느끼게 하듯이, 그림책은 그 자체가 매우 감정 친화적일 뿐 아니라, 정서와도 깊이 맞닿아 있다.

질문 또한 감정교육을 심화하는 핵심 도구로 활용할 수 있다. 최근 심리상담 이론에서는 질문의 중요성이 크게 부각되고 있으며, 효과적인 질문은 상담을 받는 내담자로 하여금 스스로 미처 인식하지 못한 부분을 성찰하게 하여 깊은 통찰에 이르게 하는 좋은 도구가 된다. 이를테면, "주인공은 왜 이런 감정을 느꼈을까?" 또는 "너라면 이런 상황에서 어떻게 느꼈을 것 같니?"와 같은 질문은 학생들이 자신의 감정을 되돌아보고, 상황과 감정의 상호작용을 깨닫게 한다. 이를 통해 학생들은 감정을 단순히 경험하는 것을 넘어, 언어로 표현하고 적절히 관리하는 능력을 함양할 수 있으며, 타인의 감정을 공감하고 존중하는 능력을 배양하는 데도 중요한 역할을 할 수 있다. 이처럼 질문은 감정교육에서 필수적인 도구로, 학생들의 자기 이해와 타인에 대한 공감가 전인적 성장을 촉진하는 데 효과적으로 활용될 수 있다.

이번에 소개할 감정교육은 5단계로 구성되어 있으며, 각 단계는 감정 이해와 표현 그리고 실천과 활용의 과정이 유기적으로 연결되도록 설계하였다. 첫 번째 단계인 '감정 여행의 출발'에서는 그림책을 활용하여 수업의 틀과 흐름을 제시하며, 감정 탐구의 여정을 시작할 준비를 돕고, 두 번째 단계인 '감정 열기'에서는 자신의 감정을 탐색하고 표현하며, 서로 경험을 공유할 수 있는 개방적이고 편안한 환경을 조성한다. 세 번째 단계인 '감정 깊이 만나기'에서는 그림책 속 감정을 자신의 경험과 비교하면서 감정의 본질을 깊이 탐구하도록 하고. 네 번째 단계인 '감정 표현하기'에서는 감정을 창의적으로 표현하며 탐구하는 활동이 이루어진다. 마지막 단계인 '감정과 일상의 연결'에서는 학습한 내용을 바탕으로 자신의 일상에서 감정을 적용하는 방안을 고민하고 실천 전략을 세운다.

이러한 다섯 단계는 감정교육을 단순한 이해와 표현의 차원을 넘어, 실질적이고 체계적인 적용 단계까지 확장할 수 있도록 기획하였으며, 단계마다 중요한 질문들을 수업의 모든 과정과 연결하며, 학생들이 단순히 감정을 배우는 것을 넘어, 스스로 탐구하고 실천하는 데 도움이 되도록 설계하였다. 이처럼 단계별 목적에 맞는 다양한 질문을 통해 학생들은 자신의 감정을 돌아볼 뿐 아니라, 타인의 감정을 공감하며, 감정에 대한 새로운 통찰을 얻을 수 있을 것이다. 오른쪽 표는 앞에서 설명한 감정교육의 전 과정을 단계적으로 체계화하여 활용할 수 있는 질문과 함께 정리한 것이다.

리디아 브란코비치의 『감정 호텔』(장미란 역, 책읽는곰)은 감정을 다루는 독창적인 접근법으로 감정교육에 이상적인 그림책이다. 작가는 내면의 다양한 감정을 마음속 호텔을 찾는 손님에 비유하며, 감정을 이해하고 받아들이는 태도를 감동적으로 풀어낸다. 사랑과 기쁨 같은 긍정적인 감정뿐 아니라 슬픔과 분노처럼 다루기 어려운 감정도 모두 소중한 손님으로 표현되며, 이를 통해 모든 감정을 따뜻하게 맞이해야 한다는 메시지를 자연스럽게 전한다. 특히, 감정 호텔의 지배인이 '우리 자신'이라는 설정을 통해 아이들이 자신의 감정을 돌보는 책임감을 느낄 수 있게 한다. 감정을 억압하거나 무시하지 않고, 각각의 감정에 귀 기울이는 과

단계	설명	활용 질문 예시
1단계 감정 여행의 출발	그림책을 통해 감정 탐구의 틀을 제시하고, 학생들이 흥미를 느낄 수 있도록 유도하기	– 이 책은 어떤 이야기를 담고 있을까? – 책의 제목과 표지를 보고 무엇이 떠올랐니? – 감정이란 무엇일까? – 감정, 느낌, 정서의 차이점은?
2단계 감정 열기	그림책을 함께 읽고, 편안하고 개방적인 분위기에서 현재 감정을 탐색하고, 이야기와 연결하여 감정을 공유하기	– 오늘 너의 감정은? 무슨 모양일까? 어떤 색깔일까? 감정에 이름을 붙인다면, 뭐라고 붙일 수 있을까? – 그림책을 읽으면서 떠오른 이미지는? 어떤 감정이 떠오르니?
3단계 감정 깊이 만나기	반성적 질문을 통해 감정의 원인과 맥락을 분석하며 자기 이해와 타인 공감을 심화하기	– 이 장면에서 주인공은 어떤 감정을 느꼈을까? – 이런 감정을 느낀 이유는 무엇일까? – 그 감정이 이야기의 전개에는 어떤 영향을 미쳤을까? – 너라면 이런 상황에서 어떻게 느꼈을까?
4단계 감정 표현하기	감정을 색, 그림 등 다양한 방법과 매체를 활용하여 창의적인 방식으로 표출하기	– 이 감정을 색으로 표현한다면 어떤 색일까? – 이 장면을 너의 감각으로 다시 그린다면 어떤 모습이 될까?
5단계 감정과 일상의 연결	자신의 일상생활에 감정을 적용할 방법을 고민해 보고, 감정 대처 전략을 세우며 실질적 적용 방안을 탐색하기	– 오늘 배운 감정을 내 일상에서 다루려면 어떻게 해야 할까? – 앞으로 이런 감정을 느낀다면 어떻게 표현하고 대처할 수 있을까?

정은 자기 이해와 공감 능력을 키워주는 중요한 경험이 될 것이다. 감정을 마주하고 받아들이는 따뜻한 방법을 유쾌하고 흥미롭게 전달하는 이

그림책은 감정 수업에서 학생들에게 꼭 필요한 도구로 활용될 수 있다. 이러한 단계별 구성안을 『감정 호텔』에 대입하여 실제 수업에서 어떻게 진행할 수 있는지를 활동과 함께 제시하면 다음과 같다.

단계	설명	활용 질문 예시
1단계 감정 여행의 출발	『감정 호텔』의 표지를 보여주고, 감정과 관련된 몇 가지 질문을 통해 감정 탐구에 대한 학생들의 흥미를 유도하기	〈감정이란 무엇일까?〉 - 감정, 느낌의 정의와 차이점에 대한 질문과 함께 책 표지와 제목에 대한 느낌을 질문하고 답하기 활동
2단계 감정 열기	그림책을 함께 읽고, 감정 그래프 그리기 활동을 통해 편안하고 개방적인 분위기에서 하루 동안 시간대별로 달라지는 감정과 이유를 찾아 공유하기	〈감정 그래프 그리기〉 - 오늘이나 최근 기억나는 하루의 감정을 그래프로 그려보기
3단계 감정 깊이 만나기	자주 느끼는 감정이 무엇인지 탐색하기 위해 『감정 호텔』과 연결하여, 감정 호텔의 지배인이 되어 자주 찾아오는 감정 손님에게 어떤 방을 꾸며주고 싶은지 생각해보기 감정의 원인과 맥락을 알고, 이를 통해 자기 이해와 타인 공감을 배우기	〈나의 감정 호텔 방 꾸미기〉 - 자신이 감정 호텔 지배인이 되었다고 가정하고, 평소 자주 느끼는 감정 손님이 누구인지 생각해 보고, 그를 위한 방을 꾸며보기 - 활동지 제공(크레파스 색연필 등 다양한 재료를 활용하여 꾸밀 수 있음)
4단계 감정 표현하기	학생들이 『감정 호텔』을 통해 자신의 감정을 안전하게 표현하고 만날 수 있도록 자신의 다양한 감정을 색, 그림, 클레이 등 다양한 시각적 매체를 통해 창의적인 방식으로 표현할 수 있도록 안내하고 지지하기	〈나의 감정 색깔 찾기〉 - 자주 느끼는 감정 6가지를 떠올려보고, 각각의 감정에 어울리는 색깔을 골라 활동지에 칠해보기 〈클레이로 감정 표현하기〉 - 감정 호텔에 등장하는 감정 중에서 자신이 표현해보고 싶은 감정 하나를 고르고, 클레이로 이미지를 형상해보기

5단계 감정과 일상의 연결	학생들이 일상생활에서 감정을 적절하게 적용할 방법을 스스로 찾아갈 수 있도록 만나고 싶지 않은 감정을 떠올리고, 앞으로 그를 어떻게 맞이할 것인지 스스로 적어 보며, 통찰과 다짐에 이르게 하기	〈만나지 않고 싶은 감정을 위한 초대장 쓰기〉 – 만나고 싶지 않지만, 불쑥 찾아오는 감정 손님이 누구인지 떠올리고, 그를 어떻게 맞이하고, 대하겠다는 내용을 담아 편지나 초대장 쓰기

1단계: 감정 여행의 출발

감정교육의 첫 번째 단계인 '감정 여행의 출발'은 학생들이 감정이라는 주제에 관심을 갖고 탐구의 여정을 시작하도록 돕는 데 목적이 있다. 이 단계에서 교사는 감정, 느낌, 정서의 개념을 질문과 대화를 통해 자연스럽게 탐구하며, 자신만의 정의와 생각을 표현할 수 있도록 유도한다. 이러한 과정을 통해 학생들은 감정의 본질에 대해 고민하고, 자신과 타인의 감정을 긍정적으로 받아들이는 태도를 형성하게 된다.

그림책 표지와 제목 관찰하기

수업은 『감정 호텔』의 표지를 함께 관찰하는 활동으로 시작된다. 교사는 표지를 천천히 보여주며 그림과 제목을 살피도록 하고, 몇 가지 질문을 통해 이끌어간다. "이 그림을 보고 어떤 감정이 떠오르나요?"라고 물으면 학생들은 표지에 담긴 분위기와 색깔, 등장인물 등을 살펴보며 자신이 느낀 감정을 표현하기 시작한다. "그림이 예뻐요", "상상 속 세상 같아요", "따뜻해 보여요"라고 대답하기도 하고, "조금 이상해요. 감정도 호텔이 있어요?"라며 호기심을 드러내기도 한다.

그때 교사는 "책 제목이 '감정 호텔'인 이유는 무엇일까요?"라고 질문하며 학생들의 상상을 자극한다. 학생들은 "감정을 위한 호텔인가요?", "호텔 방마다 다르게 생겼을 것 같아요"라고 답하며 다양한 해석을 내놓는다. 이러한 대화를 통해 책에 대한 호기심을 키우고, 감정을 호텔이라는 공간에 비유하면서 감정의 복합성과 다양성에 대해 자연스럽게 생각할 수 있게 한다.

감정과 느낌에 대한 탐구

책에 대한 첫인상을 나눈 후, '감정'과 '느낌'의 개념을 더 깊이 탐구한다. "감정이란 무엇일까요? 여러분이 알고 있는 감정에는 어떤 것이 있나요?"라는 질문에 학생들은 "기쁨, 슬픔, 화남 같은 거요", "무서움도 감정이죠."라고 대답하며 자신의 경험과 연결된 다양한 감정을 떠올린다. 이어 "감정과 느낌은 무엇이 다를까요?"라는 질문을 하면, 잠시 고민하다가 "감정은 순간적으로 생기는 거고, 느낌은 그냥 느끼는 것 같아요", "감정은 마음에서 나오는 거고, 느낌은 머리로 알아채는 거 같아요"와 같은 답변을 내놓는다. 이때 감정의 정의를 쉽게 이해할 수 있도록 "감정은 우리가 어떤 상황에서 생겨나는 마음의 반응이고, 느낌은 그 감정을 알아차리고, 생각하는 과정이에요"라고 설명하며 감정과 느낌의 차이를 정리해준다. 또 "어떤 상황에서 어떤 감정을 느꼈던 적이 있나요?"라고 물으며 개인적인 경험을 이끌어낸다. 학생들은 "시험을 잘 봐서 기뻤어요", "친구랑 싸웠을 때 화가 났는데, 시간이 지나니까 미안한 느낌이 들었어요"라고 대답하며 자신의 경험을 공유한다. 이러한 대화를 통해 감정의 개념을 자신의 경험과 연결하여 더 깊이 이해할 수 있도록 한다.

토론과 공유

감정과 느낌의 개념에 관해 묻고 이야기를 나눈 뒤, 감정의 중요성과 가치를 생각해볼 수 있도록 질문을 이어간다. "감정은 왜 우리 삶에서 중요할까요?"라는 질문에 학생들은 "감정이 없으면 재미가 없을 것 같아요"라고 답하면, "맞아요. 감정이 있어야 우리가 기쁨도 슬픔도 즐거움도 느낄 수 있겠죠"라며 감정의 중요성을 강조해준다. 이어 학생들의 다양한 답변을 정리하며 "감정은 우리의 삶을 더 풍부하게 만들어주는 중요한 요소예요. 감정이 없다면 삶은 무미건조할지도 몰라요"라며 감정의 가치를 자연스럽게 연결 짓는다.

이어 "좋은 감정과 나쁜 감정이란 게 있을까요?"라고 질문하며 감정의 이분법적 구분에 대해 생각해보게 한다. 학생들이 "화나는 감정은 나쁜 감정인 것 같아요"라고 답한다면, "하지만 화도 필요할 때가 있지 않나요?"라고 반문한다. "그럼 과연 어떨 때, 화나는 감정도 필요할까요?"라고 묻고, "잘못된 걸 고칠 때요"와 같은 대답을 통해 이야기를 이어간다. 교사는 "모든 감정은 나름의 이유와 역할이 있어요. 기쁜 감정뿐만 아니라 화나 슬픔 같은 감정도 우리가 상황에 대처하고 성장하는 데 꼭 필요한 역할을 하죠"라며 부정적인 감정도 나름의 의미가 있음을 알고, 건강하게 받아드릴 수 있도록 한다.

나만의 감정 표현하기

수업의 마지막 활동으로 "오늘 가장 인상 깊었던 감정은 무엇인가요?", "오늘 수업을 5글자로 정리한다면 어떻게 할 수 있을까요?"와 같은 질문으로 학생들이 배운 내용을 스스로 정리하고 자신만의 방식으로 표현할 수 있도록 한다. 교사는 학생들의 이야기를 경청하고, 감정을 이해하고 다루는 것의 중요성을 한 번 더 강조한다. "다음 시간에는 우리가 감정 호텔의 문을 열고 각 방에 어떤 이야기가 담겨 있는지 살펴볼 거예요"라며 다음 단계에 대한 기대감을 심어 준다.

이러한 첫 단계의 수업을 통해 감정에 대한 이해를 높이고, 타인의 감정을 공감하기 위한 감정 탐구의 여정을 흥미롭게 시작할 수 있다.

2단계 : 감정 열기

두 번째 단계인 '감정 열기'는 자신의 감정을 탐색하고, 이를 친구들과 나누며 공감과 이해를 형성하는 것을 목표로 한다. 이 단계에서는 『감정 호텔』을 활용하여 다양한 감정의 특성을 알아보고, 자신이 경험한 감정을 돌아볼 수 있는 활동을 진행한다.

그림책 읽기 및 감정 이야기 나누기

수업은 『감정 호텔』의 주요 장면을 함께 읽는 것으로 시작한다. 그림책에 등장하는 감정 손님들의 특징을 학생들과 함께 살펴보며, 이야기를 천천히 풀어나간다. "이 호텔에 머무는 손님들은 모두 다른 감정 손님이었네요. 여러분은 어떤 손님이 가장 기억에 남나요?"라는 질문에 학생들은 인상 깊게 느낀 감정 손님에 대해 이야기한다. 어떤 학생은 "기쁨이라는 손님이요. 친구를 많이 데리고 온 걸 보니 기분이 좋아졌어요"라고 하고, 다른 학생은 "분노라는 손님이요. 분노가 머물 때는 호텔이 너무 시끄러울 것 같아요"라며 자기 생각을 표현한다.

교사는 이러한 답변에 대해 "여러분이 감정 호텔의 주인공이라면 어떤 손님을 맞이하고 싶나요? 또, 자신과 비슷한 감정을 가진 손님은 누구였나요?"와 같은 질문으로 대화를 이어간다. 학생들은 "저는 슬픔 손님이요. 제가 혼자 있을 때가 생각나서요", "기쁨 손님이요. 좋아하는 친구랑 놀 때의 기분 같아요"라고 대답하며 자신의 경험을 그림책의 이야기와 연결 짓는다. 이러한 대화는 학생들이 감정을 더욱 구체적으로 이해하고, 자신의 경험에서 감정의 의미를 발견할 수 있도록 돕는다.

감정 그래프 그리기

그림책을 통해 다양한 감정들에 관해 이야기를 나눈 뒤, 하루 동안 자신의 감정 변화를 시각적으로 표현하는 활동을 한다. 종이를 나눠주고, 아침부터 저녁까지 느꼈던 감정을 시간대별 그래프로 그려보게 한다.

이를 위해 먼저 "오늘 하루 중 가장 기분이 좋았던 순간은 언제였나요?"라고 물으며, 긍정적인 감정을 떠올리도록 돕는다. 어떤 학생은 "체육 시간에 축구를 해서 신났어요"라고 대답할 것이고, 또 다른 학생은 "엄마가 맛있는 아침을 주셨어요"라며 자신의 즐거웠던 순간을 이야기할 것이다. 이어 "가장 힘들었던 순간은 언제였나요? 그때 어떤 감정을 느꼈나요?"라고 질문하면, "수학 시험 문제를 풀다가 틀려서 속상했어요", "친구가 저랑 안 놀겠다고 해서 슬펐어요"와 같이 부정적인 감정을 돌아볼 기회를 갖게 된다. "자, 그럼 여러분이 오늘 하루 동안 느낀 감정들의 그래프를 지금 선생님이 나눠준 종이에 한 번 그려볼까요?"

감정 나누기 및 공감 형성

그래프가 어느 정도 완성되면, 다음과 같은 질문들로 활동을 정리한다. "감정 그래프에서 감정이 가장 크게 변한 순간은 언제였나요? 왜 그런 일이 일어났을까요?"라고 물으며 감정 변화의 원인을 성찰하도록 유도한다. 학생들은 하루 동안 느꼈던 감정의 흐름을 되돌아보고 그 원인을 감정과 연결 지어 생각해 봄으로써, 자신의 감정을 더 깊이 이해하게 된다.

전체 대상 질문을 마치고 나면, 자신의 그래프를 친구들과 공유하며 서로의 경험을 이야기해본다. 교사는 "자신의 감정 그래프에서 가장 특별했던 순간은 무엇이었나요?"라고 물으며 각자의 이야기를 나눌 기회를 제공한다. 어떤 학생은 "체육 시간에 점수를 넣었을 때 기쁨이 가장 크게 올라갔어요"라고 말할 수 있고, 또 다른 학생은 "아침에 숙제를 안 해서 불안했는데, 선생님이 시간을 주셔서 다행이었어요"라고 이야기할 것이다. 교사는 이어 "다른 친구의 그래프에서 자신과 비슷한 감정을 느낀 부분이 있었나요?"라는 질문하며 공감대를 형성하도록 돕는다. "저도 시험 문제를 틀렸을 때 속상했어요", "저도 축구를 해서 기분이 좋았어요"라며 서로의 감정을 이해하고 공감하기 시작한다. 이러한 대화를 통해 학생들은 자신만의 감정뿐만 아니라 타인의 감정을 이해하고 공감하는 능력을 기를 수 있다.

마무리와 다음 단계 예고

수업이 끝날 무렵, 오늘 탐구한 감정 경험을 정리하도록 이끈다. "오늘 새롭게 알게 된 감정이나 깨달음이 있었나요?"라는 질문을 통해 학생들은 자신의 배움을 돌아본다. 어떤 학생은 "기분이 나쁠 때도 있지만, 시간이 흐르면 또 좋아질 수 있다는 걸 알게 되었어요"라고 하거나, 다른 학생은 "감정을 그래프로 그려 보니 하루 동안 감정이 많이 변한다는 걸 알았어요"라고 이야기할 것이다. 그러면 "다음 시간에는 우리가 감정 호텔의 특정 손님을 더 깊이 탐구해볼 거예요. 어떤 손님이 가장 궁금한가요?"라며 다음 단계에 대한 기대감을 심어준다.

이처럼 '감정 열기' 단계는 학생들이 자신의 감정을 탐구하고, 이를 공유하며 공감 능력을 키우는 중요한 과정이다. 학생들은 감정 그래프를 통해 자신을 돌아보고, 친구들과 감정을 나누며 타인의 감정을 이해하는 법을 배운다. 이를 통해 감정에 대한 인식과 표현 능력을 높이고, 서로 이해하고 존중하는 관계를 형성하는 데 한 걸음 더 나아가게 된다.

3단계: 감정 깊이 만나기

세 번째 단계인 '감정 깊이 만나기'는 자신의 감정을 더 깊이 탐구하고 이해할 기회를 제공하는 것을 목표로 한다. 이 단계에서 학생들은 『감정 호텔』의 지배인이 되어 자주 찾아오는 감정 손님을 위한 방을 꾸미는 활동을 통해 자신의 감정을 구체적으로 탐색하고, 감정의 원인과 맥락을 성찰하는 경험을 하게 된다.

그림책 내용 탐구 및 감정 손님 상상하기

수업은 『감정 호텔』의 주요 장면을 다시 읽으며 시작된다. 교사는 다양한 감정 손님들이 호텔을 방문하는 이야기를 함께 나누며, 감정 손님들이 어떤 특징이 있는지 탐색하도록 유도한다. "이 장면에서 호텔을 방문한 손님은 어떤 특징을 보이나요?"라고 질문하면, 학생들은 책 속의 감정 손님을 관찰하고, 그들의 성격과 행동을 묘사하기 시작한다.

어떤 학생은 "분노 손님은 머리가 불꽃처럼 보였어요"라고 말하고, 또 다른 학생은 "슬픔 손님은 목욕을 하면서도 울고 있어요"라고 자신의 느낌을 이야기한다. 교사는 이러한 대답을 경청하며 "여러분이 만약 호텔 지배인이라면, 이런 손님을 위해 어떤 방을 준비하면 좋을까요?"라는 질문으로 이야기를 이어간다. 학생들은 "화를 내는 손님을 위해선 큰 소리를 내도 괜찮은 방이 필요할 것 같아요", "슬픔 손님은 부드러운 침대가 있는 방이 어울릴 것 같아요"라고 자신이 상상한 내용을 자유롭게 표현한다. 그럼, "여러분의 삶에서도 이런 감정 손님이 찾아온 적이 있나요?

그때 어떤 느낌이었나요?"라는 질문을 통해 학생들이 자신의 경험과 감정 손님을 연결하도록 돕는다. 학생들은 "시험을 망쳤을 때 슬픔 손님이 찾아왔던 것 같아요", "축구 경기에서 이겼을 때 기쁨 손님이 찾아왔어요"라며 자신의 감정 경험을 떠올리고 이야기한다.

자주 찾아오는 감정 손님 탐구하기

그림책의 감정 손님을 탐구한 후, 자기 삶에서 자주 찾아오는 감정을 손님으로 상상해본다. "나의 감정 호텔에 자주 찾아오는 손님은 누구인가요?"라는 질문으로 자신의 감정을 구체적으로 떠올리도록 한다. "불안이라는 손님이 자주 와요. 발표하기 전에 찾아오는 것 같아요", "기쁨 손님이 제 생일에 항상 와요"처럼 자기 경험을 바탕으로 감정에 관해 이야기하면, "그 손님이 찾아오면 어떤 기분이 드나요? 또는 어떤 신체 반응이 나타나나요?"라고 묻는다. 학생들은 "불안 손님이 오면 손이 떨리고 배가 아파요", "기쁨 손님이 오면 몸이 가벼워지고 미소가 나와요"라며 자신의 감정을 구체적으로 설명한다. 이러한 대화를 통해 자신의 감정을 명확히 인식하고, 감정이 어떤 상황이나 이유에서 나타나는지 성찰하게 된다. 교사는 "이 감정 손님이 여러분에게 보내는 메시지가 무엇일까요?"라는 질문으로 대화를 마무리하며, 감정을 단순히 느끼는 데 그치지 않고, 감정이 자신을 이해하는 중요한 단서가 될 수 있음을 깨닫게 한다.

감정 호텔 방 꾸미기

학생들은 호텔의 지배인이 되어, 자주 찾아오는 감정 손님을 위한 특별한 방을 꾸미는 활동을 진행한다. 교사는 "이 감정 손님을 위해 방을 어떻게 꾸미고 싶나요?"라는 질문으로 학생들이 감정을 시각적으로 표현할 수 있도록 돕는다. 학생들은 "불안 손님을 위해서는 부드러운 음악이 나오는 방을 만들고 싶어요. 손님이 진정할 수 있도록요", "사랑 손님을 위해선 밝은 색깔의 방과 하트가 가득한 공간이 어울릴 것 같아요"라고 상상하며 방을 구체적으로 설계한다. "이 방이 손님에게 어떤 느낌을 주었으면 좋겠나요?"라는 질문에 대해 학생들은 "편안함을 느끼고 떠나면 좋겠어요", "그 방에 머무르면서 기분이 나아졌으면 좋겠어요"라고 답하며 감정 손님에게 주고 싶은 자신만의 메시지를 담아낸다.

나눔과 토론

방 꾸미기를 마친 후, 자신이 만든 방을 친구들과 공유하며 서로의 감정을 이해하고 공감하는 시간을 갖는다. 교사는 "다른 친구의 방에서 발견한 비슷한 점은 무엇이었나요?"라고 물으며 학생들 간의 공감대를 형성하도록 유도한다. 어떤 학생은 "저도 지루함 손님을 위해 게임방을 만들었어요", "기쁨 손님 방에는 저도 풍선을 넣고 싶었어요"라며 비슷한 감정을 느꼈음을 공유한다. 이어 "이 활동을 하면서 새롭게 느끼거나 배운 것이 있었나요?"라는 질문을 통해 자신의 깨달음을 나누도록 한다. 학생들은 "슬픈 감정을 편안하게 해주는 방을 만들 수 있어서 좋았어요"라고 이야기하며 감정의 다양한 측면을 새롭게 인식하게 된다.

이처럼 '감정 깊이 만나기' 단계는 자신의 감정을 탐구하고 구체적으로 표현하며, 감정을 다룰 수 있는 전략을 배울 수 있도록 돕는다. 학생들은 감정을 손님으로 상상하며 이를 자신만의 방식으로 표현하는 과정을 통해 자신의 감정과 더 깊이 연결된다. 이러한 활동은 자신의 감정을 수용하고, 타인의 감정을 이해하는 능력을 키우는 데 효과적이며, 감정 탐구의 여정을 더욱 풍성하게 만들어준다.

4단계 : 감정 표현하기

네 번째 단계인 '감정 표현하기'는 자신의 감정을 창의적이고 안전한 방식으로 표현하며, 감정과 더 친숙해지도록 돕는 것을 목표로 한다. 학생들은 색깔, 그림, 클레이와 같은 다양한 시각적 매체를 활용하여 감정을 탐구하고 표현하는 즐거운 경험을 하게 된다. 이러한 과정은 감정을 자연스럽게 받아들이고, 이를 통해 내면의 감정을 건강하게 다룰 기회를 제공한다.

감정 색깔 찾기

 수업은 학생들이 자신의 감정을 색깔로 표현해보는 활동으로 시작된다. 교사는 "어떤 감정을 가장 자주 느끼나요?"라는 질문으로 학생들이 자신이 느끼는 감정을 떠올리도록 유도한다. 학생들은 "저는 행복을 자주 느껴요. 그건 다양한 파스텔톤 색깔로 이루어져 있어요", "화가 날 때는 빨간색이 떠올라요"처럼 자신의 감정과 색깔을 연결 지으며 대답한다. 이어 "그 감정을 색으로 표현한다면 어떤 색이 어울릴까요?"라는 질문을 던지면, 학생들은 "파란색은 슬픔 같아요. 눈물처럼 바다가 넘치는 느낌이 들어서요", "초록색은 편안한 감정 같아요. 숲에 있는 기분이라서요"라고 답하며 자신의 감정을 구체적으로 묘사한다. 교사는 활동지에 각 감정에 어울리는 색깔을 선택하여 색칠하도록 안내하며 "이 색은 왜 그 감정을 떠올리게 하나요?"와 같은 질문을 통해 색과 감정의 연결을 더 깊이 탐구할 수 있도록 돕는다.

클레이로 감정 표현하기

다음으로, 『감정 호텔』에 등장하는 감정 중 하나를 선택하여 클레이로 형상화하는 활동을 진행한다. 교사는 "이 감정을 어떤 모양으로 표현하고 싶나요?"라는 질문을 통해 상상력을 자극하며, 감정을 구체적인 형태로 시각화할 수 있도록 유도한다. 학생들은 "화나는 감정은 뾰족하고 붉은 불꽃처럼 보여요. 그래서 화난 삐에로를 만들었어요", "슬픔은 하늘색과 검은색이 섞인 눈물 모양인데, 끝부분이 뚝뚝 떨어져요. 그렇지만, 그 가운데에는 사랑의 마음이 있어요"라며 감정을 시각적으로 형상화하며 이야기를 풀어간다. 교사는 "이 감정이 손님이라면 어떤 모습일 것 같

나요?"라는 질문으로 이야기를 확장하며, 감정을 더 생생하게 묘사할 수 있도록 돕는다. 이 과정에서 학생들은 "이 모양은 무료함이에요. 공간을 떠도는 유령같이 보여요", "이 감정은 부드럽지만 무거운 느낌이에요" 라고 이야기하며 자신만의 독특한 방식으로 감정을 표현한다. 이러한 활동은 감정을 창의적으로 탐구하며, 이를 형상화하는 과정에서 감정의 특성을 더 잘 이해하고 수용할 수 있도록 돕는다.

공유와 토론

완성한 작품을 친구들과 공유하며 서로의 표현을 감상하고 느낀 점을 나눈다. 교사는 "자기 작품에서 가장 마음에 드는 부분은 어디인가요?" 라는 질문으로 자신의 표현을 돌아보도록 돕는다. 학생들은 "빨간색 클레이로 만든 분노의 표정이 제일 마음에 들어요. 화가 나는 느낌을 잘 표현한 것 같아요", "눈물 모양이 아래로 뚝뚝 떨어지는 모양이 슬픔의 느낌을 잘 보여주는 것 같아요"라며 자기 작품을 자랑스럽게 소개한다. 이어 "다른 친구의 표현에서 공감이 되는 부분은 무엇이었나요?"라는 질문에 "저도 화가 났을 때는 뾰족한 느낌이 들었어요", "친구 작품을 보니 제가 생각한 슬픔과 비슷해서 공감됐어요"라고 대답하며 서로의 감정을 이해하고 공감한다. 이러한 대화는 자신의 감정뿐만 아니라 타인의 감정을 이해하고 존중하는 태도를 배우는 중요한 기회를 제공한다.

마무리 및 정리

수업의 마지막에는 오늘 활동을 되돌아보며, 감정을 표현하는 것이 왜 중요한지에 대해 이야기한다. "오늘 활동을 통해 자신의 감정을 표현하면서 어떤 느낌이 들었나요?"라는 질문에 학생들은 "처음에는 화를 표현하기 어려웠는데, 클레이로 만들어보니 재밌었어요", "슬픔을 표현하면서, 제 기분을 더 잘 알게 된 것 같아요"라며 자신의 경험을 공유한다. 이어 "감정을 표현하는 것이 왜 중요하다고 생각하나요?"라는 질문을 던지며, 감정 표현의 중요성을 스스로 생각해보도록 유도한다. 학생들은 "감정을 표현하면 일단 마음이 가벼워지고, 다른 사람들이 나를 더 잘 이해할 수 있을 것 같아요", "혼자만 알고 있는 감정을 밖으로 꺼내는 연습이 필요한 것 같아요"라고 대답하며 감정 표현의 의미를 깨닫는다. 마지막으로 "앞으로 감정을 표현할 때 어떤 방법을 활용하고 싶나요?"라고 질문하며 다양한 방식으로 감정을 표현할 수 있음을 깨닫게 한다. "저는 그림으로 더 표현해보고 싶어요", "글로 쓰는 것도 좋을 것 같아요"라는 학생들의 대답은 감정 표현이 다양한 방식으로 확장될 수 있음을 보여준다.

이처럼 '감정 표현하기' 단계는 감정을 창의적이고 안전한 방식으로 탐구하고 표현하며, 감정과의 친밀감을 형성하는 데 중요한 과정이다. 색칠하기, 클레이 만들기와 같은 활동을 통해 학생들은 감정을 자연스럽게 받아들이고, 감정을 긍정적으로 다루는 방법을 배우게 된다. 이러한 경험은 자신의 감정을 더 잘 이해하고 표현하며, 이를 통해 자신과 타인을 더욱 깊이 공감할 수 있는 능력을 키우는 데 밑거름이 된다.

5단계 : 감정과 일상의 연결

마지막 단계인 '감정과 일상의 연결'은 일상생활에서 감정을 적절히 이해하고 다룰 수 있는 실제적인 방법을 배우는 것을 목표로 한다. 이 단계는 감정에 대한 두려움을 줄이고, 감정을 긍정적으로 받아들이는 태도를 형성하는 데 중점을 둔다. 교사는 학생들이 부정적인 감정을 포함한 모든 감정을 자연스럽게 인식하고, 이를 대처하는 전략을 익히도록 도울 수 있는 다음의 활동을 준비한다.

감정 이야기 나누기 : 만나고 싶지 않은 감정 떠올리기

수업은 학생들이 만나고 싶지 않은 감정을 떠올리는 활동으로 시작된다. 교사는 『감정 호텔』 속 감정 손님들의 이야기를 활용하여 자신의 감정을 탐색하도록 안내한다. "여러분이 만나고 싶지 않은 감정 손님은 누구인가요?"라는 질문을 던지며 대화를 시작하면, 학생들은 "저는 '불안'이라는 손님이요. 시험 보기 전에 항상 찾아와요", "저는 '분노' 손님이에요. 친구랑 싸우고 나면 꼭 찾아오거든요"와 같이 자신의 감정을 공유한다. 이어 "그 감정 손님이 찾아오면 어떤 기분이 드나요? 혹은 신체적으로 어떤 반응이 나타나나요?"라고 묻는다. 이에 대해 학생들은 "불안 손님이 오면 심장이 두근거리고 손이 떨려요", "분노 손님이 오면 얼굴이 빨개지고 목소리가 커져요"라며 감정을 느낄 때의 신체적 반응을 설명한다. 이러한 대화를 통해 학생들은 자신이 꺼리는 감정을 인식하고, 그 감정이 특정 상황에서 어떻게 나타나는지를 이해할 수 있다.

감정 초대장 쓰기

다음으로, 자신이 떠올린 감정을 손님으로 상상하고, 그 감정을 맞이하는 초대장을 작성해본다. 교사는 "그 감정을 초대한다면 어떤 말을 해주고 싶나요?"라고 질문하며 학생들이 감정을 억누르지 않고 수용할 수 있도록 돕는다. 학생들은 "불안 손님, 이번에는 조금 천천히 와 줄래요? 내가 준비할 수 있도록요", "분노 손님, 오히려 고마워요. 내가 중요한 것을 지키고 싶어 한다는 걸 알려주니까요"와 같이 감정을 환영하거나 대처하는 구체적인 문구를 작성한다. 교사는 이어 "그 감정이 찾아올 때 어떻게 대처할 계획인가요?"라는 질문을 통해 긍정적인 대처 전략을 떠올릴 수 있도록 유도한다. 학생들은 "불안 손님이 올 때는 심호흡을 할 거예요", "분노 손님이 올 땐 종이에 생각을 적으며 진정할 거예요"와 같은

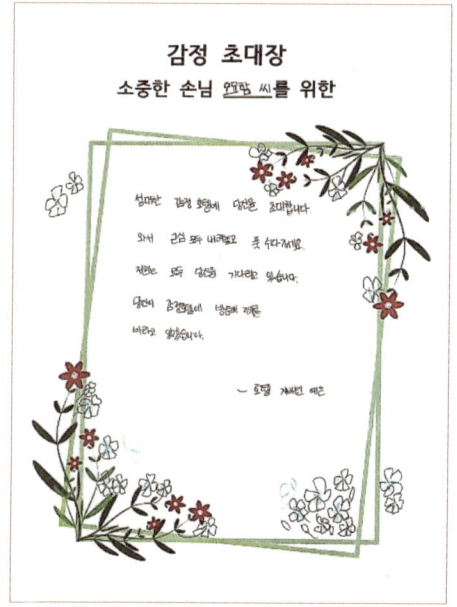
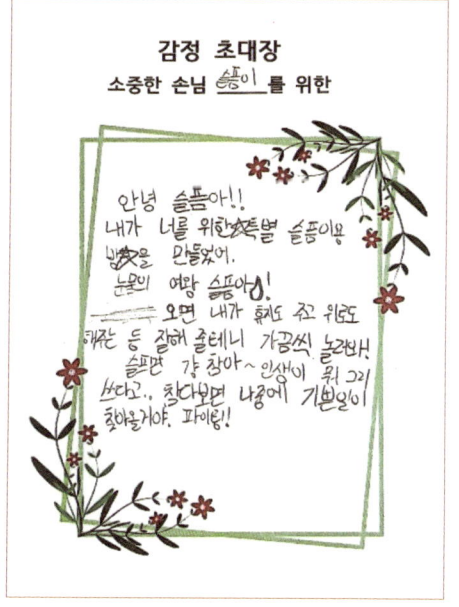

대답을 하며 감정을 다루는 구체적인 방법을 계획한다. 이 활동을 통해 감정을 피하지 않고 수용하는 태도를 배우며, 부정적인 감정을 긍정적으로 바라볼 수 있는 용기를 기르게 된다.

공유와 토론

작성한 초대장을 친구들과 나누며 서로의 경험과 대처 방법을 공유해 본다. "다른 친구의 초대장에서 배운 점은 무엇이었나요?"라는 질문을 통해 서로의 감정을 이해하고 공감하도록 돕는다. 어떤 학생은 "친구가 화가 나면, 글로 표현한다고 해서 저도 해보고 싶어요"라고 말하고, 또 다른 학생은 "불안을 심호흡으로 다스리는 방법이 저에게도 도움이 될 것 같아요"라고 자신의 깨달음을 이야기한다. 교사는 "이 활동을 통해 감정을 맞이하는 데 자신감이 생겼나요?"라고 물으며, 감정 대처에 대한 자신감을 키울 수 있도록 격려한다. 학생들은 "이제 화가 나도 조금 더 차분히 대할 수 있을 것 같아요", "불안할 때 몸이 보내는 신호를 더 잘 알아차릴 수 있을 것 같아요"라며 감정을 수용하는 긍정적 태도를 내면화한다.

마무리 및 정리

수업의 마지막에는 오늘 활동을 돌아보며 감정을 대하는 태도와 앞으로의 계획을 정리한다. 교사는 "오늘 활동을 통해 감정에 대해 새롭게 알게 된 점은 무엇인가요?"라는 질문을 던지며 자신의 배움을 성찰하도록 돕는다. 학생들은 "부정적인 감정도 중요한 역할을 한다는 걸 알게 됐어요", "감정을 억누르는 것보다 받아들이는 게 더 편할 것 같아요"라고 깨달음을 공유한다. 이어 "앞으로 만나기 꺼려지는 감정이 찾아올 때, 어떻게 대처할 계획인가요?"라는 질문을 통해 감정에 대한 대처 계획을 세울 수 있도록 한다. "화가 날 때는 잠깐 나가서 물을 마실 거예요", "불안할 땐, 심호흡을 해볼래요"와 같은 대답을 통해 학생들은 실생활에서 감정을 더 효과적으로 다룰 준비를 하게 된다. 마지막으로, "감정을 소중한 손님으로 받아들이기 위해 어떤 노력을 할 수 있을까요?"라는 질문으로 수업을 마무리하며 감정 다루기의 중요성을 강조한다. 학생들은 "어떤 감정이든 모두 맞아주고, 준비하면 더 좋을 것 같아요", "친구들이랑 감정에 대해 자주 이야기하고 싶어요"라고 답하며 일상생활에서 감정을 더 잘 이해하고 다루기 위한 의지를 다지게 된다.

이처럼 '감정과 일상의 연결' 단계는 일상생활에서 감정을 자연스럽게 받아들이고 다루는 방법을 배우는 데 초점을 맞춘다. 만나고 싶지 않은 감정을 탐색하고, 이를 환영하고 다루는 초대장을 작성하며, 감정에 대한 두려움을 줄이는 경험을 하게 된다. 이러한 과정을 통해 학생들은 감정을 긍정적으로 수용하는 태도를 기르고, 더 건강한 정서적 삶을 살아갈 수 있는 준비를 할 수 있다.

이 장에서는 감정교육의 중요성과 실천 방안을 교사로서의 경험과 관점을 바탕으로 다루고자 했다. 그림책과 질문이라는 강력한 도구를 활용한 5단계 수업 모델은 학생들이 감정을 이해하고 표현하며, 이를 실생활에 건강하게 적용할 수 있도록 돕는 체계적인 접근법으로 설계되었다. 각 단계를 통해 학생들에게 감정이 단순히 다루기 어려운 대상이 아니라, 함께 살피고 돌봐야 할 소중한 손님임을 전하고자 했다.

특히, 질문은 단순히 답을 요구하는 도구가 아니라, 자신의 감정을 마주하고 이를 통해 세상과 소통하며 관계를 맺는 과정을 촉진하는 강력한 매개체로써, 세상과 관계를 맺는 창을 열어주는 중요한 열쇠가 될 수 있다. 학생들이 정서적 성숙을 통해 자신과 세상을 더 깊이 이해하고, 건강한 관계를 형성하도록 돕는 것은 교육자로서 우리가 할 수 있는 가장 의미 있는 역할 중 하나이기에, 이 장에서 제안한 5단계 수업 모델이 질문의 힘을 활용하여 자기 발견과 성장의 기회를 제공하고, 학교 현장에서 감정의 중요성이 더욱 강조되는 계기가 되기를 희망해본다.